# Sustainable Aging

# 老龄化社会可持续发展

## ——中德经验与合作案例

SUSTAINABLE AGING:

*Cases and Cooperation in China and Germany*

德国国际合作机构　　主编

社会科学文献出版社
SOCIAL SCIENCES ACADEMIC PRESS (CHINA)

# 主编简介

　　德国国际合作机构（GIZ）是可持续发展和国际教育工作的国际合作领域服务提供者，致力于在全世界塑造更宜居的未来，在经济发展与就业促进、能源与环境、和平与安全等众多领域已经积累了超过半个世纪的丰富经验。作为一家联邦企业，GIZ 的专业技能在全球均有很大需求。

　　GIZ 在中国开展中德合作已有 40 年历史，近年来在中德全方位战略伙伴关系的框架下开展了符合中德两国利益和意愿的合作。2020 年，GIZ 承担了六个德国部委委托的多个在华项目。此外，GIZ 还为欧盟以及越来越多的中国公共部门提供服务。

# 编者的话

过去四十年来，德国国际合作机构（GIZ）遵循国际标准和准则，代表德国政府为支持中国社会和环境可持续发展贡献力量，在符合中德两国双方利益的基础上，结合中国在全球事务中的角色变化积极开展合作项目。

为了让更多人了解中德合作的成果，GIZ采用了多种宣传方式，其中包括编制出版不同重点领域的书籍。《老龄化社会可持续发展——中德经验与合作案例》这本书介绍了中德在长期护理保险、养老护理教育和适老型城市与社区建设等领域的政策发展、研究成果、实用方案以及与企业开展合作的案例。该书是受德国联邦经济合作与发展部（BMZ）委托由中德可持续发展中心编制的系列丛书之一。

借此机会，我们向所有为此书贡献宝贵智慧的作者致谢，感谢德国联邦经济合作与发展部（BMZ）对该书中英文版本出版的资助，并感谢德国联邦卫生部前部长Jens Spahn先生为此书作序，这一切都彰显了国际交流合作的重要性。

祝大家阅读愉快，在阅读中迸发思维的火花！

Marie Peters, Sabine Porsche，王明明，王弋

德国国际合作机构（GIZ）

2021 年 3 月于北京

# 个人寄语*

Jens Spahn**

　　"我不愿意"——赫尔曼·梅尔维尔 1853 年经典同名小说《巴特尔比》中的主人公巴特尔比的一句一直挂在嘴边的捍卫自我的名言，生动刻画了当今德国对待老龄、疾病以及与之相伴的无助状态的态度。在德国，无论是个人还是全社会都不愿去想也不愿去讨论这些问题。我们不愿与父母谈论一旦厄运降临，我们将如何安排家庭支持；我们不愿去面对一旦我们老去，谁来负责我们的养老。尤其对于那些出生于 20 世纪 60 年代"婴儿潮"时期但子孙后代相对稀少的德国人来说，这种不愿意的态度甚至是不计后果的。尽管医疗水平显著提高，但有一点很明确——需要长期护理和照料对个人及其亲属所带来的巨大打击不是我们通过改革所能消除的。我们所能做的且愿意做的是提供全方位的支持和服务，这也是为什么我们特别推出了长期护理保险。我们所面临的任务非常艰巨，以三个数据为例：德国目前有近 400 万人需要长期护理，170 万人患有痴呆症，且在此基础上平均每年新增 4 万名痴呆症患者。

　　采取行动的必要性毋庸置疑，但同时令人不安和担忧的是，正如"全球

＊　中文译者：邓小玲，北京外国语大学。

**　Jens Spahn，德国联邦卫生部前部长。

化"和"数字化"等概念一样，"老龄化"也正在逐渐变成一个看起来空洞且毫无意义的概念性术语。这样的趋势很危险，因为很有可能在我们真正采取必要的社会举措和做出必要的政治决策之前我们就已经听烦了这一概念，很有可能我们在做出必要的改变措施之前就因为对这个概念的习以为常而改变了应有的行动方向。然而，我们的确需要在生活中的方方面面做出改变来积极应对而不是消极承受人口老龄化所带来的问题。

我们经常听闻包括日常消费品适老化设计、雇佣高技能人才、延长人行道路口绿灯时长以及适老化城市区域发展等措施所能带来的超越政治和社会体系的全面效果和改变。很容易想象，如果我们的体制机制和基础设施需要首先满足老年人的需求，则意味着多么大的挑战。但如果将其完全看作问题和麻烦，肯定是大错特错的。若我们能以此为契机和动力做出积极的改变，则可以化问题为机遇：让人们活得更好，活到更老！

空洞的演说是危险的，而另一个危险则是由那些被认为站不住脚的社会和退休福利承诺能够维持社会团结稳定的政策所带来的，这些承诺需要数十亿的社会及退休福利金来兑现，而这需要由无力负担的年轻人来承担。因此，我们不应该减弱迄今为止的反思力度，也不应该改变已经做出的政策决定，例如提高退休年龄——尤其是在现如今的趋势背景下，也就是在不久的将来，我们现在社会保障贡献力量与退休人群的比例为 2∶1 的这一时期都将是遥不可及的黄金时代。事实上，我们应该持续将退休年龄与人口预期寿命相挂钩，也就意味着如果人口预期寿命增加，我们也必须提高退休年龄来保证养老金的可持续性。

联邦德国首任总理康拉德·阿登纳，现如今也是人类一次又一次基于自身所处的时代所犯的根本性判断错误的典型代表。他认为即收即付的养老金体系是可持续的。他的判断基础是他坚信"人总是会生孩子的"。可历史证明他的这一判断不够准确。在逐步迈向 2050 年的今天，我们必须采取预防措施来保障养老体系的稳定。我们必须收紧政府支出，以留有财政预算支持私人保险体系建设和人口储备，同时对父母们根据他们所抚养孩子的数量给予相应的支持。

奥斯瓦尔德·冯·内尔－布劳宁（Oswald von Nell-Breuning），天主教社会思想理论先驱及其对于现代社会团结和公正的反思思想创始人之一，在 1980 年 90 岁之际说过的话今天仍旧适用："那些缴纳了养老金的人在他们退休后不能拿回他们所缴纳的养老金，因为他们所缴纳的养老金是用来偿付上一代人对他们养育所付出的，从而实现两清。而他们退休后的养老金是通过抚养下一代子女而获得的，那些没有子女的人都对这个体系造成了障碍。"在我们即收即付的养老体系中，老龄人的养老金来自年轻一代，对于无子女的老年人来说，其养老金则只能来自其他人的子女！作为一个膝下无儿女的人，我这么说是因为完全意识到而且做好准备要缴纳更多的养老金来保障我们养老体系的可持续性。

我们在长期护理保险上也存在类似的公平性问题。同样，父母为保险体系抚养未来的保险金缴纳者，以保障体系的可持续性，这也是为什么目前在德国无子女的人群法定长期护理保险的缴费率比有子女的人群高 0.25 个百分点。这一基本原则是合理的且具有示范性的。除此之外，每年政府向长期护理公积金投入 14 亿欧元，长期护理保险是德国社会保险中唯一拥有内置公积金的分支。当然，在这方面我们还可以采取更多举措来保障即使在 2030 年之后婴儿潮一代出生的人开始退休时长期护理保险也能有充足的资金来维持，尤其是这一代人当中的一小部分在 21 世纪中期就会慢慢开始有获得长期护理的需求。

我们现在必须要进行调整以保证对不同代际人群的公平性，否则下下个十年中的一代年轻人会想尽办法摆脱对于他们来说过重的经济负担。我们都承认我们需要更多的资金来培训更多专业的护理人员，给予他们更高的报酬，也需要更多资金来支持家庭护理和照料体系的建设。未来我们如何通过税收、保险福利和个人共担"三驾马车"来为长期护理体系提供资金支持？在此我想借助德国长期护理的辩论势头上涨的机会，在德国 1/3 的人口年龄超过 60 岁而只有少于 1/5 的人口年龄小于 20 岁的情况下，开诚布公地探讨我们如何继续保持德国社会的人道性质，如何延续我们的社会体制机制。如果我们真正重视自由理智辩论的民主社会，真正相信我们拥有塑造自己未来的能力，那么我们必须更加勇敢地去面对这一话题。

在健康卫生政策方面，我们正迎头而上寻求解决方案，以应对因人口迁出和老龄化所导致的结构性脆弱地区护理服务提供的问题。我们只有大胆应用数字技术和解决方案，才能成功应对目前面临的诸多问题。远程医疗、在线诊断、远程治疗以及电子处方这些科技的发展和进步都有助于解决上述问题，我们也在逐步引入这些新科技。我个人在农村地区长大，我完全不能赞同经济学家最新提出的关于"封闭农村"的建议，反而认为这种情况是我们应该尽力避免的。

当然，近年来老龄化社会可持续理论在德国也有可喜的发展。几年前，我们还要全力去解释我们的社会和工作当中需要老年人和他们的经验智慧，现如今"对年轻人的痴迷"好像较几年前有所减缓。此外，我们看到越来越多的老年人选择延长工作年限，继续为社会发展做出他们的贡献，这在近几年老年人为难民所提供的各种援助服务中得到了集中体现。

最后，作为负责卫生健康和长期护理的部长，我大力倡导和支持以发展和活力为基础的积极的经济政策，而不是以骄傲自满来维持的经济政策，因为社保的发放是以我们对社保体系的贡献为前提的。在与中方合作伙伴共同出版的这期论文集中，我想重申我在德国国内经常表达的观点，以表明我们将不遗余力地促进人民健康的意愿——我们愿努力成为数字技术发展的领军者，这让我们在老龄化社会能够保障医疗健康、长期护理和养老体系的可持续性。未来我们也同样需要经济的可持续发展，为社会和谐和应对老龄化继续贡献力量！

# 前　言<sup>*</sup>

Christoph Beier<sup>**</sup>

联合国《世界人口展望》2017 年修订版报告显示，由于生育率下降、人口预期寿命增加，世界正在面临持续且快速发展的人口老龄化问题。中国和德国均属于人口老龄化形势相对严峻的国家。中国的人口结构转型期长达二十年，随着中国人口以超越其他所有国家的速度不断老龄化，在未来的十年内，中国将进入老龄化社会。在过去的几十年，德国人口稳步老龄化，在经济合作与发展组织（OECD）国家中人口老龄化程度排名第二，仅次于日本。

人口老龄化带来的影响无疑是巨大的，会影响一个国家的社会整体和经济体系。抚养比上升即工作人口数量急剧减少，老龄化社会的人口红利消失，必将导致国际竞争力下降。老龄化还会对整个国家的福利体系造成巨大压力，尤其是社会保障体系和卫生医疗体系。人口红利减少所造成的税收收入下降还会使得社会保障和改革措施所需的财政资源无法保障。

国际社会在过去二十年也非常关注人口结构变化和老龄化问题。21 世

---

　*　中文译者：邓小玲，北京外国语大学。

　**　Christoph Beier，德国国际合作机构前总裁。

纪有关老龄化和老年人社会参与的最根本的文件和指导纲领是 2002 年联合国第二次老龄问题世界大会所通过的《政治宣言》和《2002 年马德里老龄问题国际行动计划》（以下简称《计划》）。《计划》着重促进人类生命全程的健康和福祉，为健康老龄化打下坚实的基础。世界卫生组织（WHO）致力于在 2015~2030 年促进"健康老龄化"，并将其定义为"发展和保障老年健康幸福生活所需的功能能力的过程"。世界卫生组织通过了《老龄化与健康全球战略和行动计划（2016-2020 年）》，确定了五项战略目标，其中包括创建关爱老年人的环境、完善卫生体系以适应老年人的需求、建设可持续且公平的长期养老服务体系等。它响应了联合国 2030 年可持续发展目标中提出的全部 17 个目标，尤其针对性地响应目标三，也就是"通过全球健康医疗覆盖包括金融风险保护来保障健康生活，促进所有年龄人群的福祉"，最终实现可持续发展，不落下任何人。

老龄化问题也是很多年来二十国集团的重要议题之一。2015 年在土耳其担任主席国期间，二十国集团制定了"银发经济和积极老龄化"原则来应对老龄化问题。日本被称为超老龄化社会，在 2019 年担任二十国集团主席国期间，日本将老龄化作为二十国集团议题的优先事项之一。

德国通过联邦政府、市政当局、社区、医疗行业、科研界、经济界以及公民社会、福利机构尤其是慈善机构多个利益相关方参与的互动模式，建立了健全稳定的养老服务保障体系，包括社会保障、代际团结、医疗服务、教育和就业体系。但同时德国非常缺乏高技能的劳动力，从长远来看社保体系不可持续，为养老、医疗和长期护理体系提供财政支持也会造成个人自愿缴纳社保负担加重从而导致老龄贫困。为了更好地应对人口问题的挑战，德国进行了一系列相关改革来延长人口工作年限，包括将法定退休年龄推后到 67 岁且鼓励阶段性退休。德国联邦政府近年来出台了一系列战略性政策文件鼓励和促进老年人生活独立、社会参与、社会包容和尊严。此外，在政策文件和框架中也解决了适老化住房和生活、养老服务和教育、养老保险等相关问题，从而保障长期养老服务体系的建设。这也表明这些议题对于德国政府应对老龄化战略的重要性。德国采取了各方共同参与的共建措施，成功地将联邦政府、市政当局、协会组织、工会和民间组织作为主要的参与方。

在过去的八年中，中国实施了一系列项目和举措来应对人口结构转型，尤其是改善老年人的生存环境，如中国取消了严格的独生子女政策，改善了社会福利体系建设，包括引入长期护理保险，多元化投资老年或银发产业以及养老服务产业。《"健康中国 2030"规划纲要》是促进健康、包容和积极老龄化最全面的国家战略。机构性和非正式养老服务的核心目标之一是提高服务水平，如通过对护理人员的教育和培训来提升服务质量。与其他国家相比，中国人口老龄化的发展速度之快没有给中国留有充足的适应时间，因此与德国相似，中国也选择了采取社会多个利益相关方共同参与的模式来应对老龄化。

在德国联邦政府和中国政府就卫生、社会保障以及未来就业议题高级别对话的框架下，人口结构变化和老龄化问题也包含其中。在 2018 年举行的第五次中德政府磋商会议上，双方决定开启一个新的医疗服务框架计划，就"健康老龄化"议题进行合作。德国联邦教育和研究部与中国科技部签订智慧服务合作协议，其中包括智慧长期养老服务（养老 4.0）。除此之外，中德两国还有很多合作的可能，包括老年就业体系建设、社保体系改革、长期养老保险体系建设、养老护理人员职业教育和培训、养老服务产业投资等领域的合作。

德国国际合作机构（GIZ）已认识到在寻找应对此类社会和人类挑战的解决方案上以及解决人口、卫生、社会保障、家庭、教育、青年人和老龄事务等议题上国际经验交流的重要性。在亚洲，GIZ 和当地合作伙伴共同开展了一系列人口结构转型项目，包括在印度、印度尼西亚、越南、菲律宾、孟加拉国和柬埔寨所进行的社保体系（医疗保险和养老保险）建设。GIZ 1982 年进入中国。自世纪交替之际起，GIZ 开始参与中国社会和医疗服务相关项目。社会和医疗服务政策对话由 GIZ 与中华人民共和国国家发展和改革委员会（NDRC）社会发展司以及国家卫生和计划生育委员会（现中华人民共和国国家卫生健康委员会）共同发起。在公共政策对话基金的支持下，通过组织一系列有关人口结构转变、社会包容、劳动力转移、城市人口老龄化等议题的专家听证会和研讨会，政策对话得以加强。长期以来，GIZ 在人口变化领域开展了若干项目，包括卫生健康、职业培训、医疗技术和医疗设备产品安全，以及老年人友好城市和社区建设等。

# 目　录

## 第六篇 结语

# 第一篇

## 绪 论

# 德国和中国的可持续老龄化
## ——国际合作的作用<sup>*</sup>

Marie Peters    Sabine Porsche

## 一　可持续老龄化与相关国际合作的努力

2019 年 12 月，新冠肺炎病情开始蔓延并逐渐发展成为大流行病。截至 2020 年 9 月，188 个国家或地区累计报告确诊病例 3100 万例，其中累计治愈病例 2100 万例。2020 年 4 月底，全球 80 岁及以上人口的新冠肺炎患者死亡率是全球平均水平的 5 倍。新冠肺炎疫情大流行再次凸显了老年人在公共卫生危机中的脆弱，现在比以往任何时候都更需要采取预防性措施来保障老年人的健康和尊严。

面对新冠病毒的威胁，我们需要立即采取行动保护生命，同时需要在国际、国家层面和国内不同地区进行长期的政治努力，以实现本书所强调的"可持续老龄化"议题，即人人享有尊严的一体化、包容性老龄化社会。本文主要内容如下。首先，重点介绍一些国际上应对新冠肺炎疫情的政策框架、应对老龄化趋势的总体规划以及德国政府开展国际合作的政策指导。其次，通过介绍德国国际合作机构（GIZ）在中国和其他亚洲国家开展的项目案例，介绍其为应对老龄化挑战开展的国际合作及其潜在影响和重要作用。最后，

---

＊　中文译者：邓小玲，北京外国语大学。

介绍德国开展国际合作的重点领域，并简要梳理本书中来自学界和业界人士的文章。

### （一）实现可持续老龄化的政策框架

2020 年 5 月，联合国发布了题为"新冠肺炎疫情对老年人的影响"的政策简报，描述了疫情对老年人产生的巨大影响。这些影响表明，老年护理、老年人生活状况和生活条件、医疗保障体系存在更深层次的结构性缺陷。简报中介绍了一些非新冠肺炎老龄患者无法得到有效治疗，福利机构和护理院存在忽视和虐待老年人的情况。此外，报告指出疫情对老年人的身体和心理健康产生了巨大影响，污名化和歧视对他们造成了极大伤害（UN，2020）。简报所揭示的深层次结构性缺陷表明，老年人不仅在重大健康危机中更加脆弱，而且老年群体中健康赤字的现象更为明显和普遍。

全球行动势在必行，世界卫生组织（WHO）于 2020 年 8 月 7 日宣布启动《2020-2030 年健康老龄化行动十年》。作为世卫组织老龄化与健康全球战略的第二份行动计划，该计划旨在凝聚政府、民间社会、国际机构、专业人士、学术界、媒体和私营部门的力量，共同改善老年人的生活条件及其家庭和社区环境。通过这一计划，世卫组织为全球应对人口结构挑战等严峻、长期的公共卫生挑战提供了宝贵的政策框架，可为德国、中国和其他成员提供指导。

另一个与健康和老龄化相关的国际长期政策框架是 2015 年联合国（UN）成员通过的《2030 年可持续发展议程》（以下简称《议程》）及其 17 项可持续发展目标。《议程》的目标是不论年龄、性别、残疾状况、经济地位，为所有人创造一个包容、平等的世界。可持续发展目标涵盖方方面面，包括提高老年人的健康水平，为他们提供终身教育机会以确保社会融合，并为护士及其他养老护理人员提供更好的教育项目和设施。此外，可持续发展目标不仅希望通过体面的工作机会，帮助包括老年人在内的所有人实现经济稳定，同时也鼓励银行业、保险业和金融服务业发展，而保险在确保老年人获得体面的护理服务方面发挥着至关重要的作用。最后，可持续发展目标还包括使老年人能参与社会生活，实现就地养老，即"无论年龄、收入或能力水平，都有安全、独立、舒适地在家中和社区生活的能力"（Centers for Disease Control and Prevention，2009）。通过解决生活中方方面面的问题，可持续发展目标帮助老年人度过充实、与社会发展相融合、有收获并且有意义的晚年生活，打造更可持续的社会和经济，确保实现可持续老龄化。

为应对疫情，德国政府也更加注重建设有韧性的卫生体系，从而更好地防控疫情并为所有人高效地提供医疗卫生服务。为此，德国政府将上述内容写入联邦经济合作与发展部（BMZ）国际合作计划，即 2020 年 4 月发布的联邦经济合作与发展部 2030 年改革战略（BMZ，2020a）。按照世卫组织（WHO，2017）"同一健康"原则，联邦经济合作与发展部于 2020 年 6 月决定增设一个子部门，负责全球公共卫生、疫情预防和"同一健康"等事项，并于 2020 年 8 月成立了"同一健康"咨询委员会，落实预防措施，促进和维护全民健康（BMZ，2020b，2020c；DIE，2020）。作为德国政府开展全球国际合作的服务机构，德国国际合作机构积极响应该战略，在全球范围内落实合作项目，促进全球公共卫生部门和私营医疗行业之间的合作。

此外，德国国际合作机构致力于为实现可持续发展目标贡献力量。GIZ 在发展中国家、新兴经济体和发达国家有着丰富的经验和成熟的合作项目，在各个领域均有技术储备，为德国政府国际议程谈判建言献策，这些都为德国国际合作机构助力可持续发展目标实现打下了坚实基础。GIZ 采用综合性的方法和措施，促进经济、政治、环境、社会，包括老龄化社会的可持续性发展，这与可持续发展目标相吻合。德国国际合作机构将利用覆盖 130 个国家或地区的合作伙伴关系，将平等、一体化的社会和经济等可持续发展目标融入现有和新的合作项目，以应对人口老龄化趋势给许多国家带来的挑战。

### （二）推动中德可持续老龄化的国际合作

在德国的国际合作项目中，已有一些公私部门协作促进全球卫生事业发展的案例。德国按照各国政策框架，多年来在德国、中国以及越南、菲律宾等东南亚国家共同推进可持续、包容性进程，以应对人口挑战。在欧洲，老龄化社会带来的人口挑战已经持续了几十年。当然，也波及了中国等其他亚洲发展中国家。德国是世界上生育率最低的国家之一，中国则是世界上人口最多的国家。近几十年，两国人民的生活方式和移民情况发生了变化，总体预期寿命变长，导致人口、社会和生活结构快速变化。就中国而言，快速的城市化、中产阶级的崛起和人口控制政策都对社会和人口结构产生了意料之外的长期影响。

当前的人口发展趋势只是冰山一角，预计未来几年人口结构变化将愈演愈烈。根据联合国经济和社会事务部的数据，2015~2050年中国60岁及以上人口将增加2.64亿，到2050年将达到惊人的4.79亿。而同期，德国60岁及以上人口将增加750万，到2050年将达到3000万。到21世纪中叶，60岁及以上人口将分别占中德两国总人口的35%和38%。随着经济上依赖他人的老年人数量的增加，从事经济活动的人口减少，世界各国政府遇到了重重挑战，这些挑战往往存在共通之处，因此国际知识交流成为有效应对该挑战的重要手段。中国等亚洲国家人口变化历史较短，可以从德国的经验中获益，例如如何实施长期护理保险制度、如何为养老护理护士提供双元职业教育和培训等。而中国的数字化发展应用为养老护理领域提供了许多创新方法，德国等其他国家也可以从中受益。

就中德而言，两国卫生部部长就应对老龄化挑战搭建了国家对话平台。2018年7月，第五次中德政府间磋商会议在柏林举行。在此期间举办的第三次中德卫生对话上，中华人民共和国国家卫生健康委员会（NHC）主任马晓伟先生和时任德国联邦卫生部部长Jens Spahn先生一致同意，将工作重心放在《2018-2020卫生合作框架协议》上，以缓解人口老龄化对医疗体系带来的压力。Spahn 先生特别提到，在长期护理保险等领域开展合作将使两国受益。

　　Spahn 先生在他的"个人寄语"中指出，德国目前正在尝试调整其长期护理保险制度，从而更好应对未来的人口发展趋势。而中国目前正在开展长期护理保险试点工作，与中国等其他国家进行经验交流可以为德国提供解决问题的新视角。就中国而言，由于长期护理保险十分复杂，中国在推出第一批试点城市前经历了长期的筹备。伍小兰在本书中提到，截至 2020 年底，中国还没有形成长期护理方面的政策体系。在文章中，她概述了近年来中国为应对老龄化社会制定的相关政策。在设计长期护理体系方面，她提出的建议值得深思。

　　本书介绍了德国国际合作机构在德国、中国和其他亚洲国家开展的联合项目，并通过学界和业界的研究，对长期护理保险、养老护理教育、适老型城市和社区三个当前中德合作的重点领域进行了深入分析。本书还收录了越南、菲律宾的项目实例，全面展示德国国际合作机构在中国及其周边国家应对人口结构变化的项目情况。本书旨在为世界范围内应对人口老龄化议题深入交流提供思考基础，并为开发创新方法提供灵感来源。下面简述长期护理保险、养老护理教育、适老型城市和社区三个重点领域的背景情况，介绍本书中与之相关的文章内容。

## 二　德国国际合作在中国及其他国家、地区的重点领域：长期护理保险、养老护理教育、适老型城市和社区

　　老龄化国家需要进行国际交流，寻找应对人口挑战的解决方案。这些国家同时也面临着一个机遇，那就是养老护理市场扩张带来的私营养老护理服务产业的崛起。德国在 1995 年引入长期护理保险后，养老护理市场异军突起。最近，中国决定在 2020 年全面开放养老护理市场（State Council，2019a），并采取相关措施加快养老护理服务产业的发展。"银发经济"产业还将吸引除养老护理服务业之外的房地产、保险、医疗设备和旅游等产业的参

与，并且与数字化发展趋势息息相关。预计到 2021 年，养老护理服务产业的价值将从 2018 年的 4.6 万亿元（0.6 万亿欧元）增长到 9.8 万亿元（1.2 万亿欧元），到 2030 年进一步增长到 13 万亿元（1.65 万亿欧元），接近 2018 年的 3 倍（People's Daily Online，2020）。

为了反映这一趋势以及其中蕴含的机遇，本书重点介绍了私营部门在应对人口结构挑战中的作用。Luc Yao 将代表默克公司介绍思辨设计如何促进跨学科对话从而引领健康领域的数字创新。作者不仅将展示为老年人开发的创新和智能产品，还将讨论数字化的潜在作用。本书还将介绍德国国际合作机构与私营部门的国际合作项目以及接受委托开展的服务项目。Sabine Porsche 和崔烁介绍了德国国际合作机构实施的一项癌症诊疗项目。癌症是老年人的头号威胁，该项目旨在向医疗人员提供精准肿瘤学方面的培训，推广这一癌症诊疗创新方法。

### （一）长期护理保险：打造公平社会

对许多家庭而言，要想在家中或养老机构中得到专业护理，经费是一大压力。世界各国政府正在着手解决这一问题。一种方法是像德国一样，在社会保障体系中建立独立的长期护理保险制度。德国的强制性社会长期护理保险于 1995 年开始实施，并进行了几次改革以更好适应被护理人和护理人的需求。

二十多年后，2016 年中国政府在 15 个地区启动了长期护理保险试点，重点向长期失能群体提供基本护理保障。2020 年 9 月，试点总数增至 49 个，其中 14 个试点地区开展重度失能老人长期护理服务试点工作（China Daily，2020）。根据试点经验，计划在"十四五"（2021~2025 年）期间建立独立的护理保险体系和长期护理保险基本政策框架。在此过程中，中国可以借鉴德国的相关经验。本书中将有相当的篇幅介绍德国经验和中国的长期护理保险现状。

Steffen Flessa 概述了德国的强制性社会长期护理保险制度，该制度与社会医疗保险的原则一致。如上所述，长期护理保险正在不断改革，以解决合理的费用报销范围和不断增长的支出之间的矛盾。作者认为，医疗成本的增长不应通过保险来解决，而应提高公众的健康水平从而降低医疗成本。

丁纯和刘丹概述了中国 15 个城市推行的试点项目，总结了项目经验和存在的不足。他们认为，建立长期护理保险制度的过程中发现的中国立法机构的不足，需要调整政治框架才能确保制度不断完善。作者还对试点结果进行了评估，并在此基础上提出了中国长期护理保险未来发展的相关建议。

在 2016 年中国政府开展长期护理保险试点之前，中央政府已经授权各地方政府设计当地的试点方案。2012 年，山东青岛设计并实施了第一个试点项目。鲁蓓和冯广刚描述了青岛市长期护理保险试点项目自正式实施以来的发展演变并介绍了项目的实施方法，还基于管理数据以及患者的总开支对长期护理保险的未来情况进行了预测。

### （二）养老护理教育：健康、包容老龄化的基础

各国政府面对的另一重要问题是培养足够的专业人员来为老年人提供护理服务。虽然原因不同，但是中德都面临着护理人员短缺问题，并正在采取措施填补这一缺口。该行业的职业声望较低，同时由于工资和社会地位不高，许多从业人员都会转行。2018 年，德国持证养老护理人员的缺口约 15000 人（Groll，2018），且将随老年人数量的增加而继续扩大。为了吸引更多训练有素的护理人员，德国不同地区采取多种措施，如进行职业教育改革来培养专业护理人员，或聘用国外的护理人员等。

中国面对的问题与德国不同，养老护理服务的供需更加失衡。2017 年，中国有 4200 万老年人需要护理服务，但仅有 50 万名护理人员和护士在养老机构中工作，其中只有不到 2 万人拥有养老护理专业学位。而未来，预计护理人员的需求量将达到 1400 万（Wu and Zheng，2018）。因此，中国计划进一步加强职业教育，培养养老护理人员（State Council，2020a）。德国的双元

职业教育体系充分整合了理论学习和实践训练，被多所中国医学院借鉴参考，并按照当地情况调整后实施。本书将着重介绍这些案例。此外，中国还设立了 9 个与养老护理相关的新职业资格，其中包括老年人能力评估师（State Council，2020a），其主要职责是评估老年人的日常生活和精神状况，并协助起草护理计划。老年人在养老院或接受居家养老服务的费用将根据能力评估师的评估结果确定。此外，政府还降低了对养老护理人员学历背景的要求，并计划到 2022 年培养出足够数量的养老院院长以及兼职和全职社工（State Council，2020a）。

Ingrid Darmann-Finck 概述了德国护理职业教育改革。这项改革于 2017 年通过并自 2020 年 1 月起实施，将以前的三种护理职业资格合并为一个"全科护理"专业，毕业后授予学位。作者阐述了改革的原因，并解释了为何其他国家不应该走德国的老路去设立三种不同的护理职业资格。

Astrid Seltrecht 提出了中国借鉴德国养老护理课程体系的可能性。她分析了教育理念以及中德培养学生职业能力的方法。她认为，仅仅照搬课程体系肯定是不够的，她建议中国大学在教师培训中应更加注重实践培训。

京津冀地区尝试推动养老服务业与现代职业教育的产教对接。付健介绍了这一独具特色的国家战略计划以及参与其中的产教各方。其中，天津城市职业学院积极促进职业教育的地区协调发展，在协调培训项目方面发挥了重要作用。

Andreas Lauenroth 等讨论了在护理培训中使用老年人模拟套装情况，以便专业护理人员通过自身体验在实际工作中能够更好地满足老年人的需求。作者进行了调查并得出结论，认为使用特别设计的老年人模拟套装可以让人体验到比自己年长 25~30 岁的人在肢体运动方面受到的限制。他们认为，护理人员在亲身体验了老年人日常生活中的困难后，更能够与被护理者共情。作者还推荐老年产品工程师和设计师也应该使用该套装。

李琳和 Annika Fründt 介绍了德国国际合作机构受盘锦职业技术学院委托在辽宁省盘锦市开展的职业培训项目。该项目将德国的职业教育体系引入中国，并基于这一体系设计了为期三年的养老护理专业课程来培养专业养老护理人员。

王明明和 Sabine Porsche 介绍了另一个德国国际合作机构项目案例。该项目在中国的几所护理学院中开展，侧重于按照德国双元职业教育体系来培养养老护理专业人员。此外，该项目还根据德国经验在中国各地针对地方政府、高等院校和护理机构开展管理和业务培训，讨论护理机构的高质量管理、医养结合服务和临终关怀等领域的热门话题。

德国一直在尝试从国外吸引专业护理人员来填补国内的缺口，包括来自亚洲部分国家的护理人员。在这方面本书介绍了德国国际合作机构实施的两个项目，其理念和参与方基本一致，都是从一些国家吸引当地劳动市场中充裕的专业护理人员。Maja Bernhardt 和 Sonja Alves Luciano 介绍了与德国联邦就业局（BA）的国际就业服务中心（ZAV）和劳动力来源国主管部门合作开展的"三赢项目"。该项目旨在吸引来自菲律宾等五国的持证护理人员，为他们在德国的医疗和养老机构安排工作。文章描述了人员筛选和工作分配过程以及公共部门和私营部门在其中发挥的作用。

Florian Krins 介绍了另一个德国国际合作机构开展的项目。该项目招募来自越南的专业护理人员，由德国联邦经济和能源部（BMWi）委托实施，目的是让雇主有意识地为外国护理人员开放招聘渠道。作者介绍了项目的合作模式，并展示了该项目给选择移民的专业人士、来源国和目的国（德国）带来的好处。

### （三）适老型城市和社区：一体化、包容、宜居

老龄化带来的另一个挑战是居住问题。许多国家没有足够的护理设施来提供寄宿制护理服务，另外很多较为年轻和健康的老年人更希望独立在家中生活，同时能够有上门护理服务的支持。为了让老年人能够居家养老并享受护理服务，需要提升他们的个人生活环境以及所在的村庄、乡镇和城市的环境，例如要在公寓中安装或加装无障碍设施，改善为老年人提供的社区服务

以及增加社会活动等。本书的第五部分就讨论了老年人宜居的生活环境以及创建包容的城市和社区的相关内容。

为了应对城市人口老龄化的挑战，并寻找城市发展新机遇，需要建立责任明确、财政支持的制度框架。正如 Marie Peters 在文章中所述，许多地方还没有相关的制度和政治框架，即使有也往往较为零散，不能解决老龄化给城市带来的所有问题，无法应对老龄化挑战，也不足以帮助城市抓住机遇，发展一体化、包容、宜居的城市和社区。作者对德国和中国进行了对比，深入探讨了两国如何将研究成果、国家政策试点以及地方有针对性的解决方案等结合起来调整制度和政治框架，不断寻找解决办法。

另外三位作者强调了建筑标准和设计标准在打造老年宜居城区方面的作用。娄乃琳和赵尤阳主张要确定完善的养老设施建筑标准。他们发现中国非居家护理的机构数量少，社会认可度不高。他们分析了所谓的"养老护理移民村"即养老护理旅游目的地，认为养老移民能提供足够的养老护理服务，是实现可持续老龄化的一条可选之路。他们提出的有关养老设施建设标准的建议也可以用于其他相关的设施和服务，甚至推广到整个城市。

赵尤阳则进一步阐述了上述建设标准的具体要求，认为这些标准可以确保养老设施实现可持续的按需发展。在住房和城乡建设部（MoHURD）科技与产业化发展中心的支持下，养老服务设施专业委员会设计了一套可以用作建设标准的统计指标体系。他在文中概述了设计过程，并指出到目前为止，城市养老设施的规划中还没有统一的设施评估体系和统计指标。

Christian Eichinger 分析了德国可持续建筑委员会（DGNB）城区认证体系。该体系在德国和其他一些国家设立了老年宜居城区的建设标准。总体而言，城区应实现社交性和功能性的统一，具体包括配备养老设施和其他便利设施，如公共空间、无障碍设施、暖气等。按照这一体系的逻辑，作者认为在城区建设时必须考虑到包括老年人在内的所有居民的需求。因此，该认证体系与可持续发展目标中的包容和一体化城市和社区建设的目标相一致。

Sebastian Schulz 和陈筝认为，现有的指导方针和法规还无法确保城市空间的无障碍化，不能为相关群体提供出行便利。他们使用情感映射和生物传感数据来测量使用者对公共空间的感受，使研究重点更加聚焦使用者群体本身。他们认为，这可以让城市空间的设计更加以人为本、更加包容，打破城市规划者为了规划而规划出的标准和规则，让居民参与设计。

还有四篇文章为打造以人为本的、包容的城市和社区提出了新理念、新模式和新方法。张萍、王成芳、殷思琪和杨申茂重点关注为老年人设计无障碍的、便利的生活环境，让老年人享受包容且积极的老年生活。他们提出的模式旨在为老年人打造兼具社会参与、娱乐、支持和保障以及终身学习的生活环境。作者建议，要格外注意设施的多样化、出行方式和便利程度、地方特点尤其是当地老年居民的特点。

Kathleen Schmidt 和 Frank Schwartze 根据在德国农村地区的三个研究项目，为社区发展观提出了若干建议。社区发展观旨在提高老年人的独立生活能力和福祉。作者建议，应考虑老龄化社会的多样性，满足老年人对多种社区功能的需求，提供替代形式的住房，考虑区域差异，并认识到数字化基础设施带来的机遇和挑战。他们认为，上述建议将使规划政策变得更加包容和开放。此外，他们还认为这些建议对中国而言同样重要，因为中国正经历快速的发展和社会变化，有机会跨过排他性规划的阶段，直接实施包容性社区规划。当然，要想实现这一转变，就必须对建筑师、城市规划师和社会工作者等核心领域的从业者进行专业培训。

管逸群和刘一鸣主张让养老社区的规划更为一体化、更加以人为本，呼吁在设计中要考虑社会多元化带来的需求。他们不认为当前的规划方法反映了生活方式、消费观念的转变以及城乡或地区间的差异。他们指出，老年人社区的设计应该更加包容，能让老年人参与社会生活，满足老龄社会多元化的需求，从而鼓励独立和空间整合的生活理念。

和莎、卜德清和张勃在文章中比较了美、德、日三国养老护理设施布局设计的演变和发展，并根据中国的相关情况提出了建议。针对经济发展水平不同的地区，他们设计了不同的护理设施布局，并建议更加关注老年人的情感需求，提高护理水平，使用开放和一体化的设计来避免老年人与社会隔绝，并遵循一定的技术设计标准来加强社会互动，进而为实现"中国特色的养老护理"打下基础。

易杨忱子重点讨论了项目实施中的一些问题。2016 年，在亚洲城市发展中心（CDIA）的框架下，德国国际合作机构与亚洲开发银行开展了国际合作项目，帮助宜昌市改善其养老护理体系。在亚洲城市发展中心的帮助下，各方评估了在几个养老护理试点项目中使用私营部门资金的可行性。然而，项目结论认为，尽管私人投资可以减轻当地政府的财政压力，但要保证高质量的服务且经济实惠，仍然需要政府在设施建设和服务运营领域提供资助。

## 参考文献

1. BMZ-Federal Ministry for Economic Cooperation and Development (2020a). Development Ministry unveils "BMZ 2030" Reform Strategy, https://www.bmz.de/en/press/aktuelleMeldungen/2020/april/200429_pm_09_Development-Ministry-unveils-BMZ-2030-reform-strategy/index.html [26/12/2020].

2. BMZ - Federal Ministry for Economic Cooperation and Development (2020b). develoPPP.de. Sustainable Business Initiatives in Developing Countries, https://www.developpp.de/en/ [26/12/2020].

3. BMZ-Federal Ministry for Economic Cooperation and Development (2020c). Public-private Synergies for Health in Times of Covid-19, http://health.bmz.de/events/In_focus/public_private_synergies_covid-19/index.html [26/12/2020].

4. Centers for Disease Control and Prevention (2009). Healthy Places Terminology, https://www.cdc.gov/healthyplaces/terminology.htm [26/12/2020].

5. China Daily (2020). China Expands Long-term Care Insurance Scheme Trials, http://www.chinadaily.com.cn/a/202009/19/WS5f65fb58a31024ad0ba7a969.html [26/12/2020].

6. DIE - Deutsches Institut für Entwicklungspolitik (2020). Anna-Katharina Hornidge Appointed to the One Health Advisory Board of BMZ, https://blogs.die-gdi.

de/2020/08/28/anna-katharina-hornidge-appointed-to-the-one-health-advisory-board-of-bmz/ [26/12/2020].

7.　Groll, T. (2018). Der Pflege gehen die Kräfte aus. DIE ZEIT, https://www.zeit.de/wirtschaft/2018-04/fachkraeftemangel-altenpflege-deutschland-statistik [26/12/2020].

8.　Johns Hopkins University (2020). Coroncrirns Resource Center, https://coroncrirns. jhv. edu/mop.html [20.09.2020].

9.　People's Daily Online (2020). China's Elderly Care Market Boosts Rapid Industrial Development. http://en.people.cn/n3/2020/1203/c90000-9795499.html [28/12/2020].

10.　Schwinger, A., Klauber, J., and Tsiasioti, C. (2019). Pflegepersonal Heute und Morgen, In Jacobs, K., Kuhlmey, A., Greß, S., Klauber, J., and Schwinger, A. (eds.), *Pflege-Report 2019: Mehr Personal in der Langzeitpflege – aber woher?* (Berlin: Springer) .

11.　State Council-State Council the People Republic of China (2019a). China Sees Improved Elderly Care System, http://english.www.gov.cn/news/top_news/2019/04/01/content_281476589973576.htm [15/12/2020].

12.　State Council-State Council the People Republic of China(2019b). China's Elderly Population to Reach 487m around 2050, http://english.www.gov.cn/statecouncil/ministries/201910/09/content_WS5d9dc831c6d0bcf8c4c14c66.html#:~:text=China's%20elderly%20population%20to%20reach%20487m%20around%202050,Office%20of%20the%20National%20Working%20Commission%20on%20Aging. [15/12/2020].

13.　State Council-State Council the People Republic of China (2020a). Highlights of China's Elderly Care over the Past Five Years, http://english.www.gov.cn/news/topnews/202010/29/content_WS5f9a744dc6d0f7257693e9d4.html [15/12/2020].

14.　State Council-State Council the People Republic of China (2020b). China Offers 8 Million Beds for Elderly Care: Ministry, http://english.www.gov.cn/archive/statistics/202012/28/content_WS5fe91537c6d0f72576942908.html [26/12/2020].

15.　State Council-State Council the People Republic of China (2020C). China Strengthens Compliance Supervision of Elderly Care Services, http://www.china.org.cn/china/2020-12/30/content_77063168.htm [26/12/2020].

16.　UN - United Nationals (2020). Policy Brief: The Impact of COVID-19 on Older Persons, https://www.un.org/sites/un2.un.org/files/un_policy_brief_on_covid-19_and_older_persons_1_may_2020.pdf [29/01/2021].

17.　UN - United Nations (2015). Sustainable Development Goals, https://sustainabledevelopment.

un.org/?menu=1300 [26/12/2020].

18.　WHO - World Health Organization (2017). One Health, https://www.who.int/news-room/q-a-detail/one-health [26/12/2020].

19.　WHO - World Health Organization (2020). Decade of Healthy Ageing 2020–2030, https://www.who.int/docs/default-source/decade-of-healthy-ageing/final-decade-proposal/decade-proposal-final-apr2020-zh.pdf?sfvrsn=a1cca090_4 [26/12/2020].

20.　Wu, Y., and Zheng, Q. (2018). Trends in Integrated Medical Care and Medical Services in China. Exploring "The Last Mile" of Healthy Ageing, https://www2.deloitte.com/content/dam/Deloitte/cn/Documents/life-sciences-health-care/deloitte-cn-lshc-the-last-mile-of-senior-care-en-181024.pdf [26/12/2020].

# 第二篇
## 中国和德国的人口老龄化及其挑战

# 中国长期照护发展的政策思考

伍小兰

**摘　要：** 在人口结构老龄化、疾病状况慢性化、健康问题障碍化、家庭结构小型化的背景下，发展长期照护成为重要社会议题。本文对我国长期照护的政策演进和发展现状进行了系统梳理，并以此为基础提出了明确长期照护的社会服务属性，以长期照护作为养老服务的发展主线，实施综合性方案，合理配建基础设施，夯实政策法律环境等政策建议，以推动长期照护的健康快速发展。

**关键词：** 长期照护　社会服务　社会政策

21 世纪的中国已不可逆转地步入老龄化社会。截至 2019 年末，我国 60 岁及以上人口达 2.54 亿，占总人口的 18.1%。[①] 根据"国家应对人口老龄化战略研究"课题预测，到 2025 年，我国老年人口将超过 3 亿，五个人当中就有一个老年人。2050 年达到峰值 4.83 亿，届时三个人当中就有一个老年人。[②] 与此同时，高龄老年人口也在不断增长。到 2020 年，我国高龄人口将接近

---

① 国家统计局：《2019 年国民经济和社会发展统计公报》，2020 年 2 月 28 日。
② 国家应对人口老龄化战略研究·人口老龄化态势与发展战略研究课题组：《人口老龄化态势与发展战略研究》，华龄出版社，2014。

3000 万, 2050 年将突破 1 亿。在人口结构老龄化、疾病状况慢性化、健康问题障碍化、家庭结构小型化的背景下,长期照护已成为全球范围内具有政策性、社会性及经济性议题。

## 一　相关政策发展历程

中国大陆专门的长期照护政策体系尚未形成,而是分散于老龄事业规划、养老服务及各部门的涉老政策当中。从政策特点和发展历程来看,我国养老服务政策发展可分为三条线。

第一条线是民政安置救济政策的延续和完善,主要面向传统民政对象及民政管辖的公办养老机构,旨在保障民政基本兜底服务的提供。这些政策包括《社会福利机构管理暂行办法》(1999 年)、《老年人社会福利机构基本规范》(2000 年)和《民政部关于农村五保供养服务机构建设的指导意见》(2006 年)等。

第二条线是社会养老服务政策的丰富和激增,主要面向全体老年人和养老服务业,旨在不断满足老年人持续增长的养老服务需求。"十二五"时期,具有顶层设计意义的养老服务政策陆续出台,包括 2011 年发布的《社会养老服务体系建设规划(2011-2015 年)》、2012 年修订的《老年人权益保障法》、2013 年发布的《国务院关于加快发展养老服务业的若干意见》、2015 年国务院办公厅转发的《关于推进医疗卫生与养老服务相结合的指导意见》。

"十三五"期间,中国养老服务政策和实践步入快速发展阶段,2013 年发布《国务院关于加快发展养老服务业的若干意见》后,拉开了养老服务政策密集出台的帷幕。2014 年开始,各部委密集出台各项落实政策,推进养老服务标准化、养老服务业人才培养、政府购买养老服务和养老服务设施建设,推动全面放开养老服务市场,扶持社会资本进入养老服务领域。北京、浙江、天津等地更是采用制定地方法规的方式,引领和推动社会养老服务和居家养老服务发展。2016 年民政部、财政部发布《关于中央财政支持开展居家和社区养老服务改革试点工作的通知》，计划在五年的时间内中央财政拿出 10 亿元资金，用于支持社区居家养老服务的试点工作，目前已经在全国开展了五批试点工作。2017 年国务院发布的《"十三五"国家老龄事业发展和养老体系建设规划》，将居家为基础、社区为依托、机构为补充、医养相结合的养老服务体系更加健全列为发展目标之一。2019 年，国务院办公厅发布《关于推进养老服务发展的意见》，第一次在国家层面上明确了建立健全长期照护服务体系的政策目标和行动路线。一是建立评估机制。完善全国统一的老年人能力评估标准，统一开展老年人能力综合评估，评估结果作为老年人接受基本养老服务的依据。二是规范服务质量。研究建立长期照护服务项目、标准、质量评价等行业规范。三是增加服务供给。完善居家、社区、机构相衔接的专业化长期照护服务体系。四是打通筹资途径。全面建立经济困难的高龄、失能老年人补贴制度，加强与残疾人两项补贴政策衔接，加快实施长期护理保险制度试点，鼓励发展商业性长期护理保险产品。

进入新时代，党的十九届五中全会通过《中共中央关于制定国民经济和社会发展第十四个五年规划和二〇三五年远景目标的建议》，提出"实施积极应对人口老龄化国家战略"，要"健全基本养老服务体系，发展普惠型养老服务和互助性养老"，"构建居家社区机构相协调、医养康养相结合的养老服务体系"，"健全养老服务综合监管制度"，为搭建养老服务体系的"四梁八柱"明确了任务要求。

第三条线是长期护理保险政策进入大众视野。《中华人民共和国国民经济和社会发展第十三个五年规划纲要》明确要求："探索建立长期护理保险制度，开展长期护理保险试点。"2016 年 7 月，人社部发布《关于开展长期护理保险制度试点的指导意见》，明确试点目标是探索建立以社会互助共济方式筹集资金，为长期失能人员的基本生活照料和与基本生活密切相关的医疗护理提供资金或服务保障的社会保险制度。2016 年起，国家积极组织部分地方开展长期护理保险制度试点，在制度框架、政策标准、运行机制、管理办法等方面进行了有益探索。2020 年，国家医保局会同财政部印发《关于扩大长期护理保险制度试点的指导意见》，拟在更大范围检验试点成果，进一步探索适应中国国情的长期护理保险制度框架。

## 二　长期照护发展现状

近年来国家养老服务政策支持力度空前，社会投资规模持续加大，服务机构和床位数增加明显，我国养老服务业进入快速发展阶段。我国养老服务设施建设快速发展，养老服务床位数量显著增长，社区养老服务设施覆盖率不断提升。截至 2019 年底，全国共有各类养老服务机构 20.4 万个，总床位 775 万张。[①] 全国报告两证齐全的医养结合机构 4795 家，其中养老服务机构创办医疗卫生机构的 3172 家、医疗卫生机构开展养老服务的 1623 家；医疗卫生机构与养老服务机构开展签约合作的有 5.64 万对。[②] 但是，长期照护服务体系建设总体上仍处于起步发展阶段。

### （一）长期照护服务能力总体上仍较薄弱

首先，养老床位数量增长快，利用率却不高。2014 年末的统计数据显示，全国养老床位空置率高达 48%。北京的养老床位空置率为 40%~50%，即使在老龄化程度最高的上海市，养老机构的总体入住率也不足 70%（谢琼，2015）。养老床位的大量闲置，主要有三方面的原因。（1）新建养老机构的大型化和郊区化。"中心城区一床难求，郊区床位大量闲置"现象较为突出，老年人想进的养老院进不去，而能进的养老院又离家太远。（2）长期照护机构少、床位少。大量养老服务机构从规划布局、建筑设计到服务功能并非针对最需要机构照护的失能失智老年人，难以有效对接市场刚性需求。（3）老年人有效需求不足。受收入水平的限制，老年人的潜在需求难以转化

---

① 　李纪恒：《实施积极应对人口老龄化国家战略》，《光明日报》2020 年 12 月 17 日。
② 　国家卫生健康委：《2019 年我国卫生健康事业发展统计公报》，2020 年 6 月 6 日。

为现实的购买力。圈地圈钱驱动下的养老项目的地产化、高端化更是偏离了市场主流需求水平，造成资源错配和浪费。

其次，社区养老服务设施使用效率低。近年来，各地居家养老照料中心、日间照料中心的建设推进很快，加上其投资少、见效快、受益面广，成为各地基层政府扩容养老床位、满足老年人"家门口养老"需求的重要抓手。然而，总体来看这类设施综合使用效率亟待提高，有名无实、流于形式或成为不可持续的样板项目的不在少数。造成这一现象的主要原因如下：缺乏专职管理人员和专业服务人员，专业照护水平极为不足，使得服务项目虚设，难以瞄准真正需要服务的失能失智人群；造血功能不强，运行机制不畅，使得设施日常运营日益陷入困境；设施规划布局不合理，建筑设计不规范，使得设施仅能供健康、有活力的老年人活动和使用。

最后，居家、社区、机构三大板块设施分离，功能割裂问题突出。长期以来，各地居家养老、社区养老、机构养老功能独立、各自发展，使得居家养老和社区养老社会化、专业化不够，缺乏足够的专业化社会服务资源，难以将服务触角从困难、空巢老年人拓展至失能失智老年人；机构养老过度机构化和独立化，既不符合老年人不脱离熟悉生活环境的心理需求，也难以有效支撑社区居家养老服务的发展。

综上所述，养老机构规模的大型化、机构位置的郊区化、服务对象的宽泛化和服务功能的单一化等，加上社区养老服务设施缺乏配套、单线推进等，这些虽能在短期内快速提高床位数量，扩大设施覆盖率，但并不能带来床位和设施利用率的同步提高。更重要的是，它不能为失能失智老年人提供基本养老服务保障。

## （二）社会发展环境相对滞后

一是社会服务碎片化。老年人的社会服务需求是一个范围广泛的连续体，但是我国社会服务碎片化态势十分突出，不同人群的、不同类别的服务归属不同部门，资源分散、体系林立、综合服务能力弱、设施使用效率低，难以满足对人本需求的整体关照。

二是社区建设滞后。老年人社区照顾是以社区建设为前提的，要加强社区建设，提升社区居民对社区的归属感、认同感，真正形成生活共同体，只有这样才能有效整合社区内外部的资源，发挥社区居民蕴含的志愿服务热情，有效地发现和服务于需求者。当前，国内一些地方出现了社区居民强烈反对建设社区养老院的事件，这说明养老机构的小型化和社区化并不能轻易实现，社区照护必须与社区建设同步推进。

## 三　推进长期照护发展的政策建议

### （一）明确长期照护的社会服务属性

作为一个重要的研究议题和社会议题，很多研究者从不同的角度对长期照护进行了定义，这些定义有很大的相似性（Kane and Kane，1987；陈晶莹，2003）。大体而言，长期照护是因应人们因身体或心智功能部分或全部丧失、无法完成基本自我照顾而产生的一种社会服务需要，依据失能者个人或其照顾者的需要，提供适当的身体照顾、生活协助、社会参与及相关的医护服务。在实践层面，各国普遍将长期照护归纳为社会服务的范畴。德国长期照护法律规定，"照护需求性"指因生病或障碍，日常生活需持续性、规律性地被照顾至少6个月。日本《介护保险法》规定，要介护状态指因为身体上或精神上的障碍，对于入浴、排泄、饮食等日常生活基本动作之部分或全部，预期需要常时照顾、支持和保护的状态。

传统上，长期照护属于由家庭照料者来完成的家庭服务范畴，但由于人口老龄化、疾病谱、家庭照顾功能的共同变迁，长期照护日渐超出了家庭照顾者负荷。在此背景下，困境家庭或者陷入孤立无援的境地，降低生活质量，或者想尽办法利用医疗服务来弥补照顾的缺失，从而出现失能者反复住院或长期住院这类社会性住院现象。因此，发展长期照护就是要将失能老人照顾从纯粹的家庭服务变成一种社会服务，结合多方之力，为老年人提供妥善的照顾，将之从医疗服务中分离出来，避免医疗资源的误用和滥用，也让失能失智老人仍能处于正常生活场域，享有必要生活质量。

### （二）以长期照护为养老服务发展主线

从政策责任和公共服务角度来看，老龄社会背景下，政府首要而基本的责任在于积极应对日益突出的长期照护这一社会风险，满足广大失能失智老年人的长期照护需求，应将长期照护服务作为养老服务医养康养相结合的核心内容和发展主线。有研究者指出，只有在长期照护视角框架下讲医养结合，其定性、内涵外延、设施类型和标准、筹资机制、队伍等问题才不会再无限泛化或语义不清。[①]

因此，我们首先需要将长期照护纳入社会政策的主流话语体系，形成广泛的社会认识基础，逐步建立专门的长期照护政策体系，明确长期照护的发展目标和理念，服务的人群和内容、制度安排及实现路径。目前，各地长期照护的服务提供和资源培育仍然处于分散状态，难免出现理念不清、责任失衡、资源错配、区域失衡、与相关体系之间缺乏协同等深层次问题。

### （三）实施综合性行动方案

相对养老经济保障而言，养老服务保障是一个更新的领域，如果只是摸着石头过河，而不进行体系和制度方面的研究和规划，将很难取得预期效果。当前各种概念纷繁芜杂，正是实践中理念不清、共识缺乏、路径混乱的直观体现。

长期照护是一种具有长期性、综合性、近身性特点的个人社会服务，维持失能失智老年人的正常生活，对于一个家庭来说很难，对于社会来说也绝非易事。长期照护的永续发展需要家庭、社区、社会和政府共同发力，避免责任失衡；需要设施、人力、资金三大基础资源相互匹配，避免资源错配；

---

① 董红亚：《不同语境下的医养结合问题及思考》，《社会福利》2017年第8期。

需要需求评估、服务转介和跟踪监管形成闭环，避免体系崩盘；需要医疗卫生体系和社会服务体系有效衔接，避免服务割裂。因此，基于专题研究进行整体政策规划，继而推行长期照护专项行动方案，充分释放现有政策效应，避免政策和项目的割裂、不配套或难以落实是十分必要的。

我国已经开展长期护理保险试点工作，然而在现阶段，长期照护社会保险还远不是建成长期照护制度的最后一公里。在初期培育阶段，应鼓励各地多元试办，既可采纳保险支付，也可以税收为主要来源对失能失智群体予以补助，以适度普惠为总体方向，做到资金可控、对象可选、服务资源和社会认知同步成长。

### （四）合理配建基础设施

首先，要全面调整建设理念。从关注养老床位转向关注长期照护床位，从关注养老床位数量转向关注床位利用率，从关注养老设施覆盖率转向关注设施使用率。要聚焦满足老年人的基本养老服务需求，完善基本养老服务统筹规划，建立相互衔接和融合的长期照护基础设施体系和服务供给体系。

其次，要构建社区嵌入式长期照护基础设施体系。在地老化不等于去机构化。自进入 21 世纪起，不再强调机构化与非机构化，而是以照护需求及满足照护需求最适切、符合成本效益及健康效益之安排为主，让其产业体系自然发展，机构式与非机构式照护之比约为 2∶8 或 3∶7 或 25∶75 甚至混合为一、界限模糊，已蔚成世界趋势与发展结果（李世代，2010）。考虑到机构照护的成本效益及老年人的主观愿望，老年人社区照顾已是世界各国发展社会福利政策的主流。但在长期照护体系中，机构式照护仍是不可缺少的，它既可为重度失能老年人提供 24 小时专业照护，也能为社区居家式照护提供专业支撑和依托平台。因而，将机构的资源尽可能地辐射社区，推动机构的小型化、社区化和连锁化，成为未来发展方向。

一要补齐缺口，以点带面，启动全局。要像规划建设中小学校那样，推动居住区内社区嵌入式中小型长期照护机构的配套建设。强调中小型机构而非微型机构，是为了保持必要的规模效应，解决运营收支平衡问题，保证机构运营模式的可持续性和可复制性。区域内的专业化长期照护机构，要发挥服务枢纽和示范基站作用，让长期照护进入失能失智老年人家庭成为现实，并带动既有社区养老服务设施转型升级，打通居家、社区、机构三者之间的阻隔。

二要形成链条，错位经营，互为补充。居家养老中心、社区日间照料中心等小微机构主要面向轻中度失能失智老年人和高龄老年人，协助家庭提供一般性生活看护、文化娱乐、保健康复等服务。社区嵌入式中小型长期照护机构则面向中重度特别是重度失能失智老年人，为其提供更密集更专业的机构长期照护。让老年人离家不离街，方便家人看望沟通，营建生活性照护场所而非收容性场所或医疗性场所。我国台湾地区长期照顾计划 2.0 中突出三级社区型长期照顾机构的衔接和互动，正是认识到社区长期照顾设施和功能的不足是长期照顾服务难以取得实质性突破的根本原因，而居家和社区长期照顾能力是长期照护体系建设不可逾越的部分。

三要落实基础设施保障机制。要加强用地用房保障。政府应将基本养老服务设施建设纳入城市总体规划、控制性详细规划统筹考虑，民政部门要联合国土资源、规划、住建等部门，基于当地老龄人口构成、基本养老服务需求、既有设施和空间资源的综合情况，科学规划、合理布局，通过新建、改扩建和购置改造等方式，推进社区嵌入式中小型长期照护机构的建设。要确保设施有效运营。政府应严格准入标准和退出机制，健全监管机制，将包括社区嵌入式中小型长期照护机构在内的基本养老服务设施无偿或低偿交给规范化、专业化、连锁化的民营养老服务机构来进行市场运营，以统筹产业资源，系统培育人才，扩大规模效应，提升服务质量。要建立资金保障制度。通过慈善救助、社会福利及长期照护保险等多种渠道为失能失智老年人获取长期照护服务提供必要的经济支持，保障长期照护设施的持续运营，提升长期照护服务的可负担性。

### （五）打造全人照护体系

若要满足国民所有的照护需求，至少需具备急性照护、长期照护及社区生活照顾这三大体系，一些发达国家或地区还在推动建立介于急性照护和慢性长期照护之间的"亚急性或后急性或中期照护"这一体系。只有统合和衔接好这些体系，才能给予国民所需的完整服务，让老年人即使在严重失能后仍能获得社区整合照顾，仍能继续生活在社区。由于各个体系有各自的专业壁垒和运作逻辑，因此要通过整合不同体系服务为国民提供终身照顾，实现在地老化，这是世界各国都在努力的方向。

要从"医"和"养"两部分进行功能完善，并加强服务衔接。一是调整优化现有医疗资源，加强基本公共卫生服务和基层医疗卫生服务，切实做实做细家庭医生签约服务，为老年人提供个性化的医疗健康管理、预约转诊、用药指导等方面的服务，解决老年人日常看病难、获取健康服务难的问题，让健康服务更有效更方便。二是做好养老服务中专业性和综合性最强的长期照护服务，为失能失智老年人提供综合性的养护康复服务。在生活照顾、社会参与的基础上，加强非治愈性的健康管理、康复护理服务能力。通过医养结合建立一种有效的资源整合机制，满足广大失能失智老年群体及其照顾者在生活支持、协助、照顾及康复护理方面的综合性需求。三是提升现有养老服务质量，发挥养老机构的支撑辐射作用，提升社区居家养老服务品质，同时针对老年人独居、失智情况的日渐增多，为确保老年人日常生活及财产的安全与安定，还应针对性地开展送餐、陪伴等生活支援服务。四是加强体系衔接的制度设计，让老年人能够方便地切换于不同的照护体系。如我国台湾地区提出了出院后准备服务，鼓励医院在病人出院前做好出院准备及出院后追踪咨询，协助转介病患至社区医疗机构、居家照护、长照机构等后续照护资源，使病患能顺利回归小区生活，减少出院后短期内急诊及再住院。

## （六）建立多元伙伴关系

在政府、市场、社会、家庭不同责任主体间建立紧密合作的伙伴关系，形成自助、互助、共助、公助的社会理念和运作模式。

一是要明确政府职责。最重要的是明确养老服务相关政策文件中"保基本、兜底线"的指向，也就是在养老服务上要构建一个什么样的社会安全网。老龄社会背景下，无疑要聚焦老年人特别是困难老年群众面临的长期照护风险，消除社会恐老情绪，提升政府资金投入的有效性和精准度。基于这一认识，从摸底和掌握需求入手，进行统筹规划；开展身体状况评估和经济状况评估，实行分类保障；建置基本养老服务设施，确保服务有效提供；整合现有资源，打通资金管道；加强社会宣传，营建支持氛围。在做好基本养老服务保障的基础上，促进相关产业化升级和市场化转型。

二是推进部门间的统筹协同。为解决养老服务缺乏共识、多头管理、责权不明、政出多门等问题，需要在不同部门间加强主体上的统筹协同，实现多元主体之间的合作与互动。以"如何更好地解决问题"为逻辑起点，推动具体事项上的统筹协同，不同部门要聚焦老龄社会背景下失能失智老年人的长期照护服务需要，找到各自的"权力清单"和"责任清单"，逐步向整体性治理转型。

三是梳理好政府和市场的关系。处理好公益性和效率性的问题。明确公办养老机构的职能定位和功能定位，确保其服务范围的"有限性"和服务功能的"有效性"。政府对于提供适度普惠性养老服务同样负有一定责任，但不是直接生产服务，而是提供制度安排、财政支持、监督管理等，形成多元力量参与，大众能消费、愿消费的养老服务业发展局面。加强监管。福利提供主体的多元化，不代表国家责任的卸除，反而是管理角色的加重。如何既能保护社会力量的参与热情，又能避免安全性事故的发生，维护老年人的权益，这是对政府监管能力提出的挑战。培育市场。立足政府责任，采取适当的引导、鼓励、监管和奖惩措施，加大市场有效需求，扩大有效供给，培育有序发展、公平竞争的市场环境。要重视行业组织的培育与建设，在提供决策咨询、服务行业发展、规范市场秩序、扩大对外交往等方面发挥积极作用。应该特别强调的是，要大力促进政府部门、研究机构、社会组织和企业共同参与政策的讨论、制定和评估，促进多元合作伙伴关系的构建。

四是将长期照护融入家庭建设。既要坚持家庭照料不可或缺的重要性，也要充分认识到家庭在养老抚幼方面面临的现实困难和处境，培厚社区服务资源和能力，积极发展居家式和社区式养老服务，为家庭照料者提供多方面的帮助和支持，改善家庭照料者的生活质量，巩固家庭养老功能，维护家庭的和谐稳定。

五是将长期照护融入社区治理。社区照顾需要有效结合社区内外部的资源，充分发挥社区居民、志愿服务组织及其他社会力量的能力和热情，开展睦邻互助和助老惠老服务。而这必须和社区建设同步推进，要通过社区、社会组织、社会工作"三社联动"来推进社区治理创新，弘扬以人为本的社区精神，创造相互尊重、相互关怀的社区生活，更有效地发现和服务于需要者。更重要的是，要在全社会逐步建立与老龄社会相适应的社会照护文化，以解决长期照护人文关怀、社会资源整合和社会包容问题。

### （七）夯实政策法制基础

长期照护服务需要相关人员和机构建立有效的运作模式，这种模式的可持续性取决于良好的社会框架和法制框架，而良好的社会框架是指合法、公正、利他的社会和人文素质框架，然后才能应对长期照护时代的到来（李世代，2010）。为推动长期照护的发展，我们首先应在全社会贯彻落实长期照护的理念、本质和定位，在全社会形成基本共识，共同推动长期照护在全社会生根发芽。

长期照护服务及体系、机构与人员管理、服务者权益保障等事项需要建立完善的政策法规体系来规范。目前，我国长期照护政策系统性较差，相关法律较为欠缺。而日本有最为完整细致的法律体系，包括介护保险法系（含介护保险法施行法、介护保险法施行令、介护保险法施行细则）以及其他相关法令规范（如健康保险法、医疗法、生活保护法、国民健康保险法、老年人福祉法、老年人保健法等），我们可以加以借鉴。为我国长期照护发展提供制度保障。

## 参考文献

1. 陈晶莹：《老年人之长期照护》，《台湾医学》2003 年第 3 期。

2. 李世代：《"长期照护"的发展与推动》，《台湾医界》2010 年第 1 期。

3. 谢琼：《养老机构：一床难求还是床位空置率高》，《社会周刊·社会治理》，《光明日报》2015 年 6 月 15 日。

4. Kane, R. A., and Kane, R. L. (1987). *Long-Term Care，Principals, Programs, and Policies* (New York: Springer).

# 数字健康下的老龄社会*

Luc Yao

**摘　要：** 人口老龄化是一个全球现象，尽管德国和中国的背景存在差异，但是拥有互补的专业知识和基础设施，通过合作可能带来实质性的双赢。在人类进化的整个过程中，创新解决方案不断提高着我们的生活质量。在以数字和网络为中心的世界中，思辨设计能够掀起跨学科对话，促进有价值的创新。本文介绍了德国达姆施塔特的默克集团（Merck KGAA）和 ma ma 交互设计公司（ma ma Interactive Design）合作开展的数字健康项目，并说明了设计工具的使用和影响。文章进一步阐述了人口老龄化生态系统的三个方面：以老年护理为重点的护理教育正在探索与未来用户交互的新模态；长期医疗保险机制必须适应未来的情况，数据的丰富性有可能极大影响决策者、行业以及个人行为；城市环境应适应人口变化。

**关键词：** 人口老龄化　数字健康　思辨设计　生态系统

---

\* 中文译者：王苏阳，北京外国语大学。

## 一　人口老龄化带来的挑战和机遇

人口老龄化是一个引人关注的全球趋势，将对政府、行业和整个社会产生深远而持久的影响。与此同时，在技术、数字化和全球化的驱动下，世界正在经历创新大爆炸。这些因素形成的综合力量是无与伦比的，而随之而来的挑战、机遇和变化将对整个世界产生重大意义。

人口老龄化是由预期寿命的显著增长和生育率的急剧下降造成的。世界卫生组织（WHO）报告称，世界正加速迈向老龄化社会。然而，预期寿命增长并不意味着健康、幸福与社会和谐方面的改善，因此决策者、智囊团、非政府组织和企业正花费大量时间和精力来研究这一问题，为解决老龄化社会进行投资，尝试潜在的解决方案（如数字健康工具和生态系统），以支持健康的老龄化社会。

### （一）德国

目前，德国拥有世界上几乎最年长的人口结构，仅次于日本。以往许多人口预测表明，由于德国的低出生率，到 2050 年德国人口将减少 1000 多万。然而，最新的预测较为积极，即到 2060 年人口水平会保持在 8000 万以上。移民涌入让德国人口保持稳定，并将年轻劳动力引入企业（世界经济论坛，2017）。德国经济强劲，正致力于改善人口老龄化福祉，并扩大这一群体对社会的贡献。

人口老龄化为德国带来挑战的同时，也带来了重大机遇。德国以其领先世界的科技集群而闻名，这些集群包括制药、营养、工业 4.0 和医疗设备部门。数字健康正成为一个热门话题，显示出巨大的潜力，其将专业知识和资本有机统一，并让老龄化人口与社会紧密结合。未来创新需要的不仅仅是科学和技术的进步，更好的使用体验、引入新业务模式、制定相应的新法规都将起到重要作用。因此，金融、设计和教育等多个行业正积极参与产品开发，进行服务创新，以应对国家的人口老龄化。

对于其他国家来说，德国为应对人口老龄化所开发的许多技术、服务、政策和生态系统也有极高价值。德国医疗保健合作组织（http://ghp-initiative.de/）和德国国际合作机构（GIZ）等正在开展这类开创性合作。

### （二）中国

中国有近 14 亿人口，是世界上人口最多的国家。中国公民的平均年龄相对较年轻，但中国人口的老龄化速度比世界任何其他地方都要快。中国人口预期寿命的迅速增加，加之独生子女政策的影响（实行了 36 年，2016 年废除），又让老龄化问题更为严重。到 2050 年，人口的抚养比将增长到 44%（非劳动力人口与劳动人口或全职工作人口之比例），这种情况给中国带来了巨大挑战（Rapoza，2017）。

首先，中国肯定需要照顾老年人。而与中国文化传统范式不同的是，很多老年人很可能不会接受子女的照顾。许多老年人倾向于住在农村，而年轻人则愿意移居城市。因此，在农村设计专门的社区可为老年人提供支持。此外，中国需要老龄人口对国家经济活动做出贡献，如若不然，高债务和抚养比可能成为中国经济可持续发展的最大挑战。除此之外，中国还面临增加普通人口福祉的不断需求。中国的财富集中在少数人手中，已经产生了相当大的社会压力，如果不认真、及时地解决这个问题，可能会危及中国社会的稳定。

其次，中国正在迅速发展领先于世界的数字产业。许多新的应用（如电动汽车以及一系列电子商务和共享经济平台）正在中国试点。最重要的是，中国政府认识到中国人口老龄化所带来的挑战，并发布了重要的政策激励措施，鼓励采取适当的技术、商业模式和社会发展来应对这种挑战。"健康中国 2030"正在促进健康的生活方式，提倡建立健康、宜居的城市和社区。中国也更加重视对疾病的预防而不是治疗（World Health Organisation，2016）。中国正在尝试应用数字工具，将医疗保健范围扩展到社区和家庭。在我们这个时代，数字健康被视为一种关键的颠覆性创新。中国政府提出的"中国制造 2025"战略证明了这一点。该战略旨在促进相关医疗设备和数字工具的发展，关键行业、区域管理部门和学术界积极响应，激励研究、实验和投资方面的快速进步。

中国重视国内人口老龄化带来的挑战和可能的机遇，也在积极推动国际合作（Tan et al.，2018）。中国将需要大量的尖端专业知识（技术、社会、专门技术）来设计和试验适当的生态系统。中国在自己的实践中积累了一定经验，可以通过在全球范围内分享成功经验、介绍成功的技术驱动创新，从而造福全世界。

### （三）独特的合作机会

德国和中国已经成为世界上最大的贸易伙伴。尽管德国在基础研究和上游技术方面拥有强大实力（Maine and Garnsey，2006），但在推动创新技术大范围使用方面，中国速度更快。多年来，德国在健康老龄化领域积累了不少经验，为广大老龄化人口带来了福利。德国的工业实力、护理教育实践、金融和社区设计有潜力在中国落地开花。中国拥有世界领先的应用技术和数字平台。中国政府鼓励大规模的工业、社会和政策实验。无论是在各自的需求上，还是在分享最佳实践和知识交流上，德国和中国可各取所长。这种互补性可以成为德国和中国互利、长期合作的基础。

## 二　趋势、方法和数字健康解决方案

在人类进化的整个过程中，为应对新挑战所提出的创新解决方案在不断提高着我们的生活质量。鉴于当前的创新速度，我们有理由相信，未来人们可以成功应对一系列日益增长的社会挑战（如人口老龄化）。物联网、人工智能和大数据的进步，会让社会发展进一步朝着积极生活、流动性增加和经验分享方向迈进。在跨学科视野下，创新不断发展（Sharp，2014）。政策制定者、研究人员、各行各业正在探索和重新定义数字健康的边界。新政策举措与现有制度形成互动，学习和反馈循环有可能激发新一轮的创新（Jarvenppa and Välikangas，2014；Bouncken and Fredrich，2016）。

为促进不同部门的互动，可以利用设计过程激发创造力和想象力（Brown，2008）。对于老龄化社会状况空前情况，专家一致认为，我们无法预测未来的变化（Selin et al.，2015），然而我们可以为未来制定合理的方案（Dunne and Raby，2013），并与不同学科进行战略对话。这种战略对话可进一步激发发展动力，促进更多的实验和创新解决方案。思辨设计既包括参与者，又包括使用者，同时有助于促进公开讨论，创造一个持续而闭合的过程。

## （一）德国达姆施塔特默克集团和 ma ma 项目：数字健康和思辨设计案例研究

为了鼓励主要利益相关者之间的战略对话，德国达姆施塔特默克集团赞助了一个思辨设计项目，旨在开发潜在的数字健康应用。该项目与 ma ma 交互设计公司合作进行。这一合作是受到显示技术和老龄化社会创新的启发。数字化和显示创新将不同学科融会贯通，使人机界面更加人性化。移动电话、平板电脑和可穿戴设备正快速更新界面和用户体验。这些创新重塑了通信方式，社会也随着这些数字应用的发展而进步。

该项目研究并分析了相关的医疗、技术和设计趋势。通过对医疗保健趋势的分析，研究小组发现，在老龄化社会的部分影响下，医疗保健支出迅速增长，需要加强管理，以便提高生产力。同样，研究人员还发现了一个规律，即越来越多缺乏训练的医务人员被要求执行更为复杂的任务。政策制定者和私营部门目前都在开发替代商业模式、护理系统和成本模式，例如患者在家接受治疗，而不是在医院过夜。政策制定者将鼓励个人、家庭成员和社区在自我福祉上有更多自主权。"护理经济"是运作式的，由政策制定者和企业共同开发和拓展（J. Walter Thompson Intelligence，2016；Connelly et al.，2018）。加强和丰富护理教育，是新型社会需求的根本。

另外，越来越多的电子设备将个人的日常生活连接起来。"生活分享"是指通过各种交流渠道交流经验、参与活动、感受他人生活。"生活分享"可以用来减少老年人的孤独感，增强他们的归属感。它根据个人的需要，可以选择不同的设备、工具和服务，提供适当的数据收集和监测方法，以便预防疾病和改善健康生活质量。远程医疗得到了患者和医生的高度认可，而基础设施还在进一步快速发展。此外，在照顾更健康、更活跃的老龄人口方面，预期诊断和预防将发挥更重要的作用。它也可以成为老龄友好型城市的主要贡献者。图1为医疗保健向快速诊断和自我治疗转变的过程。

在技术领域，研究团队见证了现场实验室分析技术的重大进步。有了这些技术，医疗保健专业人员可以更好地管理患者，提供更快的分析，并确保临床结果得以优化。未来，这些设备会更便于使用，而相应的存储和使用功能也会更强大。例如，芯片上的实验室技术（桑迪亚国家技术和工程解决方案，2011）允许在便携式或手持设备内进行实验，而在过去，这类实验只能在化学分析实验室内小范围进行。这种微缩技术提高了测试的便利性，降低了分析成本。通过这些数字化工具，医疗技术将获得大数据，并对个性化医疗做出重大贡献，使精准医疗成为现实（Frog，2017）。

从设计角度来看，研究团队关注"平静技术"（Weiser and Brown，1995）、"隐形技术"（Byford，2012）和"包容性设计"（Design Council，2006）趋势。

**图1 医疗保健向快速诊断和自我治疗转变过程**

资料来源：ma ma 交互设计公司（2017）。

平静技术与用户的交互发生在用户外围，而不是在用户注意力的中心，这样侵入性更小。隐形技术与环境融为一体。顾名思义，当不在使用状态时，它完全是隐形的。这些设计趋势提升了人的健康水平与日常体验，对老年人来说尤其如此，因为他们喜欢自然和宁静的环境。在制定设计决策时，包容性设计考虑了人的多样性。随着人年龄的增长，他们的能力、需求和愿望变得非常多样化。应用包容性设计原则可以使建筑物、基础设施、产品和服务更可及、更明显、更有帮助。它还可以帮助减少对合格专业人员的需求，或补充护理教育系统的不足，因为用户可以自己满足自己的更多需求。

通过运用思辨设计和相关研究结果，ma ma 开发了八个数字健康应用程序，以响应社会、医疗、技术和设计趋势。目前，尽管德国达姆施塔特的默克集团和 ma ma 公司都不打算开发这些产品，但思辨设计在鼓励战略对话、释放创造力和促进潜在发展方面均发挥着重要作用。下面将讨论其中三种数字健康解决方案。

### 1. 便携式远程保健套件

如图 2 所示，便携式远程保健套件让用户不仅在家中可以获得医疗支持，而且出门在外也可获得帮助。创造灵感源于这样一个想法："你的家庭医生能全天 24 小时恭候在侧吗？"便携式远程保健套件包括三个配备传感器的诊断设备。它可以测量身体温度、心脏、肺和支气管的声音等物理指标，还可以对鼻咽区（如喉咙、淋巴的形状和颜色）进行目视检查。此外，设备里还安装了一个灵活的显示器，显示不同的测量结果，帮助患者与家庭医生交谈。

对于当今的老龄化人口来说，该设备似乎是提高老龄社会成员福祉的重要工具，因为老年人可能很难定期去医院就诊。事实上，应该注意的是，老年人往往喜欢住在农村。因此，要长途跋涉到最近的医院，对家人和护理人员都具有挑战性。因此，便携式远程保健套件设备可以为用户、家庭成员和家庭医生带来极大好处。

**图 2　便携式远程保健套件**

资料来源：ma ma 交互设计公司（2017）。

### 2. 个人健康轮轴

能否让智能设备成为你的健康助手？在这个问题的驱动下，个人健康轮轴应运而生。该设备测量心率、血压和血氧（$SpO_2$/脉搏血氧饱和度）等重要指标，并生成心电图（ECG）。开始测量前，用户须将双手放在轮轴的两个金色传感器上。轮轴内装有一个圆形多点触摸显示屏，可显示不同测量类型和其他信息。如果生命指标显示病情危急，设备将联系医生或医疗服务中心寻求进一步帮助。轮轴可以根据预测分析健康算法，提供与健康有关的建议。当不使用时，它可用来装饰环境。具体如图 3 所示。

### 3. 思辨设计展示——中德合作的典范

2018 年 1 月 31 日，德国医疗保健合作组织、德国达姆施塔特的默克集团和研究型制药公司协会（Verband Forschender Arzneimittelhersteller，VFA）在柏林安联论坛（Allianz Forum）举办了数字健康活动。本次活动的主题为"数字健康——提高预防、预测和护理：全球、欧洲和德国的机遇"，与会嘉

**图3 个人健康轮轴原型**

资料来源：ma ma交互设计公司（2017）。

宾有300多位，包括政策制定者、行业领袖和学术研究人员。组织者在会场展示了默克集团赞助的思辨设计原型，并邀请嘉宾给出反馈建议。名为"未来健康画廊"的概念展吸引了许多活动参与者。这些展览由一家中国企业赞助。在为期一天的活动中，组织者和观众进行了热烈的讨论，并从展览中汲取灵感，提出新理念。这些对话促进了未来的项目合作。本次活动以及"未来健康画廊"展证明，中德在两国共同利益和互补性基础上蕴藏合作潜力。图4为"未来健康画廊"展。

### （二）养老护理教育、长期医疗保险和老龄友好型社会的意义

本文强调了养老护理教育、长期健康保险和老龄友好型城市对老龄化社会的重要性。在一个互通有无的世界中，系统性变革需要去共同创造，也需要新的生态系统（Jarvenpaa and Välikangas，2014）。本文将详细阐述这些方面，并讨论数字健康项目的意义。

**图4　思辨设计理念下的展览与对话**

资料来源：德国医疗保健合作组织（2018）。

### 1. 养老护理教育

随着社会发展，老年人和不适者对护理的需求将继续增长。医院、疗养院、社区和家庭等不同地点都是可以提供护理的地方。为了支持社会转型，护理教育需要提高灵活性、生产力和质量。只有这样，护理者才能保证在老年人口不断增长的情况下提供充足的护理，并在日益增长的需求中提高护理能力。

科技可以让护理服务更加灵活和方便。数字健康有望提高老年人的生活质量，提高护理人员的工作效率，改善家庭福祉。数字工具可以帮助用户监测他们的健康状况并与护理人员沟通。辅助机器人在专业和家庭环境中的应用潜力越来越大。此外，这些新的应用会鼓励老年人、家庭成员和其他潜在的护理人员（例如受训不足的员工和社会工作者）承担更多的责任，以获得更高的独立性和更好的生活质量。

护理教育应包括这些最新的发展，而监管环境需要适应辅助护理技术、现实世界和个性化医疗保健。未来的护理人员将对最新的可用数字工具更为熟悉，并能在诊所甚至远程诊疗中使用它们。利益相关者之间的互动将更具协作性。令人振奋的是，德国和中国的教育机构、医疗政策制定者、医疗服务提供商和技术公司正在密切合作，探索并提供更好的解决方案。

### 2. 长期健康保险

世界上老龄人口增多，这让健康保险业压力重重（Financial Times，2014）。平均寿命显著延长，大多数领取养老金的人，寿命要长于65岁。因此，许多人可能会忍受疾病之苦，尤其是在晚年，他们需要适当的保险（Rhee et al.，2015）。这对公共开支造成了更大压力，也给私人保险计划增添了压力。历史数据已不足以预测未来，因此当前的工作模式也不再具有可持续性。

保险供应商正在努力利用数字医疗设备等新技术获取最新的复杂大数据，以评估预期寿命和相关的风险状况。新技术提供的诸多现实证据正在推动这些发展，并驱使监管环境发生变化。保险供应商正在构建新的能力，以评估、分析和实施丰富的可用数据。算法和机器学习已嵌入这些新机制。表1展示了 Trueman et al.（2010）描述的各种新方案。

与此同时，政策制定者需要评估现行的法规，并根据新的社会发展情况对法规进行调整。公众很快就会意识到社会依赖率上升所带来的挑战：它影响老年人医疗保险政策，对年轻劳动力提出额外需求（特别是年轻人希望晚年时享受的养老金待遇），也对经济增长产生影响。

为了应对这一挑战，德国政策制定者提高了退休年龄（Hess，2017）。由于经济实力强劲，德国吸引了大批年轻工人，也在一定程度上缓解了对德国社会制度的压力。然而，在进行必要改革时，其他欧洲国家可能会出现社会动荡。德国经验可能会为欧洲和中国提供有益借鉴，因为中国在未来几年也会面临类似的挑战。与此同时，在收集、分析大数据并将其应用于产业和政策制定方面，中国一直处于世界领先地位。中国的制度也很有可能为德国提供新的见解。然而，中国和德国目前有着非常不同的数据安全标准和法规，而且会对这些标准进行详细审查。

| 表 1　有条件覆盖的新方案 | |
|---|---|
| 项目 | 描述 |
| 循证发展 | 有条件补偿的一种形式，其特征是覆盖范围有限，采集数据具有针对性，目的是降低研究中的重大不确定性。当一项新技术的临床或成本效益不明显时，就会存在重大不确定性。如果能更准确地定义临床或成本效益，则可提供更为明确的信息 |
| 风险分担协议 | 生产商和支付方之间的一种协议，用以分担因新技术使用不当而可能产生的财务风险。不适当使用的例子包括：在协定和指定患者群以外使用，或低于技术的预期有效性使用。根据协议内容，风险分担协议可视为一种灵活定价协议。如果支付方不完全接受生产商所描述的价值主张，也不愿以全价支付生产商为所有潜在患者提供的新技术，则风险分担协议可限制技术革新的范围，有助于将新技术瞄准最适宜的人群 |
| 剂量限制 | 支付方同意为每位患者支付一定的剂量，或支付低于生产商建议的剂量 |
| 价量协议 | 在该协议下，支付方向高需求患者提供产品，并按生产商建议的价格支付。如果产品得以推广，支付方支付的费用也会减少。如此，创新的速度可能会减慢。如果能够轻松识别潜在的响应者，这类协议则更有前景，也最适合普及率有限和（或）最有可能受益的人群。这是一种更为具体的风险分担形式，但生产商承担了大部分风险。当许可适应证涉及众多患者时，价量协议可能是首选，但其有效性或成本效果似乎在不同人群中存在显著差异 |
| 结果导向型补偿计划 | 如果患者不确定治疗结果，则更适合采取补偿计划。在此情况下，风险分担与健康结果联系密切。支付方可能同意为每位患者提供一定量的治疗。如果患者达到预期进步指标，支付方会提供额外治疗。如果没有，生产商将承担全部或部分治疗费用 |

资料来源：Trueman et al.（2010）。

### 3. 老龄友好型城市

为了应对人口变化和城市化带来的挑战，世界各地的许多政策制定者正在发展老龄友好型城市和社区。随着人口逐步老龄化，城市必须进一步鼓励生活福祉、社会包容和安全原则（World Health Organisation，2007）。在一个开放、创新的时代，城市正成为公私部门和公民的创新实验室（Cohen et al.，2016）。思辨设计方法可以为持续的讨论、合作和实验提供鼓舞人心的机会。

景观、建筑和交通系统可以极大地塑造老年人对自身流动性的信心，从而间接鼓励社会包容和健康的行为习惯。老年人更愿意花大把时间在公园和绿地上（Yung et al.，2017）。无论是通过公共交通还是其他方法，护理设施都应该更可及（Wong et al.，2018）。平静和包容的设计可以为市民带来极大好处。数字健康解决方案优势互补、共促转型。

传统上，汽车工业对城市生活有极大影响。对老龄友好型城市和环境可持续性的需求，正推动汽车行业发生重大变化。电动汽车和燃料电池汽车已经在中国遍地开花。这一趋势有助于减少污染，并使中国有机会在未来的发展中发挥领导作用（Kuang et al.，2018）。自主驾驶技术也在快速发展。它有潜力极大缓解老年人的流动性问题。此外，汽车共享可以让老年人更积极地参与社会活动，从而增强包容性。随着用户年龄的增长，新的服务、平台和商业模式将越来越多地满足用户的需求，并丰富城市体验，提高便利性，降低被社会孤立的风险。尽管中国在电动汽车、共享经济和新商业模式领域迅速扩张，但德国汽车制造商也在努力保持其传统的主导地位，加强其基础设施和能力，并获得新的专业知识（Regan，2017）。为未来的城市发展，德国和中国将在新的交通出行领域进行合作、竞争和共同创新。

## 三 结语

人口老龄化是一个全球性的现象。德国和中国都经历了重大的技术、经济、社会和政策变化，而在未来几年，这些变化只会加速，不会减慢。尽管两国在背景上存在差异，但德国和中国拥有互补的专业知识和基础设施，两国之间的合作有可能为两国带来实质性的双赢局面。

在人类进化的整个过程中，应对新挑战所提供的创新解决方案在不断提高着我们的生活质量。数字健康应用可能会为新的社会规范做出重要贡献，使用思辨设计可以继续激发跨学科创新。在实验的基础上，类似的方法也可用于诸如护理教育、长期健康保险和城市生活等领域。

　　要为未来建立一个成功的生态系统，笔者鼓励开展更多跨行业的合作与实验，建立更多的私营和公共伙伴关系，并在各国之间进行更多的知识交流。在过去几十年中，德国和中国有着成功的合作关系。全球老龄化面临的挑战和机遇将进一步团结两国，不断寻求创新、繁荣，改善生活质量。

## 参考文献

1.　Bouncken, R., and Fredrich, V. (2016). Joint Knowledge Creation and Protection in Coopetitive Business Model Innovation, *Academy of Management Annual Meeting Proceedings,* January 01.

2.　Brown, T. (2008). Design Thinking, *Harvard Business Review*, 86(7):84-92,14.

3.　Byford, S. (2012). Good Design Is Invisible: An Interview with iA's Oliver Reichenstein. The Verge, https://www.theverge.com/2012/7/24/3177332/ia-oliver-reichenstein-writer-interview-good-design-is-invisible [06/01/2018].

4.　Cohen, B. E., Almirall E., and Chesbrough, H. (2016). The City as a Lab: Open Innovation Meets the Collaborative Economy, *California Management Review,* 59(1): 5-13.

5.　Connelly, R., Dong, X., Jacobsen, J., and Zhao, Y. (2018). The Care Economy in Post-reform China: Feminist Research on Unpaid and Paid Work and Well-being, *Feminist Economics*, 24(2):1–30.

6.　Design Council (2006). The Principles of Inclusive Design, https://www.designcouncil.org.uk/resources/guide/principles-inclusive-design [12/12/2017].

7.　Dunne, A., and Raby, F. (2013). *Speculative Everything: Design, Fiction, and Social Dreaming* (Cambrige: MIT Press).

8.　Financial Times (2014). The Silver Economy: Life Insurers Take Strain of Ageing Population, https://www.ft.com/content/f9b1e57a-32a9-11e4-a5a2-00144feabdc0 [12/12/2017].

9.　Frog (2017). Techtrends 2017, https://www.frogdesign.com/techtrends2017 [12/12/2017].

10. German Healthcare Partnership (2018). Digital Health – Improving Prevention, Prediction and CareA Global, European and German Opportunity, http://ghp-initiative.de/digital-health-improving-prevention-prediction-and-care-a-global-european-and-german-opportunity-31st-jan-2018/ [02/02/2018].

11. Hess, M. (2017). Rising Preferred Retirement Age in Europe: Are Europe's Future Pensioners Adapting to Pension System Reforms? *Aging Soc Policy,* 29(3):245–261.

12. J. Walter Thompson Intelligence (2016). The Future 100, Trends and Change to Watch in 2017, https://www.jwtintelligence.com/2016/12/future-100-trends-change-2017/ [12/12/2017].

13. Jarvenpaa, S., and Välikangas, S. (2014). Opportunity Creation in Innovation Networks: Interactive Revealing Practices, *California Management Review*, 57(1): 67–87.

14. Kuang, X., Zhao, F., Liu, H. H., and Liu, Z. (2018). Intelligent Connected Vehicles: The Industrial Practices and Impacts on Automotive Value-chains in China, *Asia Pacific Business Review*, 24（1）:1-21.

15. Maine, E., and Garnsey, E. (2006). Commercializing Generic Technology: The Case of Advanced Materials Ventures, *Research Policy*, 35 (3): 375–393.

16. National Technology and Engineering Solutions of Sandia (2011). Rapid Automated Point-of-Care. System (RapiDx), https://ip.sandia.gov/technology.do/techID=81 [13/01/2018].

17. Orr, G. (2017). What can we expect in China in 2018? Mckinsey & Company, https://www.mckinsey.com/featured-insights/china/what-can-we-expect-in-china-in-2018 [05/01/2018].

18. Rapoza, K. (2017). China's Aging Population Becoming More Of A Problem, Forbes, https://www.forbes.com/sites/kenrapoza/2017/02/21/chinas-aging-population-becoming-more-of-a-problem/#28473b0e140f [05/01/2018].

19. Regan, J. (2017). German Carmakers Urged to Challenge Tesla by Senior Merkel Aide, https://www.bloomberg.com/news/articles/2017-08-03/germany-giving-gigafactory-a-home-in-latest-challenge-to-tesla[05/01/2018].

20. Rhee, J. C., Done, N., and Anderson, G.F. (2015). Considering Long-term Care Insurance for Middle-income Countries: Comparing South Korea with Japan and Germany, *Health Policy*, 119:1319-1329.

21. Selin, C., Kimbell, L., Ramirez, R., and Bhatti, Y. (2015). Scenarios and Design: Scoping the Dialogue Space, *Futures*, 74:4–7.

22. Sharp, P. (2014). Meeting Global Challenges: Discovery and Innovation Through

Convergence, *Science*, 346: 1468–1471.

23. Tan, X., Wu, Q., and Shao, H. (2018). Global Commitment and China's Endeavours to Promote Health and Achieve Sustainable Development Goals, *Journal of health, population and nutrition*, 37(8): 37–38.

24. Trueman, P., Grainger, D. L., and Downs, K. E. (2010). Coverage with Evidence Development: Applications and Issues, *International Journal of Technology Assessment in Health Care*, 26(1): 79–85.

25. Weiser, M., and Brown, J. S. (1995). Designing Calm Technology, http://citeseerx.ist.psu. edu/viewdoc/download;jsessionid=EC862F617ECDAF2C89ED9E95C7E45A6B?doi=10 .1.1.123.8091&rep=rep1&type=pdf [06/01/2018].

26. Wong, R. C. P., Szeto, W. Y., Yang, L., Li, Y. C., and Wong, S. C. (2018). Public Transport Policy Measures for Improving Elderly Mobility, *Transport Policy*, 63: 73–79.

27. World Health Organisation (2007). Global Age-friendly Cities: A Guide, http://www.who. int/ageing/prblicoti/Global-age-friend cities-Guide-English.pdf [03/01/2018].

28. World Health Organisation (2015). World Report on Ageing and Health, http://www.who. int/ageing/events/world-report-2015-launch/en/ [03/01/2018].

29. Yung, E., Ho, W., and Chan, E. (2017). Elderly Satisfaction with Planning and Design of Public Parks in High Density Old Districts: An Ordered Logit Model, *Landscape and Urban Planning*, 165: 39–53.

# 中德癌症精准诊疗
## ——医务人员专业培训项目*

Sabine Porsche，崔　烁

**基本情况**

项目周期：2020 年 10 月至 2023 年 9 月

目标群体：中国核医学专业医务人员

委 托 方：德国联邦经济合作与发展部（BMZ）

执 行 方：德国国际合作机构（GIZ）

合作伙伴：德国慕尼黑同位素技术集团（ITM）

执行地点：北京市、南京市、西安市、吉林省

---

* 中文译者：邓小玲，北京外国语大学。

### ●●● 社会挑战

在过去十年中，恶性肿瘤是中国疾病死亡案例的首要致死因素，而且中国各类癌症的发病率和死亡率均高于全球平均水平（国家统计局，2020）。国家癌症中心（2019）的数据显示，每一分钟有 7.5 人确诊癌症，而 2015 年全年有 233.8 万人因癌症而死亡。2018 年新确诊癌症病例中占比最高的三类癌症分别为肺癌（18.1%）、结直肠癌（12.2%）和胃癌（10.6%）（International Agency for Research on Cancer，2018）。

2012 年以来，中国采取了一系列政策措施以减少癌症病例的数量，减轻癌症给医疗系统带来的压力，其中包括《健康中国行动（2019–2030 年）》以及《关于印发健康中国行动——癌症防治实施方案的通知（2019–2022 年）的通知》。中国政府启动了大规模癌症筛查，包括引入创新方法和手段进行预防性筛查、早期诊断和治疗，比如基于核医学的方法。精准肿瘤学或精准放射核素治疗是德国采用的基于核医学的一种有效治疗方法。该治疗方法的实施需要经过良好培训的医务专业人员和标准化的实施程序，而这些目前在中国是缺失的。

### ●●● 项目实施方法

为了给中国不断增加的癌症患者提供更好的治疗，德国慕尼黑同位素技术集团（ITM）在 develoPPP.de 发展项目的框架下与代表德国联邦经济合作与发展部（BMZ）的德国国际合作机构（GIZ）达成合作伙伴关系。ITM 是生产和供应用于癌症诊断和治疗的高质量医用放射性同位素的领导者。

该项目旨在为精准肿瘤学专业医务人员提供在线培训和具体实操培训。课程方案和培训材料开发以及在线学习平台开发是该项目的重点。除在线培训外，还将在定点医院进行实操培训，比如北京大学肿瘤医院。该项目将培训五组从事精准肿瘤学的专业医务人员，他们完成培训后将获得国际资格认证。

除培训外，该项目还会开展中德双方各部委和行业等利益相关方之间的政治对话，以推进中国精准肿瘤治疗流程的标准化。该项目还会组织一系列相关活动来提高肿瘤病患和广大群众对于这一治疗手段的认识。

### ●●● 附加值

该项目与中国国家健康战略方向一致，而且可以推进联合国可持续发展目标（SDG）的实现。该项目能提升人民的健康水平和福祉，并通过加强招募、培训、发展和保留更多在发展中国家的医务工作者（Department of Economic and Social Affairs，2015），助力国家战略和国际议程的实现。健康中国政策的目标中就包括遏制癌症发病率不断上升的趋势，至 2022 年将癌症五年生存率保持在 43.3% 以上，并在 2030 年提高到 46.6%。

### ●●● 未来设想

随着在线培训和定点医院实训的开展，该项目会逐渐形成一个中德合作精准肿瘤学的社群，帮助推动癌症精准疗法在中国的广泛传播和应用。当中国越来越多的医院实现治疗流程标准化后，也可以将中国的经验和进展与中亚、东南亚国家乃至更多其他大洲的国家进行分享。

### 参考文献

1. 国家癌症中心：《2019 年全国癌症报告》，https://www.cn-healthcare.com/article/20190623/content-520594.html［06/11/2020］。

2. 国家统计局：年度数据，数据库，http://www.stats.gov.cn/english/Statisticaldata/AnnualData/[06/11/2020]。

3. 国家卫生健康委：《健康中国行动（2019-2030 年）》，2019。

4. 国家卫生健康委等十部门：《关于印发健康中国行动——癌症防治实施方案（2019-

2022 年）的通知》，2019。

5. 国务院:《国务院办公厅关于印发中国防治慢性病中长期规划（2017–2025 年）的通知》，2017。

6. Department of Economic and Social Affairs, UN DESA, United Nations (2015). The 17 Development Goals, https://sdgs.un.org/goals  [05/11/2020].

7. International Agency for Research on Cancer, WHO (2018). Number of New Cases in 2018, Both Sexes, All Ages, https://gco.iarc.fr/today/data/factsheets/populations/160-china-fact-sheets.pdf  [06/11/2020].

第三篇

长期护理保险

# 德国社会长期护理保险*

Steffen Flessa

**摘　要：** 1995 年，德国推出强制性的长期护理保险以应对人口老龄化社会中长期护理日益增长的财务风险。社会长期护理保险覆盖了大部分人口，遵循与 1883 年俾斯麦社会医疗保险相同的原则。雇主和雇员都为该保险金支付保费。潜在受益人则被分为不同的护理等级，其护理支出将获得广泛的经济补偿。金额高低取决于其护理等级。德国的社会长期护理保险制度不断改革，以协调人口公平覆盖与不断增加的财政支出之间的矛盾。由于人口老龄化和护理需求的增加，国家必须通过预防和健康促进从根本上而不是通过保险解决。

**关键词：** 人口　健康融资　长期护理保险　护理　社会行为

## 一　简介

德国在为其人民提供社会保障方面拥有丰富经验。1883 年，德意志帝国首相俾斯麦推行社会医疗保险，这是德国第一个法定的强制性社会保障体

---

\* 中文译者：谢齐，职业译者。

系。从那以后，德国社会保险覆盖率逐步提高（Bärnighausen and Sauerborn，2002）。德国社会保险发展史上的重要里程碑有：工伤事故保险（1884年），残疾保险和养老基金（1889年），白领工人退休基金（1913年），失业基金和再就业法（1927年）。重新统一后的德国为了向公民提供更加完善的社会保障措施，于1995年推出了社会长期护理保险（LTC），目的是防止长期护理的财务风险超出医疗保险的范围。长期护理保险被称为德国社会保障体系的第五支柱（Kronenberg，2015），德国的每一个工资收入者都必须强制参加社会长期护理保险（2016年有7200万受保者）或商业长期护理保险（2016年有900万受保者）（BMG，2018）。其他社会保障支柱有医疗保险（Ⅰ）、工伤保险（Ⅱ）、养老保险（Ⅲ）和失业保险（Ⅳ）。

在2016年，约有290万公民从长期护理保险中受益。受益人大多是老年人，他们在日常生活（ADL）中需要帮助，例如穿衣、洗澡、吃饭、上厕所、失禁等（Beckers and Buck，2014）。2016年长期护理保险的总支出约为310亿欧元。因此，仅在几年内，第五支柱就已成为与民生和整个社会保障制度高度关联的重要组成部分。

本文将介绍德国长期护理保险的基本制度。为此，我们首先剖析当初考虑过的不同选项，以便加深了解德国模式。德国模式只是众多模式中的一种，它基于其自身历史发展路径，而不是普适于任何其他国家的蓝图，而且德国模式本身也尚处在稳步的改革中。但是了解德国的备选方案以及最终选择的道路，对于其他与20世纪的德国处境类似的国家来说是有很大帮助的。之后，我们将详细介绍德国模式及其发展现状。文章结尾将列举一些挑战以及针对这些挑战需要稳步推进的改革。

*长期护理保险可以预防未涵盖在医疗保险内的日常生活需要长期照护所带来的财务风险。*

## 二　选项

### （一）优点

医疗保险可以预防疾病带来的财务风险，即医疗费用，如医生收费、医院护理、药物治疗、物理治疗等（Flessa and Greiner，2013）。特别是在医院，它不仅包括医疗专业人员的医疗和辅助医疗的费用，也包括在诊断、治疗和康复期间的护士护理。但是，医疗保险不包括日常生活所需的长期护理费用。老年人或残疾人通常需要长期的帮助才能完成洗漱、吃饭、上厕所、沟通和行走等行为，这不仅仅在他们接受特定疾病治疗时，而是需要持续很长时间——也许会是终生的。这些相应的费用不包括在医疗保险中，因为它们不是用于诊断或治疗的医疗费用，而是用于完成日常生活活动的费用。而且，这些费用开销很大。

因此，长期护理保险涵盖了帮助人们日常生活成本的财务风险（Engelman，2008）。具体如下。

- 在家中的护理（居家护理）：这种护理可由（流动的）专业护士或志愿者（或亲属）提供。
- 居家的护理工具和设备：通常病患需要的长期护理保险涵盖特殊设备，如护理床、轮椅等。
- 部分住院病患护理：需要长期护理的患者可能留在家中，但在一段时间内需要住院[①] 护理服务，例如出院后白天或晚上或亲属休假期间。
- 养老院中的护理（住院护理）：一些患者需要在他们长期居住的疗养院中进行护理，相应的费用包括住宿和食物。

---

① 术语"住院病患"通常用于描述需要在特殊护理机构（例如养老院）进行长期护理的人。这是一个误导，因为这些人不是传统意义上的病人，他们是护理机构的客户和住民。但是，本文仍将根据习惯使用该术语。

　　任何一种长期护理保险都必须确定它所涵盖的内容。德国的长期护理保险涵盖居家护理、护理器械、部分住院护理和养老院护理，但住宿和餐饮的费用不包括在内，因为无论患者是否需要护理，这些费用都会发生。此外，任何长期护理保险都必须明确"长期"的定义，在德国，如果护理时间超过六个月，就属于长期护理保险的范畴。

---

　　*德国长期护理保险涵盖居家护理、护理设备、部分住院和养老院住院护理，但不包括住宿和餐饮费用。*

---

### （二）商业和社会保险

　　长期护理保险可以采取商业或法定社会两种形式，就像医疗保险可以是商业保险或社会保险一样。德国共有 110 个社会医疗保险基金，按照《社会法典》第五章第六条第六款的规定，每位年收入低于 59400 欧元的就业人员都有义务加入其中的一个保险基金。这个数额每年调整一次。自由职业者和收入超过这个数额的人员可以选择商业保险。目前，约 89% 的人在社会医疗保险基金中投保。这也包括他们的家庭，因为这些基金提供免费的家庭成员保险（Flessa and Greiner，2013）。

　　长期护理保险采用与医疗保险相同的规则（Richter，2017）。每个有义务参加社会医疗保险的人，也必须参加社会长期护理保险。所有其他人可以自愿选择社会长期护理保险或商业长期护理保险，以应对长期护理的风险。这一规定可以确保全民参保。对于长期护理保险来说，"自愿"一词有两个含义：一是它意味着即使收入较高，可以购买商业长期护理保险的人也可以选择参加社会长期护理保险（通常这类商业保险对高收入者来说保费较低）；二是它意味着可以购买超出正常社会长期护理保险范围的额外保险，例如养老院中的单人间。

　　*89%的人参加社会长期护理保险。只有自由职业者和高收入人*
*群才能选择商业长期护理保险。*

## （三）融资

　　医疗保险和长期护理保险的融资形式因其社会互济和商业性质而大不相同。本文先介绍现收现付制度和资本保障制度之间的区别。之后，我们将重点关注社会长期护理保险融资的比选方案，因为它涵盖了 89% 的德国人口。

### 1. 现收现付制度和资本保障制度

　　保险的原则是将长期必要的护理所引发的灾难性经济负担风险集中起来，由众人分担。（保险池）保险必须通过其收入（等效原则）来覆盖其支出，这可以通过两种方式实现（Zweifel et al.，2009）。第一种，从保险合同的第一天到最后一天，一种保险的所有保费可以支付的总额，涵盖了被保险人平均的所有支出。由于大多数人在年轻时不需要长期护理，他们会积累保险金，这些保险金将在他们年老并且需要长期护理时使用。在生命结束时，这些资金将被消耗殆尽。由于保险公司有许多人员投保，如果被保险人的终身平均总支出等于该人的终身平均收益，就可做到收支平衡。这就是资本保障制度（Kapitaldeckungsverfahren）或个人等价原则（Stiglitz and Rosengard，2015）。

　　图 1 展示了这一原则。保险合同开始后的两条线截距之间的区域必须等于或大于保险合同结束时两条线截距之间的区域。然而实际上，资金将获得利息，而这一利息未在此图中反映出来。

　　社会 LTC 保险则不遵循这一原则，即它们没有建立资本基金来支付 LTC 的未来支出。相反，对等原则要求某一年度 LTC 的总支出必须与所有保费

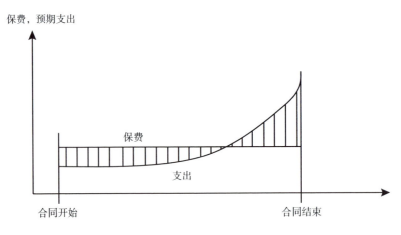

**图1 个人等价原则**

资料来源：Flessa and Greiner（2013）。

缴纳的总额相同。这就是现收现付制度（Umlageverfahren）或集体对等原则（Johansson，2000；Zweifel et al.，2009）。

商业长期护理保险使用资本保障制度，而社会保险采用现收现付制度。这两种类型的其他差异是保费的计算方法、个人风险的相关性和利率的作用。商业保险的保费与风险成正比，即如果某人需要长期护理的可能性越高，则保险费就越高。对于社会长期护理基金，保险费取决于被保险人的收入，即收入越高、保险费越高，也就是说，社会基金是基于互助的原则：老年人支付的费用与年轻人相同，男性与女性、健康者与病人都相同。因此，收入很高但风险较低的人（例如年轻而健康的高收入专业人士）就会倾向于选择商业长期护理保险。

集体等价原则的一大缺点是，其可持续性在很大程度上取决于人口结构。人口老龄化将导致财务问题，因为较少的年轻、健康的人，不得不承担更多老年人、病情加重人的长期护理费用。对于商业保险公司来说，这不是问题，因为老年人要么支付更高的保费，要么很久以前就已经进入保险，这样他们就已经积累了足够的资金来支付他们的费用。

约 89％的德国人是社会长期护理保险的成员或是被纳入保险的家庭成员。对他们的主要原则是现收现付制，以收入确定保费和社会互济性。

*长期护理保险遵循集体等价原则，即一年的长期护理总支出必须与同年的总保费收入相平衡。保费取决于被保险人的收入，而不是他们的个人风险。*

### 2. 资金来源

另一个重要问题是长期护理保险费用支出的资金来源。资金可来自政府、雇主、雇员或慈善机构。但德国的社会长期护理保险没有任何政府或慈善机构给予的资金。政府和保险基金之间的严格区分是俾斯麦体系的遗产，适用于德国的所有社会保障机制，政府既不出资也不干预其管理。所以，社会保险资金由劳资双方出资并加以管理（Fischer，2015）。

2018 年，长期护理保险参保费用为参保人员收入的 2.55％，最高保费为 1354.05 欧元（53100 欧元的 2.55％）。上述费率适用于退休人员（出生于 1940 年 1 月 1 日之前）和 23 岁以下的年轻人、失业人员和军人（Sozialversicherung kompetent，2018）。单身参保人员需支付其收入的 2.8％，其中 1.275％由雇主支付。

- 示例 A：雇员，1 个孩子，年收入 25000 欧元

  雇主：25000 欧元的 1.275% = 每年支付 318.75 欧元

  雇员：25000 欧元的 1.275% = 每年支付 318.75 欧元

- 示例 B：雇员，无孩子，年收入 25000 欧元

  雇主：25000 欧元的 1.275% = 每年支付 318.75 欧元

  雇员：25000 欧元的 1.525% = 每年支付 381.25 欧元

- 示例 C：雇员，1 个孩子，年收入 60000 欧元

  雇主：53100 欧元的 1.275% = 每年支付 667.03 欧元

  雇员：53100 欧元的 1.275% = 每年支付 667.03 欧元

- 示例 D：雇员，无孩子，年收入 60000 欧元

  雇主：53100 欧元的 1.275% = 每年支付 667.03 欧元

  雇员：53100 欧元的 1.525% = 每年支付 809.78 欧元

- 示例 E：自雇人士，1 个孩子，年收入 45000 欧元

  自雇人士：45000 欧元的 2.55% = 每年支付 1147.50 欧元

萨克森州的长期护理险保费与上述标准略有不同，分别为职工 2.5%（其中雇主 0.775%、职工 1.775%），公务人员 1.275%（其中雇主 0、雇员 1.275%）。在单身者是否应该比有孩子的父母缴纳更多的保费这个问题上，公众有不同的看法。有些人认为，有没有孩子往往不是个人所能选择的，因此以较高的支付比例来惩罚他们是不公平的。其他人则认为，父母已经通过生育孩子的方式为社会保障系统的可持续性做出了贡献，这些孩子未来会支付老年人的费用，并在成年后照顾他们的父母，而且抚养孩子是相当昂贵的，所以在这方面减轻一些父母的经济负担也是公平的。

*德国社会长期护理保险由雇主和雇员全额支付，没有任何政府资助。对于大多数参保成员来说，雇主和雇员向保险基金支付相同的金额。*

## （四）风险汇聚

社会医疗保险和社会长期护理保险是非常相似的概念，因此可以将资金统一汇集在一个风险分担池中。通常风险池越大，保险公司的风险就越

小。因此，从理论上讲应该统一两种不同类型保险的风险池。然而，德国政府决定将这两种保险的管理和风险分开，因为医疗保险和长期护理保险是不同的类别，应避免这些单独的风险池之间的交叉补贴。长期护理保险池的资金不得用于支付医疗保险池的赤字，反之亦然。因此，风险汇聚和管理是分开的。

这种分开汇集和管理是否为正确决定仍然是一个需要持续讨论的问题，因为这种做法也有许多缺点。首先，这种分而治之的做法势必导致单独的风险池较小，并且支出的变化相对一个联合风险池更高。这个缺点还不是很显著，因为即使在分开的情况下，独立的风险池其实也足够大。其次，一些医疗服务提供者必须与两个不同的保险机构打交道，并为同一病人分别出具不同的账单，因为一些服务必须由医疗保险支付，其他服务则由长期护理保险支付。虽然这看起来很麻烦，但实际上也不是真正具有挑战性的问题。把健康和长期护理保险分开的主要问题是第三个问题，即两种保险可能会"博弈"，即每种保险可能把责任推卸给另一种保险，让它去支付某项服务的费用。最后，患者可能无法获得他所需要的服务，比如医疗保险坚持护理保险必须支付费用，而后者则确信医疗保险应对此负责。

---

*医疗保险和长期护理保险是两个不同的基金和风险池。*

---

## （五）支付机制

原则上，德国有以下几种不同的支付机制。

- 一次性给付：为特定的结果支付一定额度的金额。例如，医院的服务按"疾病诊断相关分组"（DRG）的统一费率来支付。保险公司无须关心患者住院时间长短，或接受了何种具体服务，一次性给付的金额就是治疗某一特定疾病的价格（Flessa，2018）。长期护理的一次性固定费率意味着如果患者需要长期护理，则无论提供的服务数量和类别如何，都要向患者或护理人员一次性支付一定数量的金额。当然，固定费率蕴藏着服务数量不足和质量低的风险。

- 按日付费：每天或每晚支付一定数量的金额以覆盖所有费用。如果客户在当天接受了更多的服务也不会支付额外费用。通常每天支付的金额是相同的。按日付费可能会导致不必要的支付天数。

- 按服务付费：即每项服务均需分别支付。这种支付方式存在不必要地增加高费用服务次数的风险。

长期护理保险支付的最常见方式是按日付费或支付补偿（例如护理器械）。例如，入住养老院的人每天从保险公司获得一定的金额，用来支付在养老院中的护理费用。这笔钱按月发放（在入院和出院/死亡的月份），金额则与住院的时长成正比。居家护理费通常也是一次性支付给亲属的，他们可以用这些费用来支付流动护理服务。如果亲属决定自己进行护理，他们可以保留相应的一次性付款（通常是专业护理人员支付的一次性付款的50%）。轮椅或护理床等设备通常由保险公司按照相关法律规定的上限按件支付。

从日常用药（例如胰岛素注射）的小辅助到全职专业护理，受益者之间对护理的依赖性会有所不同。因此，支付机制必须建立一个评估护理基准，并将受益人按照护理类别、级别或等级进行划分。

---

*德国社会长期护理保险通常按日来计算支付护理费用，或向患者或其亲属支付护理所需设备的一次性费用。类似医院"疾病诊断相关分组"（DRG）的支付方式尚未在长期护理中实施。*

总而言之，我们可以说长期护理保险有很多系统设计选项。德国模式以135年的社会保险传统为基础，深深植根于社会互济原则。这是一个适用于德国的模式，并且可以为其他国家提供相关的借鉴，但它不是可供复制的蓝图（Campbell et al.，2010）。

## 三　德国长期护理保险的程序

德国《社会法典》第十一编是社会长期护理保险法，国家和地方政府根据这一法律制定了一系列相应的法规。长期护理保险体系已经发展得非常复杂，以至于大多数潜在受益人或其亲属在申请参保时就需要专业的咨询。下面我们将介绍一些关于从保险中获益的程序问题。

### （一）申请

社会长期护理保险受保人只有在提出申请后才能享受保险所带来的益处（《社会法典》第十一编第三十三条）。被保险人自己或其代理人可以进行申请（例如，对于15岁以下的儿童，父母可以申请，老年人只能通过官方的代表申请）。社会长期护理保险公司必须在5周内决定是否批准申请，并以书面形式做出回应。否则无论评估结果如何，保险公司都必须向申请人赔偿。

许多情况下都必须不断提高护理级别，但相应的护理升级过程只能在申请后开始。特别是老年人有时不了解复杂的程序，甚至需要依靠他人帮助来提出申请。因此，德国设立了专门的护理办公室（"护理基站"）为申请过程提供建议和支持。尽管如此，也不能保证所有有权获得长期护理保险益处的人都会提出申请并最终获得适当的经济补偿。

### （二）评估审核

在德国，每个个案都由专业护士和（或）所谓的"医疗保险医事服务中心"（Medizinischer Dienst der Krankenkassen，MDK）雇用的医生进行评估审核（Hinselmann，2016）。这个机构名称具有误导性。首先，医疗保险医事服务中心不仅关心医疗条件，其工作任务的一个核心内容是评估需要长期护理者的个人需求。其次，医疗保险医事服务中心不仅处理医疗保险，而且直接负责评估社会长期护理保险的参保者。

截至 2016 年 12 月 31 日，德国共有三个护理档次（Ⅰ～Ⅲ）和一个特别依赖护理的特殊护理档次。如表 1 所示，护理档次的划分主要取决于护理所需的时长。

### 表 1　护理档次

| 项目 | Ⅰ | Ⅱ | Ⅲ | 特护 |
|---|---|---|---|---|
| 最少护理需求 | > 90 分钟 | > 180 分钟 | > 300 分钟 | > 420 分钟 |
| 条件 | 每天至少一次，需要支持至少两项日常生活活动（个人卫生、饮食、行走） | 每天至少三次，需要在不同时间支持至少两项日常生活活动（个人卫生、饮食、行走） | 要求不断提供日常生活活动的支持，包括在晚上 | 要求不断提供日常生活活动的支持，在晚上也至少需要 120 分钟 |
| 最长居家护理时间 | 44 分钟 | 60 分钟 | 60 分钟 | 60 分钟 |
| 可能的护理人员 | 专业人士和非专业人士 | 专业人士和非专业人士 | 专业人士和非专业人士 | 仅专业人士 |

资料来源：BMG（2018a）。

2008 年，添加了 0 档护理，因为人们意识到有些人甚至在获得 Ⅰ 档护理之前，就可能在日常生活活动的能力方面受到限制。尤其是那些患有痴呆症和神经障碍疾病的人。他们需要亲属和专业人员的不断支持，例如老年精神病学的服务。根据对 0 档护理的评估，他们可以获得专业建议和一次性的专业服务。

2017 年，这个体系发生了很大变化（BMG，2018b）。先前的护理档次改为现在的护理等级。根据以下转换规定，大多数参保人已转入了新的护理等级。

- 0 档：→等级 1
- Ⅰ档→等级 2
- Ⅰ档 + 日常生活能力下降→等级 3
- Ⅱ档→等级 3
- Ⅱ档 + 日常生活能力下降→等级 4
- Ⅲ档→等级 4
- Ⅲ档 + 日常生活能力下降→等级 5
- 特护档→等级 5

新等级不仅取决于护理参保人所需的时间，而且社会长期护理保险的专业人员会评估不同分项中的限制和护理需求（行动力、认知和交流能力、行为和心理问题、独立生活能力、药物和治疗领域的自主性、日常生活和社会交往）。对于每个分项，已经定义了许多标准，总分数决定了护理等级。新的评估系统更加公平，但也需要更长的评估时间。

医疗保险医事服务中心的评估员将分析申请文件，访问可能批准的受益人，并根据标准进行系统化评估，以确定护理的需要和所需的成本。评估员将亲自对潜在受益人进行家访，提问并了解他在日常生活活动的各方面能力。护理等级的最新版本能够区分较小的自主独立性限制（1 级：12.5~26.9 分），较严重的自主性限制（2 级：27~47.4 分），强烈的自主局限性（3 级：47.5~69.9 分），最强的自主局限性（4 级：70~89.9 分），以及自主性的最大限制，即对护理有特殊要求（5 级：90~100 分）。评估员不仅对参保对象进行评估打分，还向他们提供如何改善的建议、在何处获得专业支持等信息（BMG，2018b）。

## （三）利益

现实中，参保受益人及其亲属所能享受的各项福利理解起来相当复杂。最重要的是必须区分流动性居家护理和住院护理。流动性居家护理有许多好处，具体如下。

- 护理津贴：受益人每月获得现金津贴，以支付给私人雇用的护理人员。通常，这些护理人员可能是目前没有就业的家庭成员，也可能是其他志愿者甚至雇用的人员。如表 2 所示，津贴的金额取决于目前的护理档次或等级，范围为从 316 欧元（2 级）到 901 欧元（5 级）。无论实际成本如何，金额都是一次性支付的，医疗保险医事服务中心会定期检查非专业护理的质量。
- 专业人员上门护理费：受益人或其亲属可以选择专业的上门护理服务，此类护理人员必须在社会长期护理保险注册备案，并且直接给保险公司开具护理账单。社会长期护理保险根据护理等级设定上限来补贴这些服务的成本。目前，每月的费率介于 689 欧元（2 级）和 1995 欧元（5 级）之间。
- 技术护理辅助费：如果受益人需要轮椅、护理床或其他设备，社会长期护理保险将全额支付费用，但使用这些辅助器械的证明必须由医生开具。亲属也有权参加由保险支付的特殊护理培训课程，费用由保险公司支付。
- 居室调整费用：在某些情况下，居室的房门、浴室或楼梯结构须进行改造调整，保险公司可以按各项费用的规定上限支付相应的金额。
- 替代护理补偿费：如果亲属无法照顾受益人（比如，因为他自己患病），则可以聘请专业服务人员，替代合理补偿最多为 6 周。保险公司将根据不同的护理等级支付相应的替代护理补偿费。
- 短期护理费：短期护理的不同选项（例如日托护理、夜间护理、节假日雇请志愿护理造词人员等）由保险公司进行补偿。
- 其他服务：除上述服务之外还可以资助一些特殊护理服务，比如对住在特殊社区（如老年痴呆症患者的集中住所）的患者所提供的护理也可以由保险公司支付费用。

- 志愿护理人员的社会保障：志愿护理人员在为受益人服务期间获得社会保障，例如意外事故保险、失业保险和医疗保险。

住院治疗包括护理院的护理费用。必须评估受益人是否能继续在家中生活，比如因为他没有可以照顾他的亲属，或者是因为需要照顾的水平很高，所以需要全职的专业护理。根据 2005 年以前的护理标准，护理费用是每月支付的。然而，这些补偿金额通常不足以再支付任何其他费用，只是纯粹的护理费用，比如房间的租金和食物的费用不包括在其中。

表 2 概述了 2017 年 6 月 30 日德国社会长期护理保险的偿付组合。

| 表 2　社会长期护理保险的偿付标准（节选） | | | | | |
|---|---|---|---|---|---|
| 项目 | 1 级 | 2 级 | 3 级 | 4 级 | 5 级 |
| 现金津贴（欧元／月） | — | 316 | 545 | 728 | 901 |
| 专业人员上门护理费（欧元／月） | — | 689 | 1298 | 1612 | 1995 |
| 每年最多 6 周的替代护理补贴最高金额（欧元／年） | | 474 | 81750 | 1092 | 1352 |
| 每年最多 8 周的短期护理最高金额（欧元／年） | | 1612 | 1612 | 1612 | 1612 |
| 非全日制机构护理（白天、夜间）最高费用（欧元／月） | — | 689 | 1298 | 1612 | 1995 |
| 上门护理最高偿付金（欧元／月） | 125 | 125 | 125 | 125 | 125 |
| 特殊人群上门护理最高附加费（欧元／月） | 214 | 214 | 214 | 214 | 214 |
| 一次性支付的养老机构护理费（欧元／月） | 125 | 770 | 1262 | 1775 | 2005 |
| 每月技术护理辅助费用 | 100 % 费用 | | | | |
| 居家生活环境改善费用最高额（欧元） | 4000 | | | | |

资料来源：BMG（2018b）。

必须强调的是，潜在的服务和偿付的种类很多且范围较广，但大部分保险受益人和他们的亲属很难清楚了解这个保险体系并获取合适的长期照护服务及保险偿付。各项规定和诸多手续也相当复杂，需要专业人士提供咨询建议，因此并非每个参保人都能够取得他本应享有的各项利益。

---

*德国长期护理保险的受益人根据标准化的评估工具分为五个不同的护理等级。该过程从参保人提出申请开始。受益人可享受各种不同的保险利益，既包括专业和志愿护理人员提供的家庭照护服务，也有专为养老院老人提供的护理。支付的实际金额取决于收益人的生活状况和护理等级。*

---

## 四　现状

### （一）基本原则

德国推行强制性长期护理保险的主要原因是不断增长的老龄人口和老年人对长期照护的需求。尽管年轻人甚至儿童也有护理需求，但衰老与长期护理需求有着明显的相关性，图 2 展示了这种相关性。60~65 岁年龄组的老年人中只有不到 2% 的人需要照护，90 岁及以上年龄组的老年人中需要照护的比例却陡然升至 60%。这可能不符合线性增长的特点，但显然老龄人口对长期护理有更大的需求。同样明显的是，医疗、卫生、公共保障等方面的技术进步会更进一步延长人们的寿命。德国联邦统计署指出，2005 年德国 65 岁及以上的人口有 1600 万，据预测，到 2050 年这一数字将增至 2300 万（Eisenmenger et al.，2006）。

日益老化的人口会对很多疾病尤其是慢性退行性疾病的患病率产生巨大影响。各种情景演算结果预测，罹患痴呆症的老年人的数量会从 2000 年的 93.5 万增加到 2050 年的 262 万，其中大部分人需要长期护理（Brookmeyer et

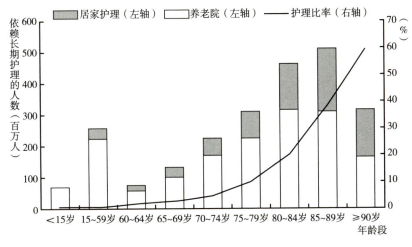

**图 2　护理和年龄的关系**

资料来源：BMG（2018c）。

al.，2007）

从传统上讲，年轻一辈总是担负着照顾老年人的责任，但社会的发展使这种传统做法不太可能延续下去。首先，医疗的进步也暗示着照护年限的延长已超出了年轻一辈可承受的极限。照看母亲或父亲1~2年与照看他们10年有着质的差别。其次，人口结构的转变也暗示着中年一代已经不像过去那么强有力了。老年人口与中年人口的比例越来越高，人均照护的老年人数量也变得更多了。再次，过去很多德国妇女并不外出工作，而是在家照顾孩子和老人。而今，几乎所有的妇女和男人都在外工作，因而他们工作之余照顾老人的时间就非常有限。最后，人们的价值观也发生了些微改变，更强调自我实现而非服务他人。社会的发展使越来越多的老年人要求获得专业的长期护理。开始时，流动护理机构的定期随访可能就已足够，但最终高达50%的老年人会在养老院度过余生。对很多老年人来说，养老院的花销远远超出他们的支付能力，所以衰老意味着长期护理所带来巨大花销的风险。由此引出的逻辑结论就是要通过长期护理保险来化解经济风险。

## （二）日益老龄化的德国人口需要长期护理

德国长期护理的经济风险超出了个人的支付能力，应以互助为基础的长期护理保险来化解风险。引发推行社会长期理护保险的根本性问题依然存在。

如前所述，2018 年约有 7200 万德国公民享受社会长期护理保险，而约有 900 万人参加商业长期护理保险（BMG，2018c）。每年受益人数大幅增加，现在已经超过 300 万人。上门护理服务仍然是主要的护理模式（见图 3），但对养老院的需求量也越来越高。

截至 2016 年底，大多数上门护理的受益者处于护理档次 Ⅰ（64.5%）或 Ⅱ（27.7%），而 Ⅲ（7.8%）和特殊护理档次（2.1%）仍然很少。在养老院接受护理的人员分布分别为：Ⅰ 档护理 43.7%；Ⅱ 档护理 37.4%；Ⅲ 档护理 18.9%；特殊护理 5.1%。从中可以看出，住在养老院的人的护理水平往往高于接受上门护理的人员。2017 年 1 月 1 日引入新的护理等级以来，这种情况也没有发生改变（见表 3）。

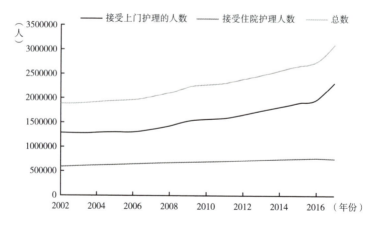

**图 3　社会长期护理保险的受益者**

资料来源：BMG（2018c）。

| 护理等级 | 接受上门护理人数 | | 住院护理人数 | | 合计 | |
|---|---|---|---|---|---|---|
| | 总值（人） | 占比（%） | 总值（人） | 占比（%） | 总值（人） | 占比（%） |
| 1 | 75607 | 3.2 | 3027 | 0.4 | 78634 | 2.5 |
| 2 | 1211569 | 52.0 | 191811 | 24.7 | 1403380 | 45.2 |
| 3 | 651122 | 28.0 | 231233 | 29.8 | 882355 | 28.4 |
| 4 | 280731 | 12.1 | 222075 | 28.6 | 502806 | 16.2 |
| 5 | 108770 | 4.7 | 127894 | 16.5 | 236664 | 7.6 |
| 总数 | 2327799 | 100 | 776040 | 100 | 3103839 | 100 |

**表 3　按照护理等级排列的长期护理保险受益人（2017 年 6 月 30 日）**

资料来源：BMG（2018c）。

如图 4 所示，社会长期护理保险的支出在过去 15 年中急剧增加。特别是上门护理的支出，已经超出了住院护理的支出。

### （三）改革

为了适应护理情况的重大变化，德国社会长期护理保险历经多次改革。

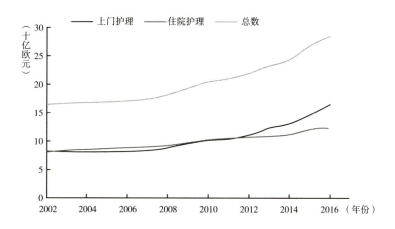

**图 4　社会长期护理保险支出**

资料来源：BMG（2018c）。

- 增加痴呆症护理：痴呆症引起的症状不包括在原来的系统中，因为患有痴呆症的人可能不会受到日常生活行动的重大限制，然而他们仍然需要护理。并且在许多情况下，具有该疾病的人无法被亲属照顾（Dreier and Hoffmann，2013）。新的护理等级更好地契合了人口老龄化的现实，因为其中涵盖了大量的痴呆症患者。
- 支持亲属护理：越来越多的亲属不得不放弃有偿工作来照顾他们的亲人，而社会长期护理保险则会支付他们的医疗保险和失业保险。
- 加强上门护理服务：养老院是非常昂贵的，对于希望尽可能待在家中的老人来说这是第二选项。因此，保险越来越多地支持提供设备和上门护理服务。

随着人口的老龄化，德国需要进行更多的改革，这是一项不间断的工作。

---

*德国的长期护理保险取得了巨大成功，为全体人民提供了社会保障。但参保人数和社会长期护理保险费用支出的不断增加，对该系统的可持续性构成了挑战。*

---

## 五　讨论

德国长期护理保险是一项不间断的长期工作，并且一直在进行改革。有些挑战无法完全解决，但需要找到人们可以接受的解决方案。德国目前主要面临以下几方面的挑战。

- 需求增加：德国人口正在迅速老龄化，越来越多的人需要长期护理。长期护理保险解决了人口结构变化带来的表面问题，但无法根除产生这种问题的原因。德国需要一个更年轻的人口结构，这样才能让更多处于工作年龄健康的人去养育老年人。然而，这个问题很难解决，德国将不得不面对护理需求的快速增长，甚至长期护理成本的成比例增长。目前，维持现有保险的最有效的方法是尽可能长时间地保持人们的健康，从而推迟需要长期护理的年龄。这就需要在预防和促进健康方面进行更多投资。但是，德国社会长期护理保险不允许为任何预防或促进健康计划提供资金，它完全由社会医疗保险负责，但两种类型的保险又是完全分开的。因此，需求可能会持续增长，从而造成护理成本激增的局面。

- 能力：不断增长的需求将遇到长期护理供应不足的问题。目前，德国各级护士（医院护理、上门护理、养老院护理）都严重短缺。30 年前，护理是一个社会崇高的职业，但这似乎已经发生了变化。越来越多的护士学校抱怨无法找到足够的培训生。因此，可用护士的数量会下降，并且护理老年人、多种疾病的长期患者的意愿很低。因此，即使资金充足，也可能因为护理人员数量的不足而无法为所有参保受益人提供专业的护理服务。与此同时，越来越多处在有能力提供护理年龄段的人因为要从事有偿工作而没有机会照顾他们自己的老年亲属。所以德国正面临专业能力缺乏的问题。

- 融资：德国的社会长期护理保险在头几年出现亏损，但现在可以实现收支平衡。由于需求将增加且成本可能会激增，前景仍然不容乐观。增加保费（特别是雇主的保费）的意愿是有限的，因为这会对德国的产业发展产生负面影响。德国可能会在几年内面临长期护理保险出现赤字的局面。同时，保险偿付还不足以消除参保者的经济负担。长期护理的需求仍然是导致个人及其家庭贫困的高风险。

- 管理：德国的社会长期护理保险非常复杂，有繁杂的规则和流程。

如前所述，每次改革都增加了复杂性。公平性（为人人提供最佳解决方案）和简单性（让每个人都能理解规则）之间的矛盾尚未解决。德国决策者倾向于在原有规则上增加新规则，使问题变得更加繁杂。

鉴于上述问题，新的改革措施会很快出台。本文所述的模式将不会维持很长时间，而且很快就会进行修订。从某种程度上说，德国的社会长期护理保险只是一种融资工具。实际上它在不断呼吁加强公共卫生工作，尽可能长时间保持老龄化人口的健康和自主独立性，而这才是真正的挑战。

## 参考文献

1. Bärnighausen, T., and Sauerborn, R.(2002). One Hundred and Eighteen Years of the German Health Insurance System: Are There any Lessons for Middle-and Low-income Countries? *Social Science* & *Medicine,* 54(10): 1559-1587.

2. Beckers, D., and Buck, M.(2014). Activities of Daily Living, *PNF in Practice -Springer*, 293-300.

3. BMG (2018a). Die Leistungen der Pflegeversicherung im Überblick, https://www. bundesgesundheitsministerium.de/themen/pflege/online-ratgeber-pflege/leistungen-der-pflegeversicherung/leistungen-im-ueberblick.html [28/02/2018].

4. BMG (2018b). Neue Pflegegrade ab 2017, https://www.pflegestaerkungsgesetz.de/finanzielle-leistungen/neue-pflegegrade-seit-2017/[28/02/2018].

5. BMG (2018c). Zahlen und Fakten zur Pflegeversicherung, https://www. bundesgesundheitsministerium.de/fileadmin/Dateien/3_Downloads/Statistiken/Pflegeversicherung/Zahlen_und_Fakten/Zahlen_und_Fakten.pdf [27/02/2018].

6. Brookmeyer, R., Johnson, E., Ziegler-Graham, K., and Arrighi, H. M. (2007). Forecasting the global burden of Alzheimer's disease, *Alzheimer's* & *Dementia: The Journal of the Alzheimer's Association*, 3(3): 186-191.

7.　Campbell, J. C., Ikegami N., and Gibson, M. J. (2010). Lessons from Public Long-term Care Insurance in Germany and Japan, *Health Affairs*, 29(1): 87-95.

8.　Dreier, A., and Hoffmann, W., (2013). Dementia Care Manager für Patienten mit Demenz, *Bundesgesundheitsblatt-Gesundheitsforschung-Gesundheitsschutz*, 56(10): 1398-1409.

9.　Eisenmenger, M., Pötzsch, O., and Sommer, B. (2006). Bevölkerung Deutschlands bis 2050. 11. koordinierte Bevölkerungsvorausberechnung. Wiesbaden, Statistisches Bundesamt.

10.　Engelman, L. (2008). Long-term Care Insurance. Google Patents, https://patentimages.storage. googleapis.com/2f/d5/6f/dead5058244ae8/US20080215376A1.pdf [13/03/2018].

11.　Fischer, S. (2015). Die deutsche Sozialversicherung zwischen Beitrags, Steuer-und privater Finanzierung, *Handbuch Sozialversicherungswissenschaft- Springer*, 827-842.

12.　Flessa, S. (2018). *Systemisches Krankenhausmanagement* (Berlin: DeGruyter).

13.　Flessa, S., and Greiner, W. (2013). *Grundlagen der Gesundheitsökonomie: eine Einführung in das wirtschaftliche Denken im Gesundheitswesen* (Berlin: Springer-Verlag).

14.　Hinselmann, D. (2016). Einführung in die Begutachtung nach dem neuen Pflegebedürftigkeitsbegriff, *Das Gesundheitswesen*, 78(04): V16.

15.　Johansson, P. O. (2000). Properties of actuarially fair and pay-as-you-go health insurance schemes for the elderly. An OLG model approach , *Journal of Health Economics*, 19(4): 477-498.

16.　Kronenberg, V. (2015). Sozial (versicherungs) politik in der Bundesrepublik Deutschland, *Handbuch Sozialversicherungswissenschaft, Springer*: 55-68.

17.　Richter, R. (2017). *Die neue soziale Pflegeversicherung-PSG I, II, I: Pflegebegriff, Vergütungen, Potenziale* ( Vincentz Network GmbH & Co. KG).

18.　Sozialversicherung kompetent (2018). Beitragssatz Pflegeversicherung 2018, https://sozialversicherung-kompetent.de/pflegeversicherung/versicherungsrecht/793-beitragssatz-pflegeversicherung-2018.html [28/02/2018].

19.　Stiglitz, J. E., and Rosengard J. K. (2015). *Economics of the Public Sector: Fourth International Student Edition* (New Yoyk, London: WW Norton & Company).

20.　Zweifel, P., Breyer, F. , and Kifmann, M. (2009). *Health economics* ( Berlin Heidelbug: Springer ).

# 中国法定社会长期护理保险的探索性构建

丁 纯　刘 丹

**摘　要：** 随着中国老龄化的不断加深，老年人的护理需求激增，而中国目前家庭结构小型化、少子化，使失能老人的长期护理难题上升为亟待解决的社会问题。在 2016 年人社部印发的《关于开展长期护理保险制度试点的指导意见》的指导下，全国范围内启动了长期护理保险制度试点，以探索解决老龄化社会下的护理需求问题。本文概括了 15 个试点城市的护理保险实施情况，并总结了试点城市在具体护理保险过程中所收获的经验，指出了其存在的不足，也为我国社会长期护理保险的未来发展提出了一些意见与建议。

**关键词：** 长期护理保险　老龄化　失能老人　护理需求

## 一　建立法定社会长期护理保险的必要性

### （一）老龄化社会来势汹汹

进入 21 世纪，中国开始迈入老龄化社会。2001 年，我国 65 岁及以上人口占总人口比例达 7.065%，超过 7% 的老龄化社会标准，也从此赶超了世界平均老龄化水平。2018 年这一比例达到 11.9%[①]，不到 20 年的时间老龄人

---

① 数据来源：《中国人口和就业统计年鉴 2019》。

口大幅提高 4.8 个百分点，同期世界平均水平 ① 只提高了 1.9 个百分点，老龄化速度之快令世人震惊。根据联合国预测，至 2020 年，我国 65 岁及以上老龄人口将达 1.67 亿人，约占全世界老龄人口的 1/4。届时，我国的高龄老年人 ② 将增加到 2900 万人左右，独居和空巢老年人将增加到 1.18 亿人左右，而 2040 年前后老龄化程度将达到峰值 ③。老龄化社会来势汹汹，我国必将面临由此带来的诸如老年医疗、护理、养老等社会保障压力。

根据国家老龄办发布的 2015 年"第四次中国城乡老年人生活状况调查"的统计结果，中国失能老人约为 4063 万人，占老年人口的 18.3%。④ 而我国的老年人口结构又相对年轻，2015 年底，低龄（60~69 岁）老年人口占 56.1%，中龄（70~79 岁）老年人口占 30.0%，高龄（80 岁及以上）老年人口占 13.9%，这意味着我国的老龄化程度在年龄结构上和群体数量上都将进一步加深。老年群体日益庞大，为他们解决护理难题已经迫在眉睫，这是我国完善社会保障体制过程中必须攻克的艰巨任务。

### （二）家庭结构小型化

我国人口快速老龄化主要源于预期寿命的提高和生育率的大幅降低。改革开放以来，经济状况的改善使得人民的生活水平大幅提高，人均预期寿命也从 1981 年的 67.77 岁提升至 2015 年的 76.34 岁（见表 1）；与此同时，由于实施计划生育政策，我国的生育率从 1987 年的高点 23.33‰一路下跌至 12‰左右的水平，平均家庭规模从 1982 年的户均 4.41 人，缩减至 2010 年的户均 3.1 人，独生子女家庭逐渐成为主流，我国的家庭呈现规模小且少子女的特征。2015 年，我国老年人子女数平均为 3.0 人，其中，低龄老年人子女平均为 2.5 人，70~79 岁中龄老年人的平均子女数为 3.4 人，80 岁及以上的高龄老

---

① 2001 年世界 65 岁及以上老年人占人口比重为 6.958%，至 2018 年上升至 8.873%。数据来源：World Bank Database。
② 80 岁及以上老年人。
③ 数据来源：国务院《"十三五"国家老龄事业发展和养老体系建设规划》。
④ 此处以 60 岁及以上人口作为老龄人口。

年人子女数平均为 4.1 人。[①] 社会老年抚养比从 1982 年的 8.2% 攀升至 2018 年的 16.8%，而社会少儿抚养比从 54.6% 下降至 23.7%。[②] 伴随老年人的少子趋势，加上成年子女与父母分居现象的普遍化，独居老人群体也成为社会重点关注对象，尤其是独居又失去自理能力的需要他人来照料其饮食起居的失能老人，他们的生活质量严重下降，晚年生活困难，这些都是目前失能老人最真实的现状。所以，当家庭的护理功能衰减，社会必须承担起相应的责任。

**表 1　中国人口预期寿命**

单位：岁

| 年份 | 合计 | 男 | 女 |
|---|---|---|---|
| 1981 | 67.77 | 66.28 | 69.27 |
| 1990 | 68.55 | 66.84 | 70.47 |
| 1996 | 70.80 | | |
| 2000 | 71.40 | 69.63 | 73.33 |
| 2005 | 72.95 | 70.83 | 75.25 |
| 2010 | 74.83 | 72.38 | 77.37 |
| 2015 | 76.34 | 73.64 | 79.43 |

资料来源：《中国统计年鉴 2019》。

### （三）大量护理需求占用医疗资源

我国作为人口大国，医护资源十分紧缺，加之地区发展不均衡以及城乡二元化医疗结构，"看病难"越发突出。我国目前的社会保障体系缺乏护理保险体系，唯有以法定医疗保险行越俎代庖之举。根据黄艺红和刘海勇（2005）的研究，有 70% 以上的老年人选择了医疗服务作为主要需求选项。一方面，许多只需要老年护理而无须实施医学治疗的老年人无奈占用医院床位；另一方面，我国老年人的预防性护理不足，总是生病后才寻求医疗救护，造成了

---

①　数据来源：第四次中国城乡老年人生活状况调查。
②　数据来源：《中国人口和就业统计年鉴 2019》。

医疗资源浪费、效率低下。推行法定社会长期护理保险，将有效地分离护理需求与医疗需求，不仅可以有效缓解医疗资源短缺问题，还能更好解决老年人对健康管理的护理难题。

## 二　我国法定社会长期护理保险运行的初步探索

为积极应对老龄化社会带来的一系列问题，党的十八届五中全会和国家"十三五"规划纲要做出了"探索建立长期护理保险制度、开展长期护理保险试点"的任务部署。2016 年 6 月，人力资源和社会保障部发布了《关于开展长期护理保险制度试点的指导意见》，决定在全国 15 市和两省[①] 开展长期护理保险制度试点，力争在"十三五"期间基本形成长期护理保险制度政策框架。开展长期护理保险试点，其目标任务是探索建立以社会互助共济方式筹集资金，为长期失能人员的基本生活照料和与基本生活密切相关的医疗护理提供资金或服务保障的社会保险制度。利用 1~2 年试点实践，探索改革路径，积累经验。重点探索长期护理保险保障范围、参保缴费、待遇支付等政策体系，护理需求认定和等级评定等标准体系和管理办法，各类长期护理服务机构和护理人员服务质量评价、协议管理和费用结算等办法，长期护理保险管理服务规范和运行机制等四大体系。[②]

### （一）长期护理保险制度的试点基本情况

河北省承德市、吉林省长春市、黑龙江省齐齐哈尔市、上海市、江苏省南通市和苏州市、浙江省宁波市、安徽省安庆市、江西省上饶市、山东省青岛市、湖北省荆门市、广东省广州市、重庆市、四川省成都市、新疆生产建

---

①　吉林（长春、吉林、通化、松原、梅河口、珲春）与山东（济南、青岛、淄博、枣庄、东营、烟台、潍坊、济宁、泰安、威海、日照、临沂、德州、聊城、滨州、菏泽）是长期护理保险的重点联系省份，因此有多个地级市进入试点范围。其他每个试点省份原则上只有一个试点城市。

②　《人力资源和社会保障部对十二届全国人大五次会议第 8480 号建议的答复》，2017。

设兵团石河子市，为我国首批参与长期护理保险的 15 个试点城市。

首批试点城市长期护理保险实施情况见表 2。

| 表 2　首批试点城市实施长期护理保险情况 | | | | |
|---|---|---|---|---|
| 试点城市 | 开放时间 | 参保对象 | 服务内容 | 资金来源 | 待遇给付 |
| 青岛 | 2012 年 7 月 | 城镇职工、城乡居民 | 医院专护、护理院护理、居家护理、社区巡护 | 医疗保险 + 基金划拨 | 按比例报销，或实行床日包干分级管理① |
| 上海 | 2013 年 7 月 | 城镇职工（高龄老年人） | 医疗护理 | 医疗保险基金划拨、个人支付 | 按比例报销 |
| 上海 | 2017 年 1 月 | 城镇职工、城乡居民（60 岁及以上） | 社区居家照护、养老机构照护、住院医疗护理 | 个人、单位、政府三方筹资 | 1. 社区居家照护：参保人员在评估有效期内发生的社区居家照护的服务费用，由长护险基金支付 90%。2. 养老机构照护：参保人员在养老机构发生的符合长护险规定的费用，由长护险基金支付 85%。3. 住院医疗护理：按医保规定执行 |
| 长春 | 2015 年 5 月 | 城镇职工、城镇居民 | 日常照料、医疗护理 | 医疗保险、基金划拨 | 各地按比例报销控制在 70% 左右 |
| 南通 | 2016 年 1 月 | 城镇职工、城镇居民 | 日常照料、医疗护理 | 按照南通市上年城镇居民人均可支配收入的 3‰ 左右确定，筹集标准暂定为每人每年 100 元，其中个人缴纳每人每年 30 元、医保统筹基金筹集每人每年 30 元、政府补助每人每年 40 元 | 1. 定点机构中照护服务报销 60%，同时可按规定享受基本医疗保险住院待遇。2. 定点机构中养老服务报销 50%。3. 定点机构提供上门照护服务，月度限额暂定为 1200 元 |
| 石河子 | 2017 年 1 月 | 城镇职工、城乡居民 | 日常照料、医疗护理 | 个人缴费、单位缴纳、划转基本医疗保险统筹基金、财政补助及拓展福彩公益金收入等多渠道筹资 | 由护理保险基金按 70% 的比例报销，每月支付限额为 750 元 |

| | | | | | 续表 |
|---|---|---|---|---|---|
| 试点城市 | 开放时间 | 参保对象 | 服务内容 | 资金来源 | 待遇给付 |
| 上饶 | 2017年1月 | 先职工，后扩展至居民 | 居家护理小额补贴、居家上门护理、机构护理 | 每人每年100元，其中个人缴纳每人每年40元；医保统筹基金划转每人每年30元；单位缴纳每人每年30元 | 定额给付 |
| 安庆 | 2017年1月 | 参与城镇职工基本医疗保险人员 | 机构护理、上门护理、居家护理 | 个人缴费、城镇职工基本医疗保险统筹基金结余划转、财政补助 | 机构医疗护理报销60%（50元上限），机构养老护理报销50%（40元上限），上门护理服务保险每日750元上限定额，居家护理报销15元/日 |
| 成都 | 2017年7月 | 先职工，后扩展至居民 | 生活照料、护理照护、风险防范、功能维护 | 医保账户划拨、单位、政府、慈善等多方筹资 | 1.在机构进行长期照护的，其定额支付标准按照失能等级对应照护费用的70%进行确定。2.在居家进行长期照护的，其定额支付标准按照失能等级对应照护费用的75%进行确定[②] |
| 荆门 | 2017年1月 | 基本医疗保险参保人员 | 居家护理、养老机构护理、医院护理 | 个人缴纳、医保划拨、财政补助，2016年筹资水平为每人80元，其中个人30元、基金20元、财政30元[③] | 非全日居家护理每日限额40元，基金全额支付；全日居家护理限额每日100元，基金支付80%；养老机构护理每日限额100元，基金支付75% |
| 承德 | 2017年7月 | 城镇职工医疗保险参保人员 | 定点服务机构的护理 | 每年筹资标准暂定为参保人员（含退休人员）上年度工资的0.4%，由城镇职工基本医疗保险基金负担0.2%，参保人员（含退休人员）个人负担0.15%，财政补助0.05% | 医疗机构设置的专门护理床位，每床日为60元；定点护理服务机构，每床日为50元；定点护理服务机构上门提供居家护理，每日40元；定点护理服务机构实际结算费用低于定额标准的，按照符合长期护理保险报销范围的护理费用的70%支付 |

续表

| 试点城市 | 开放时间 | 参保对象 | 服务内容 | 资金来源 | 待遇给付 |
|---|---|---|---|---|---|
| 广州 | 2017 年 8 月 | 先职工，后扩展至居民，乃至全覆盖 | 机构护理、居家护理 | 每年按照每人 130 元的筹资标准与相应待遇标准测算次年的长期护理保险收支需求，医保划拨 | 机构护理报销75%，居家护理报销90% |
| 苏州 | 2017 年 10 月 | 城镇职工、城乡居民 | 医疗机构住院护理、养老机构护理、社区居家护理 | 长期护理保险基金按照以收定支、收支平衡、略有结余的原则筹集。长期护理保险基金由个人缴费、政府补助和职工基本医疗保险、城乡居民基本医疗保险统筹基金结余划转组成④ | 重度失能人员定额标准为每日 26 元，中度失能人员定额标准为每日 20 元；居家护理重度失能人员定额标准为每日 30 元，中度失能人员定额标准为每日 25 元 |
| 齐齐哈尔 | 2017 年 10 月 | 市本级（不含梅里斯达斡尔族区）参加城镇职工基本医疗保险的人员（含灵活就业人员） | 医养护理、养老护理和居家护理 | 筹资标准为每人每年 60 元，其中参保人员和医保统筹基金各承担 30 元 | 按日定额管理，定额以内的费用，由长期护理保险基金按比例支付。参保人员在医养护理服务机构、养老护理服务机构、居家接受医养护理服务机构或养老护理服务机构提供护理服务的每人每日定额分别为 30 元、25 元、20 元，由长期护理保险基金分别按照60%、55%、50%比例支付 |
| 宁波 | 2017 年 12 月 | 海曙区、江北区、鄞州区参加职工基本医疗保险人员 | 专业机构护理（专护）、养老机构护理（院护） | 试点期间，从市区职工基本医疗保险统筹基金累计结余中先行安排 2000 万元资金作为长护保险试点启动资金，纳入长护保险基金，个人和单位暂不缴费 | 每日定额标准暂定为40元 |

续表

| 试点城市 | 开放时间 | 参保对象 | 服务内容 | 资金来源 | 待遇给付 |
|---|---|---|---|---|---|
| 重庆 | 2017年12月 | 先职工,后扩展至居民 | 日常照料、医疗护理 | 2018年筹集标准为每人每年150元。其中医保基金补助60元,职工医保参保人个人承担90元 | 长护保险基金按每人每日50元的标准结算 |

注:①青岛对入住定点护理机构或居家接受医疗护理服务的参保人,每床日定额包干费用为60元;在二级医院接受医疗专护的参保人,每床日定额包干费用为170元;在三级医院接受医疗专护的参保人,每床日定额包干费用为200元。2015年青岛市老年长期护理保险对包干标准进行了调整,对医疗专护、护理院医疗护理、居家医疗护理费用实行床日包干管理,对社区巡护费用实行年度包干管理。将市内六区包干额度调整为医疗专护每天170元,护理院医疗护理每天65元,居家医疗护理每天50元;社区巡护参保职工一档缴费参保者每年1600元,二档每年800元;资金拨付标准与护理服务机构服务数量和服务质量挂钩。

②成都市长期照护保险参保缴费年限累计达到15年后,累计缴费时间每增加2年,支付标准提高1%。长期照护保险基金支付比例累计不超过100%。长期照护保险制度启动前,参加基本医疗保险的实际缴费年限视作长期照护保险缴费年限。

③荆门市建立参保缴费激励机制,实行缴费年限与待遇水平挂钩,鼓励早参保、连续缴费。具体办法为:累计缴费15年及以上的,待遇水平提高4%;累计缴费30年及以上的,待遇水平提高6%;累计缴费45年及以上的,待遇水平提高8%;累计缴费60年及以上的,待遇水平提高10%。

④苏州试点第一阶段(2017~2019年),个人缴费部分暂免征缴,政府按每人每年50元补助,职工基本医疗保险统筹基金结余按每人每年70元划转,城乡居民基本医疗保险统筹基金结余按每人每年35元划转。试点第二阶段(2020年以后)探索将医疗保险基金保障的长期失能人员与生活密切相关的医疗护理纳入长期护理保险制度统一运行。

资料来源:根据公开资料整理,详见各试点城市长期护理保险制度试点意见等政府政策资料。

2020年9月10日,国家医保局、财政部联合发布《关于扩大长期护理保险制度试点的指导意见》(医保发〔2020〕37号,以下简称《意见》),扩大长期护理保险制度试点范围,此次又有14个城市(州、区)加入长护险制度试点。第二批试点城市(州、区)为:北京市石景山区、天津市、山西省晋城市、内蒙古自治区呼和浩特市、辽宁省盘锦市、福建省福州市、河南省开封市、湖南省湘潭市、广西壮族自治区南宁市、贵州省黔西南布依族苗族自治州、云南省昆明市、陕西省汉中市、甘肃省甘南藏族自治州、新疆维吾尔自治区乌鲁木齐市。加上重点联系省份山东和吉林的试点城市群,我国的试点城市（地区）已达到 49 个，占中国地级市总量的 14.7%。从省级层面上看，除海南省、青海省和西藏自治区外，已有 28 个省、自治区和直辖市开展了长期护理保险的试点工作。

虽然《意见》的出台时间不长，但第二批试点城市普遍具有一定工作基础，也积极开展了试点工作，通过调研、研讨会、座谈会、公开征集意见等方式，探索制定符合当地经济社会状况的长期护理保险细则，甚至部分第二批试点城市已经出台了长期护理保险细则，详情见表 3。

表 3 部分第二批试点城市长期护理保险开展情况

| 试点城市 | 开放时间 | 参保对象 | 服务内容 | 资金来源 | 待遇给付 |
|---|---|---|---|---|---|
| 北京（石景山区） | 2018 年 3 月 15 日 | 城镇职工基本医疗保险的在职职工、退休人员和城乡居民基本医疗保险的人员（暂不含学生、儿童） | 失能人员日常基本生活照料和与基本生活密切相关的医疗护理所需的服务为保障内容，以实物形式提供相应的护理服务 | 政府、单位和个人共同出资，筹资比例为 4∶4∶2，同时接受社会捐助。标准为每人每年 160 元 | 机构护理服务：70 元 / 日，基金支付 70%，个人支付 30%。机构居家护理服务：85 元 / 小时，基金支付 76%，个人支付 24%，每月限支付 30 小时。亲属（家政护理员）居家护理服务：50 元 / 小时，基金支付 64%，个人支付 36%，每月限支付 30 小时 |
| 乌鲁木齐 | 2019 年 3 月 25 日 | 城镇职工基本医疗保险参保人员，后逐步拓展到城乡居民基本医疗保险参保人员 | 全日居家护理、全日定点护理服务机构护理、定点护理服务机构上门护理 | 政府、医保和个人共同出资，筹资比例为 2∶5∶3，同时接受社会捐助，标准为每人每年 100 元 | 全日居家护理：按计发基数的 75% 给予补偿（1862 元 / 月）。全日定点护理服务机构护理，按计发基数的 70% 给予补偿（1737 元 / 月）。定点护理服务机构上门护理，40 元 / 小时，每日不超过 2 小时，基金支付 50%，个人承担 50%。享受待遇天数未满一个月的，按实际享受待遇天数进行补偿，即全日居家护理 61 元 / 日，全日机构护理 57 元 / 日 |

续表

| 试点城市 | 开放时间 | 参保对象 | 服务内容 | 资金来源 | 待遇给付 |
|---|---|---|---|---|---|
| 昆明 | 2020年9月25日 | 城镇职工基本医疗保险参保人员，后逐步拓展到城乡居民基本医疗保险参保人员 | 医养结合机构护理、养老机构护理、居家护理 | 按照"多方筹资、责任分担、权利义务相统一"的原则，建立个人和单位缴费相结合，医保基金划拨、财政补助、社会捐助、其他资助方式等多渠道筹资机制① | 按上一年度云南省全口径月平均工资的70%作为待遇计发基数，月支付限额原则上不超过待遇计发基数的70%。对符合规定的护理服务费用，基金支付水平总体控制在70%左右 |
| 南宁 | 2020年9月27日 | 城镇职工基本医疗保险的用人单位和参保人员 | 居家护理、居家上门护理及定点服务机构护理 | 在启动当年，从职工基本医疗保险统筹基金历年滚存结余中一次性划转3亿元作为长护险制度试点运行的启动基金。长护险缴费比例为0.26%，单位和个人按等比例分担。长护险保费与职工基本医疗保险保费同步征收 | 重度失能人员：2463元/人，其中1930元为基础护理待遇月定额计发基数、533元为专业护理待遇月限额标准。（一）日常护理定点护理服务机构或居家上门护理服务按定额标准的75%支付，支付标准为1447.5元/月。居家个人护理按月定额标准的70%支付，支付标准为1351元/月。异地居住重度失能人员按定额标准的60%支付，支付标准为1158元/月。（二）专业护理按照专业护理待遇月限额标准的75%支付，每月月待遇支付限额为400元/月 |

注：制度启动之初，从城镇职工基本医疗保险统筹基金历年累计结余中按一定比例划拨。在职职工的单位缴纳部分、个人缴纳部分分别以基本医疗保险缴费基数的0.2%，从应当划入城镇职工基本医疗保险统筹基金和个人账户基金中划转；以"统账结合"方式参加基本医疗保险的灵活就业人员分别按其缴费基数的0.2%，从应当划入医疗保险统筹基金和个人账户基金中划转；以"单建统筹"方式参加基本医疗保险的灵活就业人员按其缴费基数的0.4%，从应当划入基本医疗保险统筹基金中划转。自昆明市长期护理保险启动实施后，昆明市城镇职工基本医疗保险医疗保险统筹基金和个人账户基金划入比例分别调低0.2%，确保不因长期护理保险的启动实施增加单位和个人缴费负担。退休人员实行个人缴费和财政补助相结合，个人缴费部分，按退休人员医疗保险个人账户划账基数的0.2%，从应当划入参保人个人账户基金中划转；财政补助部分，按退休人员医疗保险个人账户划账基数的0.2%进行缴费补助。困难企业经相关部门认定后，其退休职工长期护理保险个人缴费部分给予全额财政补助。

资料来源：根据公开资料整理，详见各试点城市长期护理保险制度试点意见等政府政策资料。

### （二）试点城市长期护理保险实施成果

截至目前，15个首批试点城市和2个重点联系省份的长期护理制度运行总体平稳，成效初步显现，主要体现在以下几个方面。

（1）减轻了失能老人及其家庭的经济和事务性负担，对符合规定的长期护理费用，支付水平总体在70%~75%。截至2020年5月，参保人数超过8858万人，当年受益42.6万人，基金支付比例达到70%以上，人均支付9200多元，制度保障功效初步显现。①

（2）在首批试点城市中，10市②参照执行国际失能的评估标准，5市③研制了本地化失能评估标准，失能评定通过率为80%左右，既结合了国际既有经验，又摸索出实践符合中国国情的失能评级标准。

（3）试点地区还充分发挥制度资源配置平台和购买服务杠杆等作用，支持养老健康产业发展和护理服务体系建设，促进劳动供给侧改革。据不完全统计，制度试点以来，直接拉动就业4万多人，引入社会资本70多亿元。④试点城市已设定点服务机构共计3242个，长护险基础设施建设初见成效。

（4）通过试点运行为我国推进长期护理积累了宝贵经验。在全国性标准尚未得到推进之时，试点城市已给出了报销比例或定额给付标准，这对之后全国性评估起到了很好的参考作用。同时，随着社会护理保险的推进，失能等级评估标准也相应得到了探索。而具体护理项目、长护险的运营机制包括培训相应的运营机构，都是试点运营中取得的成功之处。

### （三）试点城市长期护理保险所遇问题及突破方向

（1）农村地区的护理难题仍未解决。改革开放后，我国产生了大量流动

---

① 数据来源：中国医疗保险网。
② 承德、宁波、安庆、荆门、南通、齐齐哈尔、石河子、广州、长春、重庆。
③ 青岛、上海、苏州、上饶、成都。
④ 数据来源：人力资源和社会保障部医疗保险司《长期护理保险试点进展顺利》，2018年5月2日。

人口，其中农村剩余劳动力向城市转移成为人口流动的主要方向，导致农村地区人口空心化，空巢老人情况较为严重。此外，由于地区发展不平衡，我国农村在基础设施、医疗服务、护理机构等方面均落后于城市，人力资源也十分短缺。而在全国范围内，农村新合作医疗保险还没有与城镇医疗保险实现城乡医疗的完全贯通，所以在目标参保人员方面，许多农村人口将被排除在外。因此，农村地区护理保险的推广、护理服务设施的建设、相关人员的培训等，将会是中国长期护理保险下一个需要克服的难题。

（2）申请待遇手续较为烦琐，评估体系不健全。从试点城市长期护理保险实施规则上看，我国护理保险的待遇申请多以评级、打分或失能程度认定为主要审核手段，有的还附加了不少于 6 个月或 180 天的治疗时间为申请条件，有的还需经过机构的层层评估与报送方可最终获得长期护理保险的赔付资格。虽然这样的层层审批和严苛的申请条件能够大大降低参保人的道德风险，但是烦琐的手续也会降低人们参与长期护理保险的积极性，影响护理保险的推广和运行效率。所以，尽快建立统一合理的评估体系和高效的审核机制也是长期护理保险未来在全国范围内实施的重要前提。

（3）护理保险仍依附于医疗保险，筹资比例存在问题。根据目前的试点情况，我国长期护理保险的筹资渠道，不少来自原有医疗保险基金的划拨，即长期护理保险无论从资金上还是在参保对象上都依赖原有的医疗保险系统。同时，财政补贴也占相当大的比重，个人与单位缴费比例却明显不足。从国外的经验来看，一方面护理保险需与医疗保险实现完全分离，以充分发挥护理保险作用并且减轻医疗保险的支付压力，荷兰、德国、日本、韩国分别在 1968 年、1994 年、2000 年、2008 年专门颁布了与长期护理保险相关的法律法规，建立了独立的长期护理保险制度，将老年人医疗保健、康复、护理服务从医疗保险体系内分离出来（李长远、张会萍，2018）。另一方面，发达国家护理保险筹资结构中，政府财政筹资比例逐渐下降也已成固定趋势。而我国的老龄化速度快，预计到 2050 年我国老年人长期护理的需求人数将达到 10747 万人（见表 4），随着老龄化的深入，支付数额将疾速增加，如若保持目前的护理保险筹资结构，则无疑会增加医疗保险基金的支出压力与财政压力。我国企业职工五项社会保险总费率已达 39.25%，在 173 个国家（地区）中列第 13 位[①]，因此贸然为新设立的长期护理保险征缴保费，可能会适得其反。但是，为了保证长期护理保险的可持续发展，提高个人与单位缴费率很有必要。当然，如何与现存的五险缴费比例进行协调，继续探索合理的护理保险基金筹资结构也是下一步社会保障改革中需解决的问题。

**表 4    我国老年人长期护理需求预测**

单位：万人

| 项目 | 2015 年 | 2020 年 | 2025 年 | 2030 年 | 2035 年 | 2040 年 | 2045 年 | 2050 年 |
|------|---------|---------|---------|---------|---------|---------|---------|---------|
| 完全失能 | 1282 | 1514 | 1822 | 2222 | 2714 | 3066 | 3410 | 3809 |
| 部分失能 | 2586 | 3050 | 3673 | 4446 | 5279 | 5861 | 6396 | 6938 |
| 需求总量 | 3868 | 4564 | 5495 | 6668 | 7993 | 8927 | 9806 | 10747 |

资料来源：2012 中国保险与风险管理国际年会，2012 年 7 月 18~21 日，青岛。

（4）护理提供水平亟待提高。长期护理保险在我国还处于起步阶段，完善制度框架是长期护理保险的骨架，而提供护理服务则是长期护理保险的血肉。护理提供水平不足是当前制约我国养老服务发展的一个重要瓶颈。全国老龄办副主任朱耀垠表示，从事长期护理专业服务的人员数量较少、年龄偏大、文化程度偏低、业务能力不高等问题普遍存在。养老护理人员持证上岗的不到10%。依照国际惯例，每三位老人需要 1 名护理人员，以我国目前 4060 万失能老人为基数测算，现护理人员需求量至少为 1000 万人。2017 年底数据显示，全国取得养老护理员资格证的仅 30 万人，难以满足市场需要，"有险无人"的窘境将为未来护理保险的可持续发展蒙上阴影。

①    数据来源：赵鹏《亟待降"五险一金"减人工成本》，《京华时报》2016 年 8 月 30 日。

### 三　我国长期护理保险的主要发展趋势

#### （一）加快长期护理保险的立法进程

相对于日本、德国等国法律先行的护理保险制度，我国在探索建立长期护理保险制度过程中，制度建设明显滞后。2011 年实施的《社会保险法》没有明确将护理保险纳入社会保险政策框架。加快长期护理保险的立法进程，使长期护理保险进入社会保障法律体系，将为我国长期护理保险的发展提供统一指导路径，加快我国长期护理保险的发展进程。

#### （二）扩大参保范围，提高保障水平

随着试点城市的经验积累，参保范围将逐渐扩大，地域上将逐渐推广至全国，覆盖人群上逐渐实现全覆盖，保障范围是长期失能人员，惠及的人群则不只是老年人，还包括遭遇意外后造成失能的年轻人以及先天性疾病造成失能的孩子，保障水平也将逐步提高。

#### （三）商业保险成为长期护理保险的重要补充

商业保险将随着法定长期护理保险在全国的推广而迎来护理险种发展的契机，以满足不同人群、不同层次的护理需求，成为长期护理保险的重要补充。

#### （四）居家护理与机构护理协调发展

受我国家庭传统观念影响，居家护理服务仍为优先选项。同时，护理服务机构提供的服务模式将从各种实际情况出发，依据被护理者的不同需要，朝着居家护理、机构护理、巡回护理多样化方式发展，并推动长期护理保险与医养结合工作有效对接。

### （五）加强护理服务队伍建设

卫生、教育、民政等各部门协同合作，积极发展护理服务教育。面向护理服务从业人员，大力开展各类学历及非学历继续教育工作，培育优质的护理服务专业队伍（马向东，2017）。

### （六）设立老人护理假

第一代独生子女的父母已经逐渐步入老年，独生子女家庭因人手缺乏，在侍奉老人上有较大困难。随着人口老龄化的快速发展，该问题还会进一步凸显。设立老人护理假，既能鼓励子女照料老人，也让老年人有更多的时间与子女团聚，有益于满足老人的心理健康与情感需求。

## 参考文献

1. 党俊武：《老龄蓝皮书：中国城乡老年人生活状况调查报告（2018）》，社会科学文献出版社，2018。

2. 国家统计局人口和就业统计司：《中国人口和就业统计年鉴2019》，中国统计出版社，2019。

3. 国务院：《"十三五"国家老龄事业发展和养老体系建设规划》，2017。

4. 黄艺红、刘海勇：《城市老年人服务需求的实证研究》，《北华大学学报（社会科学版）》2006年第2期。

5. 李长远、张会萍：《发达国家长期护理保险典型筹资模式比较及经验借鉴》，《求实》2018年第3期。

6. 马向东：《长期护理保险的改革路径》，《中国保险报》2017年11月8日。

7. 米红、纪敏、刘卫国：《青岛市长期护理保险研究》，中国劳动社会保障出版社，2019。

8. 《人力资源和社会保障部对十二届全国人大五次会议第8480号建议的答复》，2017。

9. 人力资源和社会保障部医疗保险司:《长期护理保险试点进展顺利》，2018 年 5 月 2 日。

10. 赵鹏:《亟待降"五险一金"减人工成本》,《京华时报》2016 年 8 月 30 日。

11. The World Bank (2019). Population Ages 65 and above, https://data.worldbank.org/ indicator/SP.POP.65UP.TO.ZS [17/05/2020].

# 青岛长期护理保险试点[*]

鲁 蓓 冯广刚

**摘 要：** 人口老龄化使公共长期护理的需求在中国迅速增加。相应的社会保险项目已作为试点在一些地方开展，青岛是最早的试点城市之一。本文重点介绍青岛市长期医疗社会保险自建立以来的演变和发展。本文还利用行政数据对这类长期医疗保险的保费进行了估算，并对参与长期医疗计划患者前后的总健康成本进行了比较。

**关键词：** 长期护理保险 成本 死亡率 政策 福利

低生育率、高寿命是人口老龄化的主要原因。老龄化导致劳动力减少，生活无法自理老人的人数增加，从而给财政收入和支出均造成压力。决策者必须充分认识到在老龄化社会中为老人高效充分地提供护理所造成的财政压力。人口老龄化的一大挑战是要求提供医养结合的"长期护理"。中国长期护理政策刚刚起步，很大程度上还依赖家人护理。但预计在不久的将来会有巨大的长期护理需求。目前，中国鼓励地方试点，探索可普遍适用的长期护

---

* 本文由澳大利亚 ARC GRANT LP150100347 提供资金，并得到澳大利亚研究理事会人口老龄化研究卓越中心的支持，赠款编号为 CE11E0099。本文还得到了中国国家自然科学基金（项目编号：71490733）的资助。中文译者：陈可，北京外国语大学。

理模式。

关于中国长期护理体系的研究文献主要集中于需求侧分析（World Bank，2016；Ma et al.，2012；朱铭来、贾清显，2009；Gu et al.，2009；胡宏伟等，2015）。有人研究了未来长期护理负担快速增长的情况，建议设立长期护理保险制度（Du and Wang，2016；魏华林、何玉东，2012；邓大松、郭婷，2015；林宝，2015；Jin，2006）。仅少数研究者分析了中国长期护理政策实践的近期发展（Yang et al.，2016；Lu et al.，2017a；Cheng and Shen，2017）。例如，杨维等比较了上海的社会医保模式、青岛的长期护理保险模式和南京的家计审查模式，认为在这三种模式中，青岛模式是迄今为止最理想的政策选择。

中国中央政府一直授权地方政府设计长期护理试点项目。历来由民政部门负责扶助有困难个人，并通过家计审查机制扶助病弱和贫困老人（"五保户"①制度）。人力资源和社会保障部最近开始通过社保推广长期护理，争取居民全覆盖。大多数发达国家已实施了长期护理政策，但各国路径有所区别。例如，比利时的长期护理服务仍有一部分归属于医疗卫生体系②；而德国推出长期护理保险主要为满足失能老人③的社会需求。中国长期护理的地方试点有两个模式：南通模式主要向家庭提供资金支持（包括现金支付和政府采购服务套餐），帮助失能老人获取更优质的社会服务；而青岛模式则强调将医疗服务扩展到老人居所。青岛长期护理方案刚出台时，除医院专护服务外的社会护理内容非常有限，主要由民政局经家计审查后提供。

青岛开展长期护理工作有其合理性。政策启动之初，尽管中国面临快速

---

① "五保户"指政府为无赡养扶养人、无工作能力、无生活来源的人提供基本保障，包括保吃、保穿、保住、保医、保葬。

② 比利时的长期护理服务部分归属于全民医疗体系，由社保缴款和一般税收提供资金，见 https://www.plan.be/admin/up/201004230943350.wp2001007.pdf。

③ 对"失能老人"有不同定义。中国各试点城市均对长期护理服务的受益资格制定标准，大多基于 Barthel 指数评估的 ADLs 水平、反映认知能力的 MMSE 量表和医学报告。

老龄化，人口结构仍较年轻。据报告，2010 年有超过 88% 的老人由两个或两个以上子女护理（Lu et al.，2017b），而具备日常生活利用工具能力（IADLs）或日常生活行动能力（ADLs）的老人中仅约 14% 没有家人护理（Lu et al.，2015）。在社保体系中，家人提供的非正式护理可以降低对公共社会护理的需求压力，非常重要，不容低估。中国的医疗体系呈倒"金字塔"结构。人们在需要各类医疗服务时均倾向于频繁到大医院就诊，很少使用初级医疗机构、小医院、卫生室或其他医疗机构。政府一直试图教育市民，引导他们多使用初级医疗中心，但尚未取得预期成效。失能老人往往会长期占用医院床位及门诊资源，因此需要在医疗系统之外单独设立长期护理体系，以重新配置医疗资源，这也意味着长期护理不应视为整体医疗开支之外的额外成本，而是部分替代传统医疗资源配置给非急症服务的成本。

在此背景下，青岛启动了长期护理工作，其动机有二。第一，从大型医院重新配置医疗资源，确保将长期护理与急症治疗分离。为此，在医院为长期护理对象设置专护床位（收费远低于普通床位），并与社区卫生室和私立诊所签订合同，为所在小区有长期护理需求的老人提供基本医疗服务。这两项服务由新开办的长期护理项目提供补贴。第二，通过院护 / 家护服务促进社区卫生室和私立诊所发展，以满足预期护理需求。这些安排有助于建立有效的初级 / 非急症护理网络，不仅可以为失能老人服务，也可以满足所有居民的一般医疗需要。尽管上海等国内大城市的医疗系统已经将医疗服务扩展到市民居所，但其他大多数地方要采购此类服务仍有困难。青岛的长期护理工作为如何建设初级医疗网络提供了范例。

青岛试点不断演进，快速发展。在实现重新分配医疗资源的初衷后，其医疗系统近期开始将社会护理纳入长期护理保险。

## 一　青岛长期护理保险简介

青岛于 2006 年开始尝试长期护理保险。经过 12 年的改革和规范，该市人力资源社会保障局等部门于 2018 年发布了一系列规范性文件（青人社规〔2018〕3 号、4 号、5 号和 12 号文）。这套医疗社保的综合性文件涵盖急症医疗、健康管理、维持治疗、长期护理、社会护理、临终护理、康复医疗等内容。青岛的长期护理保险重点关注为因年迈或伤病失能的老人（包括老年失智症／阿尔茨海默病患者）提供支持。

### （一）青岛长期护理保险的发展历史

考虑到未来人口的快速老龄化趋势，中国政府近十年开始鼓励发展长期护理产业。但所谓的长期护理床位大多只适用于有生活自理能力的老人，仅有少数床位具备较高的护理服务能力。[①]2006 年以来，青岛试行了一些项目，为经过急症治疗的失能老人提供支持。这些政策试点鼓励发展社区支持和诊所护理。

2012 年 6 月 19 日，青岛市人民政府发布青政办字〔2012〕91 号文，正式启动长期护理保险。该文件规定了三类服务：二级或三级医院的住院专业护理服务（专护，全天 24 小时服务）；养老院护理服务（院护）；个人居所护理服务（家护）。服务单价得到长期护理保险补贴。2012 年，符合院护或家护条件的保险受益人补贴标准为每人每日 60 元，而二级／三级医院专护的补贴标准分别为每床每日 170 元／200 元。

2015 年的政策改革进一步扩大了服务供给。除主要服务于城市居民的专护、院护和家护外，还为有医疗需要的农村失能老人增设了第四支柱——巡回诊所护理（巡护）。

2016 年和 2018 年，青岛先后发布新政策，将老年失智症和阿尔茨海默病患者纳入长期护理保险，进一步扩大了服务供给和保障覆盖面。

---

① 青岛全市养老机构总床位数近 4 万张，专业的护理员人数则在 3000 名左右。资料来源：http://news.dailyqd.com/2016-03/24/content_319318.htm。

### （二）资金筹集和管理

青岛长期护理保险采用市级统筹，不设个人账户。[①] 资金账户分为两类：城镇职工基本医疗保险参保人员账户；城乡居民基本医疗保险参保人员账户。2014 年之前，长期护理保险的资金来源为医保账户缴费和包括福彩公益金在内的财政划拨。

2014 年底，政府决定从职工基本医疗保险基金中将约 20% 的累计结余（约 19.8 亿元）划入长期护理保险账户。城镇职工医疗保险全体参保人员（约 385 万人）每年将其个人账户缴费基数的 0.5%（即个人账户缴费比例 2% 的 1/4）划入长期护理保险账户。2015 年全年划转总额约为 5 亿元。城乡居民医疗保险参保人员约 492 万人，其医保缴费总额的 10% 划入长期护理保险账户，划转金额约 3 亿元。

2015 年，长期护理保险通过招标引入两家保险公司管理资金：中国人民健康保险股份有限公司青岛分公司负责管理职工医保账户；中国人寿青岛分公司负责管理其他基金，为城乡居民提供支持。参保人员受益资格交保险公司独立评估认定。多个组织机构参与了协调工作。[②]

图 1 为青岛长期护理保险账户和资金结构。

2018 年还设立了长期护理保险专项资金池，在城镇职工医保和城乡居民医保的长期护理保险账户余额中各占 5%。该资金池用于对中度和轻度老年失智症患者以及认知减退高危人群的训练和干预。

### （三）青岛长期护理保险服务供给和受益资格的现状

青岛长期护理保险包括两个主要部分，即社会护理和医养结合护理。社

---

[①] 不同于国外通常只有社会统筹部分的医保政策，中国基本医疗保险除社会统筹部分外还有个人账户。

[②] 本部分主要参考 Lu et al.（2017b）。

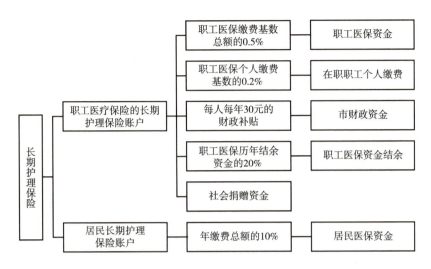

**图1　青岛长期护理保险账户和资金结构**

资料来源：米红等（2019）。

会护理即按小时提供服务（根据失能评估等级按周提供若干小时服务），涵盖约60项内容，包括25项基本护理（如吸痰）、17项日常生活支持（如洗澡）、15项康复训练（如吞咽）和3项用药管理指导。医养结合护理指急诊护理后的主要服务，包括健康管理（如慢性病管理）、长期护理和临终护理。长期护理保险还资助认知减退风险的防范工作，旨在通过功能性治疗和锻炼帮助中度和轻度老年失智症患者及高危人群。

受益资格需根据多份量表组成的评估标准认定，由专业团队审查。认定标准包括日常生活活动能力（以 Barthel 指数测定 ADLs）、病情、认知能力（MMSE 量表）等。

表1为保障范围和服务供给。现行体系为两类具有不同长期护理需求的人群提供差别化服务和补贴，分别按 ADLs 和认知功能（老年失智症）分组。

**表 1　向职工基本医疗保险、居民医疗保险一档缴费和居民医疗保险二档缴费参保人员提供的服务类型**

| 健康状况 | 服务类型 | 职工基本医疗保险 | 居民医疗保险一档缴费 | 居民医疗保险二档缴费 |
|---|---|---|---|---|
| ADLs 失能 | 专护 | √ | √ | — |
| | 院护 | √ | √ | — |
| | 家护 | √ | — | — |
| | 巡护 | √ | √ | √ |
| 重度失智 | 长期护理 | √ | √ | — |
| | 日间护理 | √ | — | — |
| | 短期护理 | √ | √ | — |

资料来源：米红等（2019）。

该评估将符合条件的老人分为 0~5 级失能（主要评估 ADLs，3 级为严重半失能，4 级和 5 级为完全失能）和失智。只有 3~5 级失能和 MMSE ≥ 9 的老人有资格获得长期护理保险补贴。

### （四）青岛长期护理保险保障标准（2018 年）

2018 年的新改革规定了表 2 和表 3 所示的保障结构。与之前的规定相比，新政策更全面，院护人员自付比例的规定也更合理。

**表 2　对医养结合护理服务的补贴价格与个人自付比例**

| 护理类别 | 职工基本医疗保险 | 居民医疗保险一档缴费 | 居民医疗保险二档缴费 |
|---|---|---|---|
| 专护 | 三级医院 210 元 / 日，二级医院 180 元 / 日，（气管切开术患者 300 元 / 日） | | — |
| 院护 | 50 元 / 日 | | — |
| 家护 | 50 元 / 日 | — | — |
| 巡护 | 2500 元 / 年 | 2200 元 / 年 | 1500 元 / 年 |
| 失智老人长期护理 | 65 元 / 日 | | |
| 失智老人日间护理 | 50 元 / 日 | — | — |

| 护理类别 | 职工基本医疗保险 | 居民医疗保险一档缴费 | 续表<br>居民医疗保险二档缴费 |
|---|---|---|---|
| 失智老人短期护理 | 65 元 / 日 | | — |
| 个人自付比例 | 10% | 20% | 30% |

资料来源：青岛本地宝《2018 青岛长期护理保险办理指南》。

前四类护理适用于 ADLs 失能的长期护理保险受益人，后三类适用于失智老人（一般年逾 60 岁）。

| 表 3　职工医保参保人员接受社会长期护理的补贴价格 | | | | |
|---|---|---|---|---|
| 护理类别 | 3 级失能 | 4 级失能 | 5 级失能 | 重度失智 |
| 专护 | — | | 1500 元 / 月<br>（50 元 / 日） | — |
| 院护 | 660 元 / 月<br>（22 元 / 日） | 1050 元 / 月<br>（35 元 / 日） | 1500 元 / 月<br>（50 元 / 日） | — |
| 家护 | 3 小时 / 周<br>（50 元 / 小时） | 5 小时 / 周<br>（50 元 / 小时） | 7 小时 / 周<br>（50 元 / 小时） | — |
| 巡护 | 3 小时 / 周<br>（50 元 / 小时） | 5 小时 / 周<br>（50 元 / 小时） | 7 小时 / 周<br>（50 元 / 小时） | — |
| 失智老人长期护理 | — | | | 1500 元 / 月<br>（50 元 / 日） |
| 失智老人日间护理 | — | | | 750 元 / 月<br>（50 元 / 日） |
| 个人自付比例 | 10% | | | |

资料来源：青岛本地宝《2018 青岛长期护理保险办理指南》。

以上有关护理服务补贴标准的表格矩阵为青岛现行长期护理保险体系的保障结构，可以为有需要的老人提供合理服务。

## 二　青岛长期护理保险的成本分析

2012 年以来，青岛长期护理保险的受益资格认定指标保持不变。主要评估项目为 ADLs 评分，分值上限从最初的 55 分上调到 60 分，以满足部分失智参保人员的需要。因此，以下分析当前仍然有效。分析数据共覆盖 23828 人，反映 2012 年 7 月至 2014 年 4 月 15 日青岛长期护理保险体系内全部客户活动（见表 4）。在此期间，有 4454 人退出该体系。经官员确认，几乎所有退出的原因都是当事人过世。

**表 4　青岛长期护理保险受益人统计的基本数据**

| 项目 | 0 分 | 5~15 分 | 20~35 分 | 40 分 + | 合计 |
|---|---|---|---|---|---|
| ADLs 占比（%） | 9 | 19 | 44 | 28 | 100 |
| <60 岁受益人 | 170 | 235 | 478 | 398 | 1281 |
| 60~69 岁受益人 | 175 | 315 | 835 | 701 | 2026 |
| 70~79 岁受益人 | 473 | 933 | 2464 | 1826 | 5696 |
| 80~89 岁受益人 | 1029 | 2097 | 5047 | 3055 | 11228 |
| 90 岁受益人 + | 443 | 861 | 1595 | 694 | 3593 |
| 女性占比（%） | 63 | 60 | 62 | 61 | 61 |
| 专护（人） | 529 | 600 | 837 | 452 | 2418 |
| 家护/院护（人） | 1761 | 3841 | 9582 | 6222 | 21406 |
| 受益人数（人） | 2290 | 4441 | 10419 | 6674 | 23824 |

资料来源：Lu et al.（2017b）。

约 62% 的受益人为 80 岁及以上高龄老人，其中 61% 为女性。约 10% 住院接受长期专护，大多数人采取家护或院护（补贴标准一致）。

### （一）青岛长期护理保险平均受益长度[①]

根据 2012~2014 年个人支出的官方数据，可以分析预估其他地区人口和未来的保险成本。青岛长期护理保险受益人的 ADLs 初始评分平均值为 26.5 分（Barthel 指数范围为 0~100，100 表示生活完全自理）。我们用从家护/院护到专护的多态迁移概率来模拟单个样本。[②]

---

① 本部分摘自 Mi et al.（2020），具体方法见原文。
② 分析时间段的巡护样本规模很小，忽略不计。

模拟结果显示，60~75 岁受益人的受益长度相近，约为 60 个月；80 岁及以上受益人的受益长度显著缩短。

### （二）根据受益人年龄估算长期护理保险的保费

根据山东省财政厅汇总统计，2012~2016 年总支出约为 11.3 亿元。《青岛市长期护理保险研究》详细列举了保险资金的支出情况，这部分支出对应长期护理保险受益人每周接受 2 次服务所获得的补贴。

按以下公式可将受益长度换算为参保人员总成本，即

C（平均个人成本）=P（服务价格）×T（受益长度）

$$C(agei) = \sum_{k=H,H,I} P \times T ①$$

所有社保政策均可能在一定程度上为待遇结构预设目标。青岛长期护理保险包括医院专护（10%）和家护/院护（90%）。按 2012~2014 年平均每周获得 2 次服务匡算，要达到 2018 年设定的政策目标，服务量会翻倍（因为增加了社会护理）。现行制度下青岛长期护理保险受益人的平均成本及成本情景分析见表 5。

**表 5　现行制度下青岛长期护理保险受益人的平均成本及成本情景分析**

| 项目 | 2013 年青岛受益人 | 场景 1 增加服务 | 场景 2 85 岁及以上 | 场景 3 专护占比上升 |
|---|---|---|---|---|
| 平均受益长度（月） | 53 | 53 | 44 | 52 |
| 专护占比（%） | 10 | 10 | 10 | 20 |
| 平均每周服务次数（次） | 2 | 4 | 4 | 2 |
| 平均服务成本（元） | 34319 | 68638 | 57734 | 41869 |
| 合计成本（元） | 120117 | 120117 | 101034 | 146542 |
| 场景成本（占 2013 年可支配收入之比，%） | 97 | 195 | 164 | 119 |

---

① 模型明细见 Mi et al.（2020）。

　　根据青岛现行长期护理系统运行情况进行的成本分析，首次为中国提供了长期护理成本预算参考。2013 年，青岛受益人人均成本约占全市人均可支配收入的 97%。根据场景 1 的描述，2018 年前后新增社会护理会导致每周服务次数翻倍，平均服务成本也应随之翻倍。场景 2 仅考察 85 岁及以上人群，人均成本因受益长度缩短而降低。场景 3 假设医院专护占比（随老龄化加剧）上升，比 10% 的比例提高 1 倍，平均服务成本会增加 22%。

　　以上数字为国内其他地区编制长期护理预算提供了参考。也可以用总成本除以受益长度来折算年均费用。这也可作为未来评估长期护理体系的基线模型。失能老人比例或服务供给总量如有变化，系统成本将随之改变。

　　本分析指出几个重要问题。首先，青岛医院专护病床的价格大约是普通床位的 1/3。根据当地多年来的经验，这是达到供需均衡的市场价格。居家受益人接受诊所护理和社区服务的单位价格（每小时）也是如此。其次，青岛目前的受益资格主要取决于 ADLs 评估和病情，这也是推算服务成本的基础。资格评估和认定不仅直接影响申请人数量，还影响系统中的受益长度，其他地方刚接触长期护理制度时往往难以把握，青岛的实践为它们筹建长期护理保险体系提供了参考。

## 三　青岛长期护理保险对医疗总支出的影响

　　设立长期护理保险制度的一个主要动机是平衡医疗资源，将非急症病人分流到长期护理服务，如专护病床。日本于 2000 年开办长期护理保险，其医疗支出预算表明，长期护理保险对医疗费用有替代作用。

　　2000 年实施长期护理保险后，日本的医疗开支大幅下降，至今仍保持在相对较低水平。这是评估长期护理保险制度的另一个维度，即在改善受益人保障水平、提升护理服务的同时，是否足以替代部分医疗开支。我们尝试从这个角度分析青岛模式的绩效。

　　由于缺乏汇总数据，本文无法绘制出类似的图表，但可以使用个人数据分析青岛长期护理保险受益人参保前后的医疗支出。

全体受益人按参保前后各 12 个月的支出分组。支出细分为医保支付部分和个人自付部分。表 6 汇总了参保前后各 12 个月的情况。

分析显示，老人参保后，整体医疗开支大幅下降了 17%，但公共资金支出（医保和长期护理保险支出之和）增加了 4%。整体医疗支出降低主要是由于个人自付减少。

**表 6　2013 年青岛长期护理保险受益人参保前后 12 个月平均医疗支出占全市可支配收入比重**

| 项目 | 分组 | 参保前 | 参保后 | 增长（百分点） | P 值 |
|---|---|---|---|---|---|
| 观察样本量 | | 12032 人 | 12032 人 | | |
| 总支出 | 住院 | 178% | 90% | −88 | 0.0000 |
| | 非住院 | 46% | 117% | 71 | 0.0000 |
| | 合计 | 224% | 207% | −17 | 0.0000 |
| 自付 | 住院 | 46% | 21% | −25 | 0.0000 |
| | 非住院 | 10% | 14% | 4 | 0.0000 |
| | 合计 | 56% | 35% | −21 | 0.0000 |
| 医保基金支付 | 住院 | 132% | 68% | −64 | 0.0000 |
| | 非住院 | 36% | 103% | 67 | 0.0000 |
| | 合计 | 168% | 172% | 4 | 0.0000 |

这并不意味着青岛长期护理保险绩效不佳。中国卫生系统严重依赖大型公立医院，诊所一级的初级医疗尚处于起步阶段。通过长期护理保险的实践，青岛将非急性病例分流到基层诊所和社区卫生中心（计入非住院费用项），基本完成了向初级医疗机构重新配置资源的改革。此外，长期护理保险使服务供给更加便利，大大减轻了病弱老人的负担。

青岛长期护理保险最突出的成就也许是降低了住院病人的平均开支，并将其纳入医保基金覆盖范围。符合条件的老人住院费用在参保后几乎减少了一半。这缓解了大型公立医院的压力，使其可以集中资源治疗急症患者。此外，受益人能得到更好的护理。居家老人也可以更频繁地就近到诊所就诊（或以更低成本住院接受专护）。青岛医疗体系能从原有的以大型公立医院为主的集中式结构过渡到多层次结构，长期护理保险发挥了重要作用。中国的医疗资源集中在大型公立医院，因此青岛经验具有全国性意义，为改革提供了有效范例。

## 四　问题、影响和结论

青岛长期护理保险是中国最成功的试点项目之一，但仍存在一些问题。如能予以改革，未来还可取得更好成绩，形成一流的长期护理保险体系。

### （一）公平与并轨

按现行结构，居民（非退休职工）不能享受某些服务，如家护和社会护理。长期护理保险未覆盖的贫困居民由民政局负责照料。将这两个体系并轨虽然有困难，但统一的政策框架可以提高效率，取得更好成效。并轨困难的部分原因是现行行政体制。中国几乎已经将社保落实到所有福利制度，但没有参保（或参保类别不同）的居民往往受不同行政机关管辖。长期护理、养老和医疗服务都有这个问题，因此并轨要提升到更高层面进行。

需要指出的是，统一的政策管理架构也有利于实现公平。

### （二）未来失智老人的护理需求

失智老人护理是青岛长期护理保险新增的内容。增加该项目前进行了慎重考虑。目前受保障的失智症患者比例很低，但从发达国家的统计数据看，当长期护理保险制度成熟时，此类患者可能会占到全体受益人一半。因此，政府应当设立干预基金来管理认知能力退化的市民。然而，目前还不清楚该基金要如何使用，会产生多大效果。随着老龄化加剧，建立失智症护理体系势在必行。

　　青岛通过长期护理保险试点建立起了全面综合的医疗护理体系，能满足现阶段老龄化社会的需求。其政策改革进程对刚刚着手制定长期护理政策的其他地区有重要启示。本文对青岛项目进行实证研究，其价值在于剖析了个人层面的成本机制。

## 参考文献

1.　邓大松、郭婷：《中国长期护理保险制度构建浅析——以青岛市为例》，《卫生经济研究》2015 年第 10 期。

2.　顾大男、曾毅：《1992~2002 年中国老年人生活自理能力变化研究》，《人口与经济》2006 年第 4 期。

3.　胡宏伟、李延宇、张澜：《中国老年长期护理服务需求评估与预测》，《中国人口科学》2015 年第 3 期。

4.　林宝：《对中国长期护理保险制度模式的初步思考》，《老龄科学研究》2015 年第 5 期。

5.　米红、纪敏、刘卫国：《青岛市长期护理保险研究》，中国劳动社会保障出版社，2019。

6.　魏华林、何玉东：《中国长期护理保险市场潜力研究》，《保险研究》2012 年第 7 期。

7.　朱铭来、贾清显：《我国老年长期护理需求测算及保障模式选择》，《中国卫生政策研究》2009 年第 7 期。

8.　Cheng, Y., and Shen, Y. J. (2017). China Long-term Care Pilot Projects Comparison and Discussions: Based on Five Regional Policy Analysis, *Public Governance* Review, 1: 15-24.

9.　Du, P., and Wang, Y. M. (2016). Population Ageing and the Development of Social Care Service Systems for Older Persons in China, *International Journal on Ageing in Developing Countries,* 1(1): 40-52.

10.　Gu, D., Dupre, M., Sautter, J., Zhu, H., Liu, Y. Z., and Zeng Y. (2009). Frailty and Mortality Among Chinese at Advanced Ages, *Journal of Gerontology: Social Sciences,* 64B(2): 279-289.

11.　Jin, T. (2006). *Long Term Care Insurance: A very Competitive Insurance Product in Future China* (Beijing: China Foreign Economics and Trade University Publishing House).

12. Lu, B., Liu, X., and Piggott, J., (2015). Informal Long Term Care in China and Population Ageing: Evidence and Policy Implications, *Population Review*, 54(2):28-41.

13. Lu, B., Liu, X. T., and Yang, M. X., (2017a). A Budget Proposal for China's Public Long-term Care Policy, *Journal of Aging and Social Policy,* 29:1.

14. Lu, B., Piggott, J., Zhu, Y., and Mi, H. (2017b). A Sustainable Long-Term Health Care System for Aging China: A Case Study of Regional Practice, *Health Systems & Reform*, 3(3):1–9.

15. Ma, J., Zhu, M. L., Xiao, M. Z., and Song, Z. J., (2012). China Health Expenditure and Estimation of Fiscal Pressure, In *China National Balance Account Studies* (Beijing: Social Science Publishing House).

16. Mi, H., Lu, B., Fan, X.D., Cai, L. M., and Piggott, J.(2020). Preparing for Population Ageing: Estimating the Cost of Formal Aged Care in China, *Journal of Economics of Ageing, forthcoming,* 17.

17. Qingdao Bendibao (2019). Qingdao Medical Insurance Payment, http://qd.bendibao. com/live/20171020/51233.shtm [12/12/2020].

18. Qingdao Daily (2016). Low Wages, Low Status, Large Gap of Care Workers in Elderly Care in Qingdao (24.03.2016), http://www.dailyqd.com/news/2016-03/24/content_319318.htm [23/05/2017].

19. Qingdao Municipal Peoples Government (2018). Qingdao Municipal Peoples Government Gazette (Doc. No. 3, 4,5 & 12), http://www.chengyang.gov.cn/n1/upload/18121115 5739701422/181211155739251311.pdf [12/12/2020].

20. Willemé, P. (2010). The Belgian Long-term Care System, https://www.plan.be/uploaded/documents/201004230943350.wp2001007.pdf [12/12/2020].

21. World Bank (2016). Living Long and Prosper, Aging in East Asia and Pacific. Washington, D.C.: World Bank East Asia and Pacifica Regional Report, International Bank for Reconstruction and Development, https://pubdocs.worldbank.org/en/632851464598111066/053116-aging-EAP-Philip-Okeefe.pdf [12/12/2020].

22. Yang, W., He, A. J. W., Fang, L. J., And Mossialos, E. (2016). Financing Institutional Long-term Care for the Elderly in China: A Policy Evaluation of New Models, *Health Policy and Planning (the Journal on Bealth Policy and System Research), 31:* 1391-1401.

# 第四篇

-------------------------------

## 养老护理教育

# 德国护理学教育的教学大纲开发[*]

Ingrid Darmann-Finck

**摘　要：**过去几十年，德国老年照护已经发生了变化，很明显，老年照护需要更多的医疗知识。因此，在德国护理法改革中，从前的三个护理专业融合发展为一个新的职业——普通护士。根据新的法律条款，护士学校必须开发新的护理课程大纲。德国经常使用基于教育的大纲开发方法。这种方法的目的是使学生能够充分了解医疗保健专业的变化。文章最后阐述了课程大纲建设的两个基本原则，即基于情境的教学大纲开发原则和更高层次的能力开发原则。

**关键词：**课程开发　教育方法　技能　能力提升　护理教育和情境化学习

经过长期的政策辩论，德国国会于 2017 年通过了一项改革后的护理专业法律（PflBG 2017）。在这项法律中，德国创立了一个新的职业——普通护士。本文将描述改革的背景。除了这项新的职业资格外，还保留了两项以前的职业资格——老人照护和儿科护士。但是所有学生，无论他们想要获取上述哪种职业资格，前两年都必须一起先完成以普通护理为重点的教育课程，该法律于

---

\*　中文译者：谢齐，专职译者。

2020 年开始生效。德国护士学校——德国大多数护士通过职业教育获得执业许可的地方——必须开发新的教学大纲。通常这些教学大纲是非常务实的。下面，将通过一些例子描述和展示基于教育设想的课程开发基础理念。

# 一　从特别教育计划到普通护理学教育——德国的护理学教育

德国目前已有三种护理职业。每个职业的专业领域都基于目标群体的年龄。其中有儿童护理职业、老年护理职业以及病人护理职业，后者针对儿童和老年人之间的其他年龄群体以及医院中的护理。这种分类有其历史原因。历史最悠久的护理职业是病人护士。1781 年德国第一次建立了相应的教育计划。在此期间，医学领域得到了扩展，首批现代医院因应而生。1907 年，国会法案通过了第一部病人护士教育的专业和国家考试法规（Kruse，1987）。第二个出现的职业是儿科护士。19 世纪末以来，以婴儿和儿童护理为重点的教育计划已经广为人知。该倡议来自一位儿科医生，他认为这是降低当时婴儿高死亡率的一个步骤。1917 年，德国出台了儿科护士的第一个专业法律并进行了州层面的考试。在第二次世界大战后的 20 世纪 50 年代，德国展开了一次如何改善住在养老机构中的老年人的护理的讨论（Sahmel，2001）。在那之前，养老院通常只有管理人员接受过专业教育，其他大多数员工都没有任何护理教育背景。此外，需要机构护理的老年人数量增加了。造成这种情况的原因有两个：一是老年人和长寿者越来越多；二是家庭结构变化。例如，由于职业女性越来越多，年轻一代不像过去那样亲自照顾老一辈。在 20 世纪50 年代末，建立了第一个小规模的教育计划。1969 年，德国的一个联邦州通过了一项关于老年人护理学教育的法律法规（Sahmel，2001）。2003 年，针对老年人的护理专业教育出台了一项联邦法律。

近二十年来，人们一直在讨论一种普适性的护理教育，因为不同的护理领域的护理要求已经在人口和流行病学发展的基础上发生了变化。例如在医院所有护理单元中，平均 20% 的病人患有失智症，它是一种次诊断病症

（Isfort et al.，2014）。也就是说，医院的护士不仅要有能力照顾患有急性疾病的人，也要具备照顾老年失智者的能力。同时，养老院的老人不仅年老，而且大多数同时还有各种不同的疾病。其中 80％的人平均每周需要 7 个小时的医疗诊断或治疗（TNS Infratest Sozialforschung，2017）。因此，做长期护理的护士也需要有照顾病患的能力。最后，儿科护士也要有能力来照顾成年人。患有慢性病的儿童和青少年长大后，护士应该有能力将青少年引导到对成年人的护理（Cowley et al.，2011）。之后的三十年里，德国婴儿潮一代逐渐年长，对护理的需求也会增大，但护理的人力资源有限。医疗保健研究人员得出结论，只有老年人尽可能在家中养老，而且亲属和志愿工作者能更多地参与对老年人的护理，这种情况才能得到有效的应对（Rothgang et al.，2012）。因此护士的任务必须改变，即现代的护士需要同时关注护理、病例管理、专业咨询和高效的交接管理。这要求护士不但要有直接的护理能力，而且还要有综合的系统能力。除了护理方面的要求，还有其他理由反对目前的三种护理职业之间存在的不公正。养老护理的专业形象不好，护理人员进行长期护理所得的工资远远低于医院护士的工资。在此背景下，大多数德国护理研究人员和护理协会要求将三个不同的护理专业和三个教育课程融合在一起（DBR 2006；BMFSFJ，2008）。2016 年，两个主管的联邦部委——德国联邦卫生部和德国联邦家庭事务部提交了一项立法草案，废除三种护理职业的划分，并建立普通护士的共同教育。但由于 2017 年遭遇政治阻力，政府执政党联盟找到了折中的办法，即所有学生在前两年接受相同课程的教育。两年后，一些学生（约 50％）可以在高年级中接受老年、儿童、青少年护理的深化教育，其余学生将完成普通护士的教育。只专注于病人护理的专门课程将被废除。

## 二　德国的课程发展

德国课程的设置有不同的方法，每种方法有不同的教育和科学依据。在国际上，六步法已经占主导，这是由 Kern 教授（Kern et al.，2009）在美国巴尔的摩的约翰斯·霍普金斯大学设计的。该方法从（i）问题识别和一般需求评估以及（ii）目标需求评估开始，通过一般需求评估确定医疗保健方面的缺陷，然后确定方法，作为如何理想解决问题的基础。获取必要信息的方法是参阅文献或向专家咨询。目标需求评估通过比较目标学习者群体的理想和实际特征，得出学习者的特殊需求。在此结果的基础上，（iii）确定意图和目标，然后（iv）计划教育策略。最后是（v）课程的实行以及（vi）评估与反馈。与基于教育的方法相比，六步法没有特定的教育目标，仅关注护理实践中的功能要求。

鉴于此，德国通常都采用基于教育理论的方法（Siebert，1974；Knigge-Demal，2001）。这种方法旨在培养批判性人格，增进人性解放。除了实现功能性的资质，还旨在实现教育的目标。具体来说，学生可能学会反思那些与护理实践相关的矛盾。矛盾可能是内部的冲突或制度的矛盾。例如，标准化护理与个体化护理之间的矛盾，或者关怀与独立自主原则之间的矛盾。鉴于护士的潜力和被照顾者的依赖性，这些具有批判性的反思行为至关重要。而且医疗保健方面的不足，通常不能仅仅通过教育计划来解决。它需要在医疗保健系统中进行根本性的变革。因此，教育计划应该使学生能够识别和分析这些问题，并积极地参与专业的变革。此外，从教育的角度来看，初步的执业培训应始终与教育的目标相关联。

图1为基于教育方法的教学大纲开发步骤。

首先，参与课程开发的人员必须决定课程的教育框架。这个框架应包括教育计划的总体目标，如人格发展的总体目标和关于职业角色、护理伦理基础的目标。例如，不同的护理理论可能被用作课程的理论基础。从批判性教育理论的角度来看，应该选择批判性的护理理论，因为只有在此基础上学生才有机会培养自己批判性和反思性的能力。

其次，课程开发人员必须进行类似于上述 Kern 教授方法的不同预先分析。在这种方法中，他们还必须找出护理实践中的实际和预期的执业资格要求。在资格研究的基础上，可以确定护士必须具备在何种情况和任务下的何种能力。国际通用的方法是 DACUM 分析法（教学计划开发），它可以识别和分析专业工作的任务（Norton，1997）。这种方法受到了批判，因为它以脱离实际复杂情况的任务作为课程开发的出发点。在德国，这种方法通过职业教育研究的视角得到了进一步的发展。从这个视角来看，典型的工作情境是通过实证研究来确定的（例如通过行动为导向的特定访谈，专家级工作者研讨会或非参与性观察），然后根据基于能力发展理论的逻辑来构建（Pahl and Rauner，2008）。在护理学领域，仅仅注重通过规则性的知识来解决问题的情形是不够的，收集冲突和困境的情形很有必要，因为未知性是护理实践的一个特点，可以标准化和实现相对立要求的可能性很小。只有在这种情形的基础上，以能力发展的视角进行分析，学生才能学会反思和处理护理实践中的困境和矛盾，避免片面的解决方案（Darmann-Finck，2014；Darmann-Finck et al.，2008）。同时，课程开发小组必须进行全面的文献研究，以便了解护理学的实际科学知识。在此基础上，才可以确定理论知识和行动模式，从而了解资质研究得出的护理情形，并制定行动的多选方案。最后，它是预先分析的一部分，用于评估学生在必须获取的能力

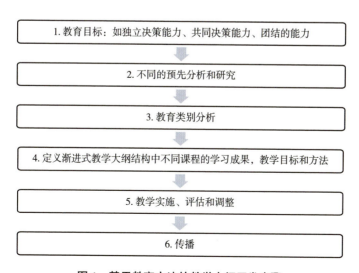

**图 1　基于教育方法的教学大纲开发步骤**

资料来源：Sieberf（1974），Knigge-Demal（2001）。

方面的学习情况。

在之后的结构组建中，预先分析的结果将按教育类别进行分析。在此分析中，可以使用不同的教育模型。这些模型提供了从教育视角将调查结果系统化的不同模式。

然后开始真正的教学大纲构建。后面将详细介绍此步骤。

教学大纲是控制教育计划的重要基础，但它无法决定教师们具体授课的实施。授课的实施过程必须仔细规划和执行，必须考虑到影响实施的阻碍因素和有益因素。评估阶段也是大纲开发和实施过程中非常重要的组成部分，因为评估结果将表明大纲是否有效达到了预期的学习成果（内在效应）。此外，应定期监测外部效应，监测大纲的时效性，根据监测结果做出相应的改变和调整。

## 三　课程结构的原则

在德国的职业教育中，过去几十年基本上沿用基于情境的教学大纲开发原则与教育成果（能力）为导向相结合的方式（Reetz and Seyd，2006）。基于情境意味着教学大纲不是由科学体系构建的，而是由护士在护理实践中必须应对的专业任务和具体情况组成，根据这种情境来确定学生需要掌握的知识和能力。这样的教学大纲设置为学生基于案例和以行动为导向的学习创造了有利条件，这种学习方法非常适合培养之后的行动能力（CTGV，1990）。因为学生只有在需要具体能力的情境中才能获得相应的实际执业能力，所以学习比以前更加紧密地与应用相关联。相比之下，基于科学体系结构的课程，往往只是灌输式学习和堆积惰性知识。

基于情境的大纲部分，涉及跨学科的不同科学。大纲基于情境并不意味着所有课程都必须以案例为基础。在主要的教学大纲单元框架内，以系统性获得专业知识为主或以提高（正式）执业能力方式来塑造人格的课程，也可融入同理心训练等课程。

在日益复杂的情景下学习，学生能够获得护理的执业能力（Benner，1984）。Benner 描述了获取和发展临床能力的五个阶段，但只有前三个阶段与基础护理教育相关。在临床教育的开始阶段，临床环境中的行为设置是非常固定的。学生需遵循规则和问题解决方案来行事。在之后阶段，学生越来越能够识别有意义的复现情境成分，并能稍微调整已使用过的行动模式。在教育末期，学生应开发出能更快识别行动模式和临床情况性质的能力，具备调整计划应对各种复杂影响因素的能力。但在这个阶段，他们仍然应在分析思维的基础上找到解决方案。经过基础培训和多年实践经验，护士越来越能够将具体情况置于一个整体中去理解，并对临床情况做出直观判断（Benner，1984）。

这种意义上的能力逐渐提升是护理教育大纲把日益复杂的情景和要求作为学习机会而培养出来的。

- 简单的要求：它们可以通过简单的因果模式来解决，并产生可预测的结果。
- 复杂的要求：在这种情况下，存在某些或许多复杂的条件。为了做出判断，必须考量这些不同因素的总体情况，但仍然有可预测的结果。
- 综合的要求：其特点是有许多不同的影响因素及其相互间的关联性。这些影响因素及其相互作用是不确定的，解决过程不能以线性模式进行。因此，预判分析是极其困难的，并且只能在受限的范围内进行（Benner，1984；Rauner，1999）。德国采用互动式的护理教学法，在这种护理教学模式中，所谓的关键问题被整合进教学大纲（Darmann-Finck，2010）。关键问题具有特别高的教育潜力，因为它们有不同的解决方案，这些解决方案由不同的利益和价值观定义。它们必须以多维度、跨学科的方式加以处理，并植根于如前所述的结构性定义中的职业悖论或矛盾。护士培训的目的是让学生意识到这些矛盾，并通过反思这些矛盾，避免做出片面的解决方案。在大纲开发中，如需创造情境，可以使用 Kaiser（1985）创建的情境特征（见表1）。

**表1　情境的特征**

| 项目 | 问题 | 例子 |
|---|---|---|
| 行动的模式及其理论和实证原因 | 何种行动流程 | 护理过程，交流，信息，教育，出院管理，健康促进 |
| 角色结构 | 何人？他们之间的关系如何 | 需要护理的人与专业人员之间的关系，护士之间或护士与其他专业之间的关系，相关人员的特殊性 |
| 情境的意图 | 何种意图？为什么 | 病患的健康和心理社会问题 |
| 情境的设置 | 在何种空间和时间背景下？在什么情况下 | 具有特定经济和法律条件的不同护理区域（长期护理、医院或流动护理） |

资料来源：Kaiser（1985）。

通过合理的方式将这四个情境特征有机地结合起来可设置大纲的情境构成。例如，健康促进和健康咨询或教育的行动模式，可以将慢性疾病（例如糖尿病）作为情境，并且可设置一个不想遵循严格规则的患者。根据这一情境设置，就可以选择流动护理。另一个例子，从住院治疗到门诊治疗的行动模式转变，必须与复杂的疾病相结合，这需要许多管理活动，例如中风或需要护理的肿瘤疾病。情境设置中包括住院和流动护理之间的衔接。角色结构可能非常复杂，因为必须整合不同的职业和不同的家庭成员或其他相关人员。

通过使用复杂的行动模式和其他情境特征的甄选，可以营造出情境的复杂性。例如，如果假设患者患有复杂的疾病，有特殊的文化背景，而且面临经济上的窘境，这种叠加的特殊情况将会使情景显得更加错综复杂。

# 四　德国普通护士教育课程大纲结构——一个实例

表 2 是德国普通护理教育课程大纲的一个实例（ISB，2012）。通过这个实例，可以了解上述的课程大纲设置原则。

### 表 2　巴伐利亚课程实例"有专业重点的普通护理教育"

第一年

- 行动模式：与其他人接触——了解其他人的经历并了解不同的生活情况；目标群体 / 角色结构：学生自己和个人最喜欢的人际关系形式；目的：与需要护理者建立初次联系；设置：护士学校或首次接触不同的护理环境。
- 行动模式：将自己定位于专业领域，并初步了解健康与疾病两极之间的职业护理；目标群体 / 角色结构：学生自己；目的：开始护理培训；设置：护理学校或不同的护理环境。
- 行动模式：帮助他人寻找方向和行走——提供安全感；目标群体 / 角色结构：老年人；目的：为迷失方向的老人提供帮助；设置：养老院，门诊照护或医院的老年病房。
- 行动模式：不同生命阶段的术前和术后护理；目标群体 / 角色结构：各年龄段的人；目的：掌握简单的外科手术（如阑尾切除术或扁桃体切除术）流程，以及术后症状处置，如疼痛；设置：医院

第二年

- 行动模式：儿童营养调理；目标群体 / 角色结构：儿童、家庭；目的：营养摄入和代谢紊乱；设置：儿科病房、儿科门诊照护。
- 行动模式：提供、教育和培训；目标群体 / 角色结构：具有复杂健康限制的人群；目的：慢性疾病，如慢性阻塞性肺病（COPD）或慢性心力衰竭等；设置：内科病房。
- 行动模式：照料、生活照护；目标群体 / 角色结构：老年人；目的：患有痴呆症的人群；设置：长期护理、医院老年病房。
- 行动模式：规划康复过程；目标群体 / 角色模式：急性疾病患者及生活质量大幅下降的人群；目的：急性神经系统疾病，如中风；设定：中风病人护理单元

第三年

- 行动模式：跨文化护理；目标群体 / 角色结构：具有不同文化背景的人群；目的：创伤后的精神失调；设置：流动护理、咨询中心、学校、医院。
- 行动模式：提供日常生活应对支持；目标群体 / 角色结构：护理专业在卫生保健中的角色；目的：患有慢性疾病和行动受限制的人，例如多发性硬化症或帕金森病；设置：流动护理、医院、长期护理。
- 行动模式：支持、教育、促进资源；目标群体 / 角色结构：家庭、在多专业团队中工作；目的：有精神、身体或心理残疾的人及其亲属；设置：各种不同的设置

资料来源：ISB（2012）。

## 五　总结

本文提出了一种基于教育方法的课程开发方式。现实中，课程开发人员通常会非常务实，而并不进行深入的经验和理论分析。由此设置的教学大纲往往不符合科学和教育的标准。他们也并不热衷于实现具有前瞻性的专业形象，而只是维持现状。

近年来，德国对老年人的照护逐渐演变为对老年病人的照护，因此以前具有社会学取向的职业变得更加关注医学。德国大多数护理研究人员和护士协会认为，普通护士的专业教育是解决未来健康问题的正确途径。不建议其他需建立长期护理设施的国家为老年护理创建一个特别的护理专业。与此相反，普通护士的专业领域应该增加老年护理方面的内容。在任何情况下，无论是否有特别的教育，老年护理中执业护士和护理助理的资质组合是不可或缺的。

## 参考文献

1. Anderson, L., and Krathwohl, D. (Hrsg.) (2001). *A Taxonomy for Learning, Teaching and Assessing* (New York: Longman).

2. Benner, P. (1984). *From Novice to Expert, Excellence and Power in Clinical Nursing Practice* (Menlo Park, CA: Addison – Wesley Publishing Company).

3. Bispinck, R., Dribbusch, H., Öz, F., and Stoll, E. (2012). Einkommens- und Arbeitsbedingungen in Pflegeberufen, http://www.boeckler.de/pdf/ta_lohnspiegel_pflegeberufe_2012.pdf [22/06/2018].

4. Bundesministerium für Familie, Senioren, Frauen und Jugend (BMFSFJ) (2008). *Pflegeausbildung in Bewegung*. Ein Modellvorhaben zur Weiterentwicklung der Pflegeberufe. Schlussbericht der wissenschaftlichen Begleitung, https://www.dip.de/fileadmin/data/pdf/material/PiB_

Abschlussbericht.pdf [22/06/2018].

5. Cowley, R., Wolfe, I., and McKee, M. (2011). Improving the transition between paediatric and adult healthcare: a systematic review, https://pdfs.semanticscholar.org/bd28/b1085559 ec5a3261e5d84451dfa55e9d773c.pdf [22/06/2018].

6. CTGV—Cognition and Technology Group of Vanderbilt (1990). Anchored Instruction and Its Relationship to Situated Cognition, Educational Researcher, 19 (6): 2-10.

7. Darmann-Finck, I. (2010). *Interaktion im Pflegeunterricht* (Frankfurt a. M.: Lang).

8. Darmann-Finck, I. (2014). Berufswissenschaftliche Erhebungen als Grundlage für die Curriculumentwicklung unter pflegedidaktischer Perspektive, In Spöttl, G., Becker, M., and Fischer, M. (eds.), *Arbeitsforschung und berufliches Lernen*. (Frankfurt/Main: Lang).

9. Darmann-Finck, I., Keuchel, R., and Myrick, F. (2008). Health/Care, In Rauner, F., Maclean, R. (eds.), *Handbook of Technical and Vocational Education and Training Research* (Berlin: Springer).

10. Deutscher Bildungsrat für Pflegeberufe (DBR) (Hrsg.) (2006). *Pflegebildung offensiv* (München: Elsevier, Urban & Fischer Verlag).

11. Isfort, M., Klostermann, J., Gehlen, D., and Siegling, B. (2014). Pflege-Thermometer 2014: Eine bundesweite Befragung von leitenden Pflegekräften zur Pflege und Patientenversorgung von Menschen mit Demenz im Krankenhaus, Herausgegeben von: Deutsches Institut für angewandte Pflegeforschung e.V. (dip), Köln, https://www.dip.de/fileadmin/data/pdf/projekte_DIP-Institut/Pflege-Thermometer_2014.pdf [22/06/2018].

12. Kaiser, A. (1985). *Sinn und Situation. Grundlinien einer Didaktik der Erwachsenenbildung* (Bad Heilbrunn: Klinkhardt).

13. Kern, D. E., Thomas, P. A., and Hughes, M. T. (2009). *Curriculum Development for Medical Education: A Six-Step Approach. 2. Auflage* (Baltimore: Johns Hopkins University Press).

14. Knigge-Demal, B. (2001). Curricula und deren Bedeutung für die Ausbildung, In Sieger, M. (Hrsg.) (ed.), *Pflegepädagogik. Handbuch zur pflegeberuflichen Bildung* (Bern: Huber).

15. Kruse, A. P. (1987). *Die Krankenpflegeausbildung seit der Mitte des 19. Jahrhunderts* (Stuttgart: Kohlhammer).

16. Norton, R. E. (1997). *The National Centre on Education and Training for Employment* (Columbus, Ohio: State University).

17. Pahl, J.-P., and Rauner, F. (2008). Research in the Vocational Disciplines, In Rauner, F., and Maclean, R. (eds.), *Handbook of Technical and Vocational Education and Training Research* (Berlin:

Springer).

18. Rauner, F. (1999). Entwicklungslogisch strukturierte berufliche Curricula: Vom Neuling zur reflektierten Meisterschaft, In *Zeitschrift für Berufs- und Wirtschaftspädagogik*, 95 (3): 424-446.

19. Reetz, L., and Seyd, W. (2006). Curriculare Strukturen beruflicher Bildung, In Arnold, R., and Lipsmeier, A. (eds.), *Handbuch der Berufsbildung. 2., überarbeitete und aktualisierte Auflage* (Wiesbaden: VS Verlag für Sozialwissenschaften).

20. Rothgang, H., Müller, R., and Unger, R. (2012). *Themenreport, Pflege 2030"*. Was ist zu erwarten – was ist zu tun? https://www.bertelsmann-stiftung.de/fileadmin/files/BSt/ Publikationen/GrauePublikationen/GP_Themenreport_Pflege_2030.pdf [22/06/2018].

21. Sahmel, K.-H. (2001). Bestandsaufnahme Pflegeausbildung, In Sahmel, K.-H. (ed.), *Grundfragen der Pflegepädagogik* (Stuttgart: Kohlhammer).

22. Siebert, H. (1974). *Curricula für die Erwachsenenbildung* (Braunschweig: Westermann).

23. Staatsinstitut für Schulqualität und Bildungsforschung München (ISB) (2012). Konzept zum Schulversuch, Generalistische Ausbildung mit beruflichem Schwerpunkt in Bayern, https://www.isb.bayern.de/download/15213/konzept_gen._pflegeausb._ homepage_2012_04_02.pdf [22/06/2018].

24. TNS Infratest Sozialforschung (2017). Abschlussbericht. Studie zur Auswirkung des Pflege-Neuausrichtungs-Gesetzes (PNG) und des ersten Pflegestärkungsgesetzes (PSG), https://www.bundesgesundheitsministerium.de/fileadmin/Dateien/5_Publikationen/ Pflege/Berichte/Abschlussbericht_Evaluation_PNG_PSG_I.pdf [22/06/2018].

# 在实践能力模型下看护理师资的专业能力*

Astrid Seltrecht

**摘　要：** 本文以将德国课程开发中的最佳实践转化到中国的教育项目为背景，重点关注护理师资的专业能力培养。文章主要探究两个核心问题：一是从文化敏感度和国际职业教育角度研究德国在能力概念上存在的不一致性，探讨"德国标准"是否存在，并讨论它独具一格、让中国青睐有加的原因；二是讨论两国学生在获得职业能力上的不同做法。最终差异表明，在课程开发中，要发展教师职业能力，仅在就业期间进行进修培训是不够的，要在职前培训期就打好基础。因此，本文强调，学校需要以科学的、与实践相关的教学方法培养教师，而这种方法又能满足不同国家的具体需求。

**关键词：** 教学方法　职业教育　医疗保健　护理

## 一　德国人口变化及对护理领域的影响

目前，德国一方面要吸引合格的护理人员，另一方面又需要有合格的师资力量来培训年轻一代的护士，同时还要长期保持这两个群体的专业地位。

---

*　中文译者：王苏阳，北京外国语大学。

出生率降低和国民寿命的延长，提高了德国的平均年龄。因此，在卫生健康领域，多发病和慢性病的增加以及人的预期寿命的增加引人关注。德国需要接受护理的人数从 1999 年的 200 万增加到 2013 年的 270 万（BMG，2016），这无疑推高了住院护理、巡护和日间护理对专业护理人员的需求。德国约有 722000 名护理人员（截至 2014 年数据），是卫生服务领域最大的职工群体。2014 年，约有 421000 名护理人员在医院从事护理工作（Statistisches Bundesamt，2016）。与其他发达国家相比，德国护士与患者比排名最末（按 2009~2010 年的数据）。在德国，每 12.3 名护士要照顾 100 名患者（Simon，2015），而在英格兰，这个数字是 22.5，瑞士是 29.5，挪威是 42.9（Simon，2015）。德国目前的情况与卫生部门的决策分不开，包括 1996~2006 年对医院进行的大规模裁员。裁员最初是由医院限制预算上限引起的，之后又受到病例统一定额结算制度的影响。在统一定额制度下，医院不会按治疗患者产生的实际开销收费，而是以每次诊疗的固定额度收费。这样的工作现状影响着每一名护士，而逐渐老龄化的人口结构又让情况变得更为严重（BMG，2016）。鉴于此，国家不仅要考虑逐渐增大的患者群，以及他们身上存在的多发病问题，也要考虑护理人员平均年龄的上升，因为年龄增大会对他们的健康产生不利影响，进而导致许多护理人员提前退休（Isfort et al.，2010；Hien，2009；Simon，2012）。造成这种局面的原因是多方面的，如专业护理人员持续短缺、工作时间与家庭负担冲突、收入低、社会地位低、缺少与患者沟通的时间、超负荷工作（Isfort，2010）。这些动态问题导致许多护士无法平衡工作与生活的关系，或者导致护理人员与病患之间的"冻结"现象——护士与患者感情疏离，无法满足患者的个人需求。他们更关注患者是否健康，是否达到了单位对自己的期望，而不是患者个人的需求（Kersting，1999）。这种状况带来的一大问题是专业护理人员的大量离职，而专业护理人员的离职又进一步加大了剩余护理人员的压力。因此，目前需要从两方面来满足护理人员的需求。首先，必须鼓励人们接受护士教育培训。其次，必须支持合格的护士长期从事护理工作。为此，德国联邦政府、各联邦州、相关地方政府、非营利组织、私营医疗机构、老年护士专业技术协会、联邦劳动局、成本负担机构和德国服务行业联合工会联合开展了老年护理人员培训和进修项目。2012~2015年，项目共在十个行动领域中设计和实施了多项措施，以满足未来几年老年护理领域对护理人员的需求。目的是让老年护理培训的人数增加10%，它包括首次接受职业培训的年轻人，也包括后期接受进修培训的护理人员。参训人数的提高与以下因素直接相关。

- 职业取向："在职业取向阶段，应鼓励更多年轻人把老年护理工作作为未来的职业取向。应根据初级培训计划提高护理人员职业培训的地位"（BMFSFJ，2015）。为了实现这一目标，各联邦州专门制定了相应的政策。为了吸引更多人关注护理职业，萨克森－安哈尔特发放有关老年护理和老年辅助护理的宣传册，并制作一张标出所有培训学校的地图（BMFSFJ，2015）。与之相邻的下萨克森州把护理列为众多服务职业中的一种，并向普通在校生推荐。下萨克森州社会事务部还启动了"老年护理一小时"项目，邀请老年护理学校和机构的代表为学校提供实操培训，并举行一小时的宣讲会，向学生介绍该专业。总的来说，在吸引人才进入护理领域方面，志愿者服务、职业取向、指导措施以及现场实习发挥着重要作用。

- 关注年轻男性和移民："应该招募更多年轻男性从事老年护理职业。应该唤醒年轻移民对这个职业的兴趣"（BMFSFJ，2015）。

- 免费培训并在培训期间给予适当报酬："对于潜在学员来说，衡量一门培训课程是否有吸引力的重要指标就是培训是否免费。在公立学校，在校内进行的老年护理培训一直是免费的。一些联邦州会承担学员在私立老年护理学校的部分或全部培训费。现在共有九个联邦州提供免费培训。有七个联邦州的私立老年护理学校要收费。然而，在这七个州中的三个州，公立学校中的培训名额仍有剩余。这意味着，还是有为学员提供免费上课的地方（BMFSFJ，2015）。同时，有关各方正努力为培训学员支付一定的报酬。

- 培训护理助理人员："通过培训在职老年护理助理和辅助人员，有望满足对合格护理人员的需求。在该项目框架下，相关协会承诺在相应的护理机构提供4000个护理助理和辅助人员的培训岗位"（BMFSFJ，2015）。

项目在第二年又多招收10%受训者从事老年护理工作，圆满实现了当年的目标。在全国范围内，培训人员增加了14.2%。为了吸引人们接受相关职业培训，除了上述和其他许多做法之外，无论在技术和科学护理文献中，还是卫生政策讨论中，都呼吁采取必要措施来改善护理人员的工作条件。要改善工作条件，增加从业人员的数量，首先要按照建议要求，着重提升人员配置的水平。还有人呼吁引入平衡工作与家庭生活的工作模式——制定更符合家庭负担的工作时间表，扩大儿童保育服务，提供兼职培训，关注改善护理人员的健康，使用技术辅助工具，运用与年龄相适应的工作时间模式，让人力资源机构对人力资源管理开展自我评估。相关讨论中经常强调的一点是，想要改善工作条件，就必须提高护理人员的积极性，减少他们的工作时长（Beikirch et al.，2014）。这些措施的最终目标是要避免受过良好教育的护理人员离岗，因为与其他职业相比，护理人员离岗现象是一个很严重的问题。例如，欧洲护士早退调查报告（European NEXT）对10个国家39898名专业护理人员所做的调查显示，有8.8%（荷兰）至36.2%（英国）的护理人员每月至少会有几次考虑离岗（Hasselhorn et al.，2005）。"在德国，18.4%的受访者认为肯定会离岗，而这些人中的大多数比较年轻，而且素质极高"（Hasselhorn et al.，2005）。德国应用护理研究所发表的涵盖最广泛德国护理人员的调查"2009护理报告"也得出了与此类似的结果。在接受调查的护理专业人员样本中，只有1/2的受访者（共调查14000多名受访者，收集10600多份完整的数据）表示，他们计划在护理专业干到退休。2007年针对护理管理人员的调查报告显示，78.3%的护理管理人员认为，在退休之前，无法消除护理工作带来的身体压力。如果联系其他的研究结果，就会发现一个更为严重的情况。国际实证社会经济研究所（INIFES）做了一项关于"好工作"的调查，结果显示，57％的护理人员认为，在目前的条件下他们无法一直干到退休年龄。事实上，在2007年，德国领取"减职金"补助（德国支付给因减少就职时间而影响收入的人群的一种补助）新增人员中有29％的人来自卫生领域（Isfort et al.，2010）。

护理人员之所以决定离开护理行业，是因为日常工作不堪重负。护理工作既是对体力的一种考验，也是一种精神压力。有护理人员报告称，"站立、举重、负重等身体上的劳累，以及非自然姿势下的工作，要比其他工作人员承受更高的压力。对老年护理人员来说，这种情况尤为严重，这可能是因为护理人员需要频繁移动患者。多数老年护理人员提到要经常抬重物和搬运重物（72％），是其他工种21％的3倍以上，而经常在非自然姿势下工作的情况也与之类似，有44％的老年护理人员提到这一点，高出16％的平均水平。91％的老年护理人员提到了站立工作的问题，数据也远高于平均水平。其他护理部门身体需求并不像老年护理部门那么高，但需求标准仍远高于平均水平"（BIBB and BAuR，2012）。由于身体条件的限制，年长的护理专业人员被迫将繁重的体力工作转交给较年轻的护理人员，从而加重了年轻护理专业人员的工作负担。随着50岁及以上的护理专业人员比例从2001年的16.7％持续上升到2009年的25.4％，年轻护理人员的压力也相应增加（Simon，2015）。对身体要求苛刻的工作，一般需要轮班进行。在普通护理中，82％的护理人员轮班工作，而在老年护理方面，这一比例仅为74％（Hall，2012）。从清晨到下午再到深夜的轮班，实际上与家庭生活不可调和。在工作时间，护士也几乎没有休息的机会。54％的普通护理人员和39％的老年护理人员指出，他们的工作量大到不得不放弃休息时间（Simon，2012）。此外，护理人员在紧急情况下不得不中断休息来配合患者工作。这对护理机构和患者都产生了不利影响。一般来说，护理服务不可中断，清洗、喂养和疗伤都不能因长时间休息而中断。客观上的身心紧张会导致护理人员产生不同程度的压力。在压力下，护理人员身心状况不佳导致缺勤，并最终不得不做出离岗决定，要么进入不同的行业，要么提前退休。身体和精神压力不仅对护理专业人员产生负面影响，还直接影响患者的健康。因为陪护时间变少，患者的健康就可能存在隐患。

## 二　德国护士培训面临的挑战：吸引学生，提供高质量的培训

高质量职业培训的一个关键，就是让学生为应对今后工作生活中遇到的挑战做好准备，要将这些挑战放在案例和系统需求中，即患者对护理人员的需求（案例）和医院或养老院对护理人员的需求（系统）。目前，这是培训护理师资的职责，但是德国的师资力量太少了。未来几年，卫生领域和护理行业对培训教师的需求还将增加，因为届时将有相当多的现任教师进入退休年龄。德国从事护理培训教师的素质也各不相同。根据各州教育和文化部部长常务会议（KMK）制定的培训框架，职业学校师资培训既包括职业学科培训，也包括相关学科按课程内容要求进行的培训（KMK，2017）。然而，作为一门学科，护理专业具有独特的地位，这有两个原因。首先，德国综合性大学开展护理专业师资培训的时间较晚，而技术和商业专业早在 20 世纪 30 年代就开始了师资培训，在商业专业接受教育的学生可获得"商业教师硕士"文凭。20 世纪 60 年代德国综合大学开始授予工科教师学位，但除极少数大学外，护理专业教师学位直到 20 世纪 90 年代才开始引进，而且当时护理专业教师学位主要由应用技术学院授予。如果我们看看各综合大学提供的课程名称以及以综合大学为主所提供的护理专业师资培训，就会发现有关护理教学法、医学教育学的课程（Ertl-Schmuck，2018; Seltrecht，2018）以及为卫生领域提供的卫生职业教育法课程。护理师资培训不同于其他学科的师资培训，所以要分开进行。虽然大学护理专业的师资培训起步晚、数量少，但还是有许多为学生从事护理专业教学工作做准备的课程，这些课程并不采用传统的师资培训模式（传统的师资培训包括两门课或两个学科，分为大学课程培训

和预备服务 / 在学校作为实习教师的实践培训两个阶段）（Arens，2016）。目前，德国只有不来梅、德累斯顿、汉堡、海德堡（以老年医学为重点）、马格德堡、明斯特、勃兰登堡、罗斯托克、奥斯纳布吕克、瓦伦达尔、科布伦茨－兰道十多所大学提供护理专业的师资培训。这些学校的学位教学课程名称和授予学位各不相同，教学内容也各有千秋（Darmann-Finck and Ertl-Schmuck，2008; Hülsken-Giesler and Dütthorn，2011）。2015 年，各州教育和文化部部长常务会议发布了护理专业教学纲要，明确了护理专业的能力要求，同时还对护理学、健康学、医学、自然科学和其他相关学科（心理学、社会学、法学、商学）以及护理学教学方法等做了规范。应用技术大学的教学大纲开发不受各州教育和文化部部长常务会议相关规定的约束，不必参考各州教育和文化部部长常务会议相关规定来编制。纲要中有关护理专业教学内容和能力要求的建议都相对较少，没有特别区别。而且，护理专业师资的学位教学课程可以从属于多个大学系（护理学、职业教育、医学、教育学）。这意味着在制订教学大纲和课程计划时，各种因素会影响能力发展和学科选择。新兴学科"护理教学法"在它的首个系列手册中探讨了护理教师培训中出现异质性的另一个原因（Ertl-Schmuck and Fichtmüller，2009，2010; Ertl-Schmuck and Greb，2013，2015）。参与制订教学大纲和教程的人的专业背景、教育背景、职业经历不尽相同。例如，目前负责或参与护理教师学位课程设计的人中，有一些教授接受过护理培训，但另一些则没有。有些人持有护理学或护理教育学学位，或是接受过护理师资培训，而有些人则来自教育科学领域。结果是，这些不同的职业和学历背景带来的"不同的思维方式最终都渗透到了相关的师资培训和护理专业中来"（Ertl-Schmuck，2018）。作为护理教学法的参考学科，护理学又在很大程度上受自己相关参考学科的影响，从而让这种不一致情况更为严重。因此，"到目前为止，德国既没能开发出将'多个相关学科或学科内相关领域科学地整合在一起的系统，也没能给这一新兴学科赋予科学理论上经得起推敲的特质认同性'（Remmers，2008）"（Ertl-Schmuck，2018）。护理教学法中学位课程存在异质性，并不仅仅是由于各高校在大学课程和学位课程的标准化、差异化问题上没有达成一个全国性的一致意见，其原因可以追溯到更早时候。参与学位课程设置和教学大纲开发的决策者具有不同的学术背景，他们在自己的职业生涯中又经历了广泛而多元的学术社会化过程。这种错综复杂的学历和社会经历构成也映射在护理教学专业代表所从事的科研和教学职业行为中。护理教学专业的代表们最终达成了共识，要制定一个护理教学课程教学内容建议框架。来自护理教育领域的二十位专家在大约三年的时间内共同努力开发出了建议框架，该建议框架自2018年以来被作为护理教育专业教学建议框架使用。

参与开发的专家把护理教育专业教学框架视为"护理教学学位课程设计的参考框架"（Dütthorn and Walter，2018）。"护理教育专业教学建议框架只是对护理教学类学位课程设置的参考建议。因此，各地高校无须全面照搬框架中对每个教学模块内容以及学习目的的描述，而应因地制宜地自己确定各自的教学特色、教学重点、教学内容以及增删相关教学内容。制定护理教育专业教学建议框架是为了确定一个共同的方向，但这一建议框架并不是护理教学专业教学计划和教学内容的严格标准"（Dütthorn and Walter，2018）。这种适用范围的界定是十分必要的，因为护理教育专业教学建议框架只关注护理教学课程本身的教学内容，并没有考虑该专业的其他教学课程（例如职业教育法或第二教学专业／第二专业课程）。

该框架的"引言"部分首先概述了护理专业培训师资的特性，其次讨论了许多现存争议的能力模型，再次介绍了制定该框架依据的职业政策法规，最后讲述了护理教学作为一门学科的地位以及与其他相关学科的联系。框架还概述了护理专业人员的专业行为（即护理培训所涵盖的内容）以及护理专业教学人员的专业行为。该框架特别强调了从事护理、卫生、社会职业教学工作的教师所特有的"双重"特性（Seltrecht，2015）——护理专业教学人员不仅要掌控课堂教学情况，而且还要掌握课堂上讨论的护理情景以及培训学生在实际培训环境中的切身体验。因此，从微观层面上讲，培养护理专业人员的师资行为能力包括教学情境的理论准备、教学情境的设计与实施、教学情境的理论总结、学生学习效果的考核与评价、对培训学生的建议和指导。在中观层面，能力侧重于课程开发、学习场所的设计布置、不同学习场所之间的合作、教育管理和学校发展。宏观层面是职业和教育体系、职业和教育政策以及相关的科学研究。

　　从职业理论的角度来看，该框架具有两个作用。首先，它是未来护理专业师资集体专业化的一种工具，可用来帮助制订新的学习计划，也作为现有学习计划认证的参考工具。其次，它是护理专业师资业已实现集体专业化的一种表达，因为几乎所有培养护理专业师资力量的教育单位都就护理专业师资应具备的教育能力达成了一致。

## 三　德中护理专业师资培训经验

　　在过去的几十年，德国护理职业培训一直由三种护理类型主导：普通病患护理、儿科病患护理、老年护理。2017 年 7 月 7 日，德国联邦参议院批准了德国联邦议院于 2017 年 6 月 22 日通过的《护理职业改革法》，该法将迄今为止存在的三种不同护理类型的培训合并为一种。根据这一法律的规定，2020 年以后德国将只有一种护理专业培训。

　　在德国的这种改革之际，中国盘锦职业技术学院希望与德方合作，在老年护理专业引入德国现有的护理专业培训体系。在"中国盘锦职业技术学院老年护理人员双元制培训——教育分析与大纲开发"项目中（Seltrecht，2018），中方要求在以行动和能力为导向的教学大纲基础上开展护理专业的双元制职业培训。

　　项目设想的把德国教育模式引入中国的方案包括对盘锦职业技术学院原有的医院护士培训进行分析，目的是要在分析的基础上设计出以老年护理为特色的护理专业职业培训，并制定出相应的课程大纲。因此，中方教学人员必须接受相应指导，并密切参与课程的开发，因为这一方面可以确保相应的设计方案符合学院、省里乃至全国的法律、经济、文化和传统的要求，另一方面教师的参与也有利于教学大纲的贯彻落实以及在必要时做进一步的修改。

　　然而，从文化敏感性和国际职业教育学的视角来看，需要先回答如下问题：德国现有能力方案在多大程度上存在不一致性？中国项目合作伙伴希望得到并在项目初期不断要求的所谓"德国标准"是否存在？或者说它的特点是什么？

　　为了回答这些问题，下面将概述学术界对"能力"这一概念的讨论，然后介绍能力概念在教育学、心理学和社会学三个相关学科中共有的四个特征。在理论探讨后，我们将讨论下述两个至关重要的结果：（1）教师职前教育和在职进修培训；（2）职业教育大纲开发。

## （一）能力概念和能力模型

　　在社会发展和职业挑战中，能力的概念变得越来越重要。近十几年来，职业社会学一直在讨论职业生涯个性化的问题，教育已被认为是塑造人生和拓展职场的重要途径。有人甚至提出了"劳动力经营者"这样一种概念。教育政策呼吁人们"活到老学到老"，使一个人的能力培养和进修提高成为职业生涯不可或缺的内容。"能力"这一概念多年来无处不在，已成为人们日常生活中一个重要的质量评价标准。

　　语言学家诺姆·乔姆斯基（Noam Chomsky）在1973年将"能力"概念引入学术讨论。在对关键素质（Mertens，1974）的讨论中，这一概念日渐盛行。目前，人们对能力没有公认的定义，这一概念在许多不同的学科中都为人熟知，但每个学科对它都有不同的定义。因此，Weinert（2003）将其称为"弹性"概念。Erpenbeck和Rosenstiel（2003）指出，"能力"一词具有"理论关联性"，也就是说，它必须在不同的境况下被重新定义，根据相应的理论和方案来加以理解。

　　在教育学、心理学和社会学这三个相关学科中，"能力"这一概念可归纳为几个共同的特征，主要表现为行动的执行能力，一个学科可设定一定的情境，行动的执行要根据给定的情境来展开。因此，要评判一个人是否有能力，就必须要看他能否恰当和专业地驾驭某一情境。然而，能力不是一个静态因素，而是变化和发展着的。如果不具备应变的能力，那么任何教学行为都将是徒劳的。

要想在教学环境中培养能力，就必须从教育学的视角构建合适的行为情景，以便能够分析情境，并根据这一情境定义推断出行为层面的结论，即行为的计划、执行和反思。对于教学过程评价来讲，这种对能力的理解意味着能力的获得不能用客观成绩参数来衡量，而应以行为为导向来设置考试的形式，引导学生回顾已完成的行动时应注意：（1）分析具体的行动情境；（2）得出如何行动的结论（以行动计划或目标的形式）；（3）实际行动的结果（是否按计划实施或偏离计划）。从教育学角度来讲，从教人员可通过情景设置、行动计划和实施等环节来提高学生的行为能力。但是，即使在教育领域，也没有对"能力"这一概念进行标准化定义。比较欧洲资质培养框架（EQF）和德国资质培养框架（DQR）就可以发现这一问题。两者都是促进终身学习的参考系统，指明了不同的能力培养和提高途径，如通识教育、成人教育、职业教育和进修、大学教育等。欧洲资质培养框架系统区分了知识、技能和能力。

- 知识：欧洲资质培养框架情境下的知识分为理论和／或事实知识（EQF）。
- 技能：欧洲资质培养框架情境下的技能包括认知技能（包括运用逻辑、直觉和创造性思维）和实践技能（包括动手的灵巧性和方法、材料、手段及工具的使用）（EQF）。
- 能力：欧洲资质培养框架情境下的能力体现在责任心和自主性（EQF）。德国资质培养框架分为由知识和技能构成的专业能力和由社会交往能力和独立性等构成的个人能力（DQR）。
- "专业能力"指所获知识的深度和广度，以及毕业生掌握技能的熟练程度，这主要指使用、开发工具和方法的能力，其中也包括评估工作成果的能力（DQR）。

- "个人能力"这一概念包含社会因素，即团队和领导能力、共建自己学习和工作环境的能力以及沟通能力。除此之外，还包括独立性和责任感、反思能力和学习能力（DQR）。

仅这两个参考系统就对"能力"一词有着不同的理解。在欧洲，"能力"被放在与知识和技能同一层面，而在德国，"能力"则是一个总括性概念，可以分解为不同的维度。

如果看一下各种职业培训的规章制度（教学框架计划、指导方针）就会清楚地发现，还有其他各种不同的体系。例如，迄今为止，在老年护理培训中，实践职业能力一直被认为是核心能力，而实践职业能力又分为专业能力、个人能力和社会能力。一般来说，这些概念大多由联邦层面的法规来加以定义，最近一些州的法规也对此做出了定义。老年护理职业培训的法律依据是《老年护理职业法》和《老年护理人员培训和考试条例》。每个德国联邦州都有自己的教学大纲，有各自的培训结构和内容。例如，萨克森－安哈尔特、卜萨克森州和石勒苏益格－荷尔斯泰因州的教学大纲都列出了学习目标和主要教学内容。这些教学大纲在涉及相关学习成果的内容时回避了"能力"一词，取而代之的是"需达到的学习目标"。巴伐利亚州只规定了学习内容，没有提及以学习目标还是能力形式体现学习成果。黑森州的教育框架计划以表格形式对学生通过课堂教学应获得的能力及护理实践（医院、养老院和巡诊机构）的重点内容和实施建议做出了描述。萨克森－安哈尔特州的卫生和社会专业中学是一所可获得大学入学资格的中学，学生毕业后大部分可继续在大学的护理专业学习，州政府为该校制定的教育计划中的各门课程包含了相应的能力模式。例如，在"健康卫生"专业课中，分别列出了分析能力、评估能力和咨询能力，而在教育／心理学课中，则分别列出了分析能力、评估能力、差异区分和决策能力。因此，教师需要选择合适的能力模型，并将其纳入课程的规划、施教以及回顾总结。

## （二）讨论

对能力概念的理论探讨以及对不同层面不同能力模型的争论揭示了两个结果：（1）能力模型具有"实践关联性"；（2）能力模型的发展要求参与制定教学大纲的教师具备相应的职业行为能力。

### 结果1：能力模型具有"实践关联性"

大量的能力模型以及针对各能力模型所开发的各种能力维度清楚地说明，能力概念不仅具有"理论关联性"（Erpenbeck and Rosenstiel，2003），而且也具有"实践关联性"。无论在宏观、中观还是微观层面，每个年级组教育团队都需自己来确定学习成果，即通过各种教学手段所需传授的能力。

### 结果2：参与教学大纲开发的教师必须具备相应的职业行为能力

年级组成员（即教师）必须具备相应的职业能力。就像在其他职业和他们接受过培训的职业一样，教师必须能在具体情况下定义情境并采取相应的行为。参与大纲开发的人员也必须具备这种行为能力，只有这样才能描述目标群体需达到的学习成果以及与此相关的学习内容，制定出相互关联以及按照相应时间循序渐进的能力开发方案。

## 四　结论

综上所述，不难看出无论是在德国还是在向中国引入德国双元制职业培训的过程中，教师应当提高教学大纲的开发能力，只有这样才能制定出既能满足能力培养要求，又能兼顾不断变化着的各种框架条件的职业培训教程。教学模式的输出首先是教育学的一个任务，重要的是要对教师进行进修培训，特别是要通过切合实际的能力模型来提高他们的职业行为能力。德国新引进的护理教学专业资质培养框架可为相关的师资进修培训提供指导性帮助。从教师自身的职业发展来看，也应培养他们独立和负责任地为相关目标群体开发教学大纲的能力。要做到这一点，教师必须具备相应的职业行为能力，能够批判性地审视、选用或根据自身的教学需要完善在相关专业文选中找到的能力培养模式，甚至为不同的培养目标开发出切合实际的能力培养模式。

## 参考文献

1. Arens, F. (2016). Lehrerausbildung in den Fachrichtungen Gesundheit und Pflege: Entwicklungsstand und berufliche Perspektiven, In Brinker-Meyendriesch, E., and Arens, F. (ed.), *Diskurs Berufspädagogik Pflege und Gesundheit. Wissen und Wirklichkeiten zu Handlungsfeldern und Themenbereichen* (Berlin: wvb).

2. Beikirch, E., Breloer-Simon, G., Rink, F., and Roes, M. (2014). *Abschlussbericht zum Projekt Praktische Anwendung des Strukturmodells – Effizienzsteigerung der Pflegedokumentation in der ambulanten und stationären Langzeitpflege*（Berlin, Witten）.

3. BiBB, and BAuA (2012). *Arbeit in der Pflege - Arbeit am Limit? Arbeitsbedingungen in der Pflegebranche* (Dortmund).

4. BMFSFJ–Bundesministerium für Familie, Senioren, Frauen und Jugend (2015). *Zwischenbericht zur Ausbildungs- und Qualifizierungsoffensive Altenpflege (2012 – 2015)*（Berlin）.

5. BMG–Bundesministerium für Gesundheit (2016). Pflegefachkräftemangel. Berlin, https://www.bundesgesundheitsministerium.de/themen/pflege/pflegestaerkungsgesetze/pflegekraefte/pflegefachkraeftemangel.html [10/10/2017].

6. Darmann-Finck, I., and Ertl-Schmuck, R. (2008). Strukturmodelle der Lehrerbildung im Bachelor-/Master-Studiensystem, In Bischoff-Wanner, C., Reiber, K. (ed.), *Lehrerbildung in der Pflege. Standortbestimmung, Perspektiven und Empfehlungen vor dem Hintergrund der Studienreform* (Weinheim and Munich: Juventa Verlag).

7. Dütthorn, N., and Walter, A. (2018). Fachqualifikationsrahmen Pflegedidaktik, https://dg-pflegewissenschaft.de/wp-content/uploads/2019/03/2019_02_ 20-FQRVer%C3%B6ffentlichung_ ES.pdf [01/03/2018].

8. Erpenbeck, J., and Rosenstiel, L. V. (2003). *Handbuch Kompetenzmessung* (Stuttgart: Schäffer-Poeschel).

9. Ertl-Schmuck, R. (2018). Medizinpädagogik – ein diffuser und obsoleter Begriff im Wandel der Zeit, In Ohlbrecht, H., and Seltrecht, A. (Ed.), *Medizinische Soziologie trifft Medizinische*

*Pädagogik* (Wiesbaden: Springer).

10. Ertl-Schmuck, R., and Fichtmüller, F. (2009). *Pflegedidaktik als Disziplin. Eine systematische Einführung* (Weinheim and Munich: Juventa).

11. Ertl-Schmuck, R., and Fichtmüller, F. (Ed.) (2010). *Theorien und Modelle der Pflegedidaktik. Eine Einführung* (Weinheim and Munich: Juventa).

12. Ertl-Schmuck, R., and Greb, U. (2013). *Pflegedidaktische Handlungsfelder* (Weinheim and Basle: Beltz Juventa).

13. Ertl-Schmuck, R., and Greb, U. (2015). *Pflegedidaktische Forschungsfelder* (Weinheim and Basle: Beltz Juventa).

14. Hall, A. (2012). Kranken- und Altenpflege – was ist dran am Mythos vom Ausstiegs- und Sackgassenberuf? BiBB/BWB (6): 16-19, https://www.bwp-zeitschrift.de/de/bwp.php/de/bwp/show/6974 [21/05/2020].

15. Hasselhorn, H.-M., Müller, B. H., Tackenberg, P., Kümmerling, A., and Simon, M. (2005). *Berufsausstieg bei Pflegepersonal. Arbeitsbedingungen und beabsichtigter Berufsausstieg bei Pflegepersonal in Deutschland und Europa. Schriftenreihe der Bundesanstalt für Arbeitsschutz und Arbeitsmedizin* (Bremenhaven: Wirtschaftsverlag NW).

16. Hien, W. (2009). Pflegen bis 67? *Die gesundheitliche Situation älterer Pflegekräfte* (Frankfurt/Main Mabuse).

17. Hülsken-Giesler, M., Dütthorn, N. (2011). Paradigmatischer Pluralismus als Herausforderung: Das Beispiel Pflegewissenschaft, In *Österreichisches Religionspädagogisches Forum*. 19th ed. (Graz: Schnider).

18. Isfort, M., Weidner, F., Neuhaus, A., Kraus, S., Köster, V.-H., and Gehlen, D. (2010). Pflege-Thermometer 2009. Eine bundesweite Befragung von Pflegekräften zur Situation der Pflege und Patientenversorgung im Krankenhaus. Herausgegeben von: Deutsches Institut für angewandte Pflegeforschung e.V. (dip), Cologne, http://www.dip.de [15/09/2017].

19. Kersting, K. (1999). Coolout im Pflegealltag, *Zeitschrift PfleGe*, 4 (3): 53–60.

20. KMK – Kultusministerkonferenz (2017). Ländergemeinsame inhaltliche Anforderungen für die Fachwissenschaften und Fachdidaktiken in der Lehrerbildung. Berlin, https://www.kmk.org/fileadmin/Dateien/veroeffentlichungen_beschluesse/2008/2008_10_16-Fachprofile-Lehrerbildung.pdf [13/02/2018].

21. Mertens, D. (1974). Schlüsselqualifikationen. Thesen zur Schulung für eine moderne

Gesellschaft, *Mitteilungen aus Arbeitsmarkt- und Berufsforschung,* 1: 36–43.

22. Seltrecht, A. (2015). Der, doppelte Fallbezug – Herausforderung in der Lehramtsausbildung in der beruflichen Fachrichtung Gesundheit und Pflege, In Jenewein, K., and Henning, H. (ed.), *Kompetenzorientierte Lehrerbildung. Neue Handlungsansätze für die Lernorte im Lehramt an berufsbildenden Schulen.* (Bielefeld: W. Bertelsmann Verlag).

23. Seltrecht, A. (2018). Medizinische Pädagogik - eine begriffliche Annäherung aus erziehungswissenschaftlicher Perspektive, In Ohlbrecht, H., and Seltrecht, A. (ed.), *Medizinische Soziologie trifft Medizinische Pädagogik* (Wiesbaden: Springer).

24. Simon, M. (2012). Beschäftigte und Beschäftigungsstrukturen in Pflegeberufen. Eine Analyse der Jahre 1999 bis 2009. Studie für den Deutschen Pflegerat. Hannover.

25. Simon, M. (2015). Unterbesetzung und Personalmehrbedarf im Pflegedienst der allgemeinen Krankenhäuser. Eine Schätzung auf Grundlage verfügbarer Daten, http://www.deutscher-pflegerat.de/Fachinformationen/Simon-2015-Unterbesetzung-und-Personalmehrbedarf-im-Pflegedienst-2.pdf [06/11/2016].

26. Statistisches Bundesamt (2016). Gesundheits personal. 2000-2014. Wiesbaden.

27. Walter, A., and Dütthorn, N. (2019). Fachqualifikationsrahmen Pflegedidaktik. Deutsche Gesellschaft für Pflegewissenschaft e.V, https://dg-pflegewissenschaft.de/wp-content/uploads/2019/03/2019_02_20-FQR-Ver%C3%B6ffentlichung_ES.pdf [01/03/2018].

28. Weinert, F. E. (2003). Concept of Competence: A Conceptual Clarification, In Rychen, D.S., and Salgnik, L.H. (ed.), *Key Competencies* (Cambridge Mass.: Hografe & Huber).

# 京津冀协同发展下养老专业产教对接实践研究成果
## ——以天津城市职业学院为例

付　健

**摘　要：**京津冀协同发展下，通过"政、行、企、校、研"五方携手，整合多方资源，将京津冀院校的教育资源和养老产业进行对接，实现京津冀职业院校和养老企业在养老人才、智力、技术、设备等方面的资源共享和优势互补。提升养老服务业人才培养质量，促进京津冀三地人才培养、产教结合、协同创新，是京津冀职业教育领域协同发展重要的研究课题。

**关键词：**京津冀　协同发展　养老专业　产教对接

## 一　研究背景

2014年7月，教育部、民政部、国家发展改革委、财政部、人力资源和社会保障部、国家卫生计生委、中央文明办、共青团、中央全国老龄办九部门联合发布的《关于加快推进养老服务业人才培养的意见》（教职成〔2014〕5号）指出："按照'积极发展、多种形式、全面加强、突出重点'的原则，大力发展养老服务相关专业，不断扩大人才培养规模，加强养老服务相关专业建设，加快建立养老服务人才培养培训体系，全面提高养老服务业人才培养质量，适应养老服务业发展需求。"

2015 年 4 月，中共中央政治局审议通过《京津冀协同发展规划纲要》。京津冀协同发展成为一个重大国家战略。京津冀三地，60 岁及以上老年人口已超过 1630 万人，其中，北京达到 300 万人，天津达到 215 万人，养老服务业面临着巨大压力，京津冀三地必须协同发展养老产业。

在京津冀协同发展背景下，要整合多方资源，开展养老服务业的职业教育，实现京津冀职业院校建设的创新性发展。提升养老服务业人才培养质量，促进职业教育与养老服务业对接，是京津冀职业教育领域协同发展应重视的话题。

## 二　研究历程

在上述背景下，天津城市职业学院作为全国民政职业教育教学指导委员会（简称民政行指委）委员单位和老年服务与管理专业教学指导委员会（简称老年专职委）主席团单位，在教育部职成司、民政行指委、天津市教委的支持下，于 2015 年牵头组织成立京津冀养老专业人才培养产教协作会（简称产教协作会），全力推动京津冀协同发展养老专业产教融合及养老专业人才培养工作，使学院老年服务与管理专业建设水平得到有力提升。在大津市"十三五"期间"双一流"建设中，学院被批准为"世界水平、国内一流"高职院校，"老年服务与管理"专业被批准为天津市优质骨干专业进行建设。

学院连续组织召开三届"京津冀协同发展现代职业教育·现代服务业产教对接"论坛，并相继组织成立天津市养老服务行业职业教育教学指导委员会（简称天津市养老行指委）、天津市老年教育指导中心和京津冀康养产业技术协同创新中心京津冀协同组织机构。

通过产教协作会等机构及产教对接论坛等活动组织体系，引导三地建立政－行－企－校－研"五方携手"的合作机制和产业－行业－企业－职业－专业"五业联动"的运行机制，创新"多方联动、产教对接、学训交融"的人才培养模式，发挥京津冀对养老行业政策的引领作用。建立京津冀协同机构，形成"五方携手、五业联动"合作机制；整合京津冀院校协同力量，建立养老专业质量提升平台；融合京津冀民政协同体系，搭建养老产教对接载体；联合京津冀科研院所，开拓养老国际化交流途径。全方位、多角度、深层次、高质量推动养老专业建设与人才培养创新实践。

## 三　研究主要针对的问题

服务京津冀协同的养老专业建设与人才培养创新实践项目，主要解决如下问题：（1）京津冀协同养老人才培养的产教对接问题；（2）京津冀开设涉老专业职业院校的教学资源共享和技能大赛平台搭建问题；（3）京津冀养老专业人才培养协同创新及科研合作实施问题；（4）京津冀协同下实施教育部现代学徒制试点及师生社会服务与实践问题；（5）依托京津冀协同资源开展专业国际化课程引进、国际交流及师资水平提升问题。

## 四　项目研究

### （一）建立京津冀协同机构，形成"五方携手、五业联动"合作机制

#### 1. 建立京津冀养老专业人才培养产教协作会，推动养老产教融合

2015 年 5 月，在教育部职成司、民政行指委的支持下，组织成立了产教协作会，京津冀 47 家院校和企业、社会组织成为协作会会员单位。产教协作会连续举办三届"京津冀协同发展现代职业教育·现代服务业产教对接"论坛，并由同方知网技术有限公司搭建网络协同平台，引导三地建立政（府）-行（业）-企（业）-校（职业院校）-研（研究机构）"五方携手"的合作机制和产业-行业-企业-职业-专业"五业联动"的运行机制，为京津冀养老服务业提供资源整合与交流平台，将京津冀院校的教育资源和全国养老产业优秀企业进行对接，实行产教结合、校企合作，实现京津冀职业院校和养老企业在养老人才、智力、技术、设备等方面的资源共享和优势互补，加快现代职业教育与养老服务业的产教融合。

### 2. 建立天津市养老行指委，强化养老行业指导作用

2017 年 2 月，经天津市民政局、天津市教委批准，组织成立天津市养老行指委，旨在对天津市养老行业职业教育教学工作进行研究、指导、服务和咨询，并指导全市养老服务行业职业教育与培训工作。22 位来自本科高职中职院校专家、行业协会企业家、科研机构专家、老年大学代表成为委员。天津市养老行指委通过委员联席会议等措施，建立健全了政府主导、行业指导、企业参与的职业教育办学机制，进一步强化了行业在现代职业教育体系建设和职业教育改革发展中的指导功能，在推进市级老年教育与养老服务资源库建设、提高养老服务人才培养质量等方面起到了积极有效的推动作用。

### 3. 建立天津市老年教育指导中心，促进养老职继协同

2017 年 2 月，依托京津冀养老协同平台，发挥全国第一个以职业教育带动区域社区教育、服务终身学习的职教集团——天津城市职业学院职教集团的职能，组织成立天津市老年教育指导中心。该中心的成立对天津市中心城区发挥职业教育资源优势，加强老年教育课程建设，加强老年教育专业队伍建设，开展老年教育理论研究及应用起到积极推动作用，进一步促进了京津冀职业教育和继续教育、老年教育协同发展和深度融合，以一个大教育的姿态为京津冀老年教育、养老产业提供支撑和服务。

## （二）整合京津冀院校协同力量，建立养老专业质量提升平台

### 1. 通过京津冀养老大赛平台，推进以赛促教

依托产教协作会，有效整合京津冀开设涉老专业职业院校的协同力量，搭建养老护理技能大赛平台——承办 2016 年第七届全国职业院校民政职业技能大赛养老护理员赛项竞赛，使大赛发挥引领示范作用并成为学习途径，使各院校通过大赛相互了解与交流，通过对比找到差距，形成对参赛院校教学成果的综合性检验，看清自身优势与不足，进而实现以赛促教，进一步优化调整办学思路、人才培养方案、教学内容、教学手段等，培养出适用、顶用、好用、管用的现代化创新型养老专业人才。

### 2. 通过现代学徒制试点平台，促进校企共育

发挥产教协作会的协同作用，一方面，建立京津冀十一家养老机构、养老设施配套企业、养老服务平台企业和居家养老服务单位组成的"现代学徒制实践教学基地"。另一方面，与天津唐邦科技有限公司、北京乐活堂养老服务促进中心、天津乐聆智慧养老有限公司等京津冀协作会成员单位合作开展教育部第二批现代学徒制试点工作，签订"现代学徒制"合作协议，实现校企融合，资源共享，校企双导师培养，学徒学习场所与工作场所相结合，生产过程与教学过程相融合；共同研讨制订与修订专业人才培养方案，共同进行专业改革、课程开发与建设，为现代学徒制模式下联合培养养老专业人才打下坚实基础。

### 3. 通过信息化资源平台，共享课程资源

与产教协作会主任委员单位北京社会管理职业学院、北京劳动保障职业学院合作开展"教育部老年服务与管理专业资源库项目"建设，主持"养老机构运营管理"项目建设，参与"老年社会工作""老年法律法规与标准"两个项目建设；主持总投资620万元的"天津市养老服务与老年教育共享资源建设项目"，建设包含专业资源、课程教学资源、虚拟仿真资源、实践教学资源、行业企业资源等多模块课程资源。京津冀各院校有效建立互通、互享、互学的课程资源共享机制，通过"智慧职教"在线平台学习养老资源库专业核心课程资源及培训拓展资源，实现校际资源交互共享。

## （三）融合京津冀民政协同体系，搭建养老产教对接载体

### 1. 与京津冀民政携手，深化产教对接实践

学院积极跟进民政系统主导举办的"京津冀养老工作协同发展联席会议"，连续参加并做典型经验分享和交流发言。由京津冀三地民政厅（局）组织发起的这一联席会议，旨在促进三地养老企业互通、校企交流，加强养老机构管理和人才队伍培养，提高养老服务质量。通过融入民政系统的校企对接平台，有效拓展了学院与京津冀养老行业企业的交流途径及合作空间，

进一步掌握和吸收了三地千余家各类养老服务机构综合信息以及各地养老服务政策，并与部分养老服务企业达成现代养老服务人才培养合作协议，有效提升了校企产教对接实效。

### 2. 围绕校企工学结合，开展师生社会服务

通过产教协作会，学院将"工学结合、学训交融、协同创新"的人才培养理念贯穿于校企对接实践与社会服务中，与北京诚和敬长者公馆、北京泰康之家（燕园）等企业签订校外实训基地协议，集学生工学交替、教师社会实践多种功能于一体。校企合作利用高素质的养老专业教学团队和养老实训基地的先进设备等资源优势，面向社会广泛开展养老护理员、社会工作者、中医康复理疗师及天津市妇联家政培训，年均培训 1500 余人次；与江都路街道合作开展为老服务类公益创投项目——居家养老"康养健"服务与培训；养老专业班级与河北区衡山里和乐山里居委会形成对口实践，面向社区老年人开展计算机和上网培训以及老年文体活动等多种公益为老服务。

### 3. 针对威县现实需求，精准实施扶贫对接

为贯彻落实教育部《京津冀对口帮扶河北省青龙县和威县职业教育与继续教育实施方案（2018-2020 年）》文件精神，在教育部职成司的指导下，与河北省威县开展精准扶贫合作项目。学院与威县民政局、教育局开展有效对接，在充分调研威县职业教育中心和威县民政局第一敬老院的基础上，通过对扶贫项目的交流探讨，确认派遣优秀行业专家来威县对当地"三保"人员（保安、保洁、保姆）及养老护理人员进行专业培训，组织部分培训人员到天津参观大型养老机构，提升威县培训人员的视野和专业实操水平，提高威县"三保"人员的整体素质，提升威县教育办学能力，扩大就业渠道，完成当地人民脱贫攻坚的任务。

## （四）联合京津冀科研院所，开拓养老国际化交流途径

### 1. 建立京津冀康养产业技术协同创新中心，开展科研项目合作

学院与北京科学技术研究院、河北工业大学、河北经贸大学四方联合建

立"京津冀康养产业技术协同创新中心",围绕养老创新人才培养,承接政府和市场的研究开发项目,开展国际交流合作,打造京津冀老年服务产品创新品牌,实现资源共享。与学院老年专业合作开展横向课题"京津冀养老专业人才联合培养"、欧盟联合课题"老年健康护理领域专业人才培训和学生培养中的课程建设"等相关研究;合作开发台湾体适能(运动辅疗)系列教材一套并申请相关专利一项,为进一步开展交流合作奠定了坚实基础。

### 2. 合作搭建师资交流平台,拓展教师国际视野

与北京科学技术研究院合作搭建师资交流平台,老年专业教师团队分别参加由北京科学技术研究院下属公司——北京怡养科技有限公司承办的第三届老年服务科学与创新国际论坛和 2017 年金砖国家老龄会议,有力提升了老年专业教师团队的国际化视野;同时,组织澳大利亚、芬兰和西班牙等国家及中国台湾地区的养老专家团队到学院交流访问,与学院共同举办 2017 年津台养老协作论坛,并就课程引进、交流互访、人才培养等合作领域进行了探讨。

### 3. 合作引进中国台湾及欧盟课程,优化居家养老课程体系

为培养学生居家养老服务的核心技能,提升师生国际化素养,学院与北京怡养科技有限公司合作引进欧盟老年护理国际课程(含国际护理、以病人为中心的护理概念、高等技能和健康评估)、台湾体适能(又称运动辅疗)居家养老课程(含健康体适能、音乐辅疗、认知训练、园艺辅疗、怀旧辅疗、脑健康课程)和台湾失智症管理教练课程。通过三大类型的课程训练,师生们提升了对老年护理的系统认识,丰富了对具有不同居家照护需求老年群体的专业技能。共计 60 名师生获取了台湾失智症管理教练证书和欧盟认证的老年护理国际课程证书,有效优化了本专业的居家养老课程体系。

## 五　项目研究创新点

### (一)建设了京津冀养老专业人才培养共同体

通过建立产教协作会、天津市养老行指委、天津市老年教育指导中心以

及连续举办三届论坛，有效提升了成员单位对国家战略的理解和认识，分享了京津冀养老职业教育的新理念、新信息和新招法，增强了培养养老人才的责任感、使命感和紧迫感，实现了京津冀养老人才培养共同体和养老行业的共研、共建、共享、共用、共赢。

### （二）建立了京津冀"五方携手、五业联动"的养老人才共育机制

"京津冀养老专业人才培养产教协作会"成员以养老产教融合为核心，通过政（府）- 行（业）- 企（业）- 校（职业院校）- 研（研究机构）"五方携手"的合作机制和产业 - 行业 - 企业 - 职业 - 专业"五业联动"的运行机制，逐步构建京津冀多个院校同一个专业群对多个企业多个职业岗位的产教融合模式，实现京津冀三地人才培养、产教结合、协同发展创新。

### （三）创建了京津冀协同养老创新与服务平台

有效融入以北京科学技术研究院为主导的"京津冀康养产业技术协同创新中心"以及以三地民政为主导的"京津冀养老工作协同发展联席会议"，建立京津冀政、行、企、校、研协同创新的开放平台和生态系统，建立信任机制和利益共享机制，汇聚京津冀优秀资源，整合碎片化的产业链条和创新体系，形成内生、可持续的创新模式与机制，加快老龄服务产业创新进程，并推动相关组织、制度与政策的创新，完善社会老龄服务体系建设。

### （四）创新了京津冀协同发展养老服务人才培养之路

通过京津冀养老协同项目的建设，以及京津冀校际养老课程及资源的建设共享，充分发挥了"五方携手、五业联动"机制，有效实行工学结合、校企合作，实现京津冀职业院校和养老企业关于养老人才、智力、技术、课程等方面的资源共享和优势互补，充分发挥了群体优势、组合效应和规模效应，走出了一条合作发展的人才培养创新之路。

## 六　研究推广应用

### （一）以协同机构活动为载体，运行"五方携手、五业联动"机制

（1）以产教协作会为主导，连续举办三届"京津冀协同发展现代职业教育·现代服务业产教对接"论坛，教育、民政、人力社保、卫计、妇联等相关部门领导以及京津冀养老服务业知名企业和开设相关专业的本科、高职、中职院校代表年均近150人参加研讨，有效实现了京津冀养老人才培养和养老行业的共研、共建、共享、共用、共赢。

（2）以天津市养老行指委为主导，组织召开"天津市养老服务与老年教育共享资源的建设会议"，通过"政、行、企、校、研"五方携手，吸引聚集社会力量和优质资源融入职业教育和继续教育事业，共同服务老年教育和养老事业。

（3）以天津市老年教育指导中心为主导，组织召开"2017京津冀老年教育推动会暨老年教育汇报展演会"，遵循职继协同的理念，就京津冀协同推动养老职业教育、老年教育、社区教育战略发展形成有效的学习交流和经验分享。

### （二）发挥质量提升"三平台"作用，提高专业建设成效

（1）发挥京津冀养老大赛平台功能，承办第七届全国职业院校民政职业技能大赛养老护理员竞赛，有效保证全国65所职业院校的359名选手的竞赛圆满成功；老年专业学生连续三年在全国及京津冀养老护理员职业技能大赛荣获一等奖1项、二等奖5项、三等奖4项。

（2）发挥教育部现代学徒制试点的引领作用，与5家京津冀协作会成员单位签订"现代学徒制"合作协议，开展现代学徒制人才培养模式探索。聘请8名企业总经理和业务骨干，20余次进校讲授校企结合的核心课程，推进企业化养老人才培养。

（3）发挥信息化资源平台共享作用，在参建教育部养老资源库"养老机构经营管理"等三门课程基础上，推进天津市养老资源库"老年活动组织策划"等十门专业核心课程建设，与唐邦科技、北京乐活堂养老服务促进中心等校企共同开发以"社区居家养老健康促进"为核心岗位能力的校本课程资源一套。

### （三）借力京津冀民政协同，促进养老产教融合

（1）充分融入京津冀民政协同体系，加入民政行指委老年专职委主席团单位并连续参加两届"京津冀养老工作协同发展联席会议"和三届"全国养老产业与职业教育高端对话活动"，并做专业建设推介，扩大了专业的影响，一批相关企业、机构纷纷关注。

（2）学院将教师到养老服务和康复医疗机构下厂实践的成果与社会服务相结合，围绕养老护理员理论知识、实际操作考核和职业能力考察等内容开发培训资源包，与街道、社区和养老院合作开展技术开发、技术咨询和技术服务等"三技"社会培训服务，取得一定成效。

（3）产教对接实践有力提升了师资团队专业建设能力。师资团队对"老年社会工作方法与实务"等多门核心课程进行教学课程改革，并开发实训项目、微课等学习资源。出版《老年法律法规标准》"十二五"规划教材1本、在编《养老机构经营与管理实务》"十二五"教材1本、《老年社会工作实务》校本教材1本。

### （四）借力京津冀科研院所协同，提升专业国际化程度

（1）专业教师通过参加北京科学技术研究院主办的"第三届老年服务科学与创新国际论坛"、民政部培训中心主办的"第二届京津冀养老人才协同发展高峰论坛"以及"中日失智长者照护技术高级研修班"等多种京津冀高端养老会议和培训，积极地将国际上先进的理念、方法、内容应用到课程建设，拓展了专业国际视野。

（2）聘请邀请台湾彰化基督教医院临床心理师黄耀庭和彰化县恋恋半线失智协会秘书长陈春满讲授"失智症管理教练课程"；聘请欧盟积极和健康老龄化项目协调人 Nick Guldemond 讲授老年国际护理等课程专题，60 余名师生获取相应课程证书。

（3）通过课程的引进及合作交流，老年专业师生的专业实践能力得到显著增强。33 名应届毕业生被泰康人寿和万科集团旗下高端养老机构及北京诚和敬长者公馆等运营北京养老驿站的核心国企吸纳，教师团队面向社会开展养老专业技能培训及下厂（社区）实践服务，年均服务覆盖 1500 人次，得到社会及合作企业的一致好评。

## 七　结语

在习近平总书记发表京津冀协同发展重要讲话四周年之际，共同探讨"京津冀现代职业教育对接养老服务业"任务要求和实现路径。这是一次围绕国家重要战略部署，融合京津冀多方资源，优势衔接，聚力攻关，积极主动的协同，也是现代职业教育服务社会、对接需求，走产教融合、校企融合之路的深化。

在推进三地职业教育协同进行养老资源建设、协同实施养老人才培养、协同开展产教对接研究等方面，天津城市职业学院以"产教协作会"为平台，进行了积极的尝试，探索了有益经验和成功做法，借此发挥引领示范作用。

## 参考文献

1. 北京市老龄工作委员会：《北京市 2016 年老年人口信息和老龄事业发展状况报告》，2016。
2. 陈赛权：《中国养老模式研究综述》，《人口学刊》2000 年第 3 期。

3. 李东霖:《京津冀协同发展下河北承接北京养老服务产业的前景研究》,河北师范大学硕士学位论文,2016。

4. 穆光宗:《中国老龄政策思考》,《人口研究》2002年第1期。

5. 王争亚、吕学静:《福利多元主义视角下我国养老服务供给主体问题解析》,《中国劳动》2015年第4期。

6. 吴玉韶、党俊武:《老龄蓝皮书:中国老龄产业发展报告(2014)》,社会科学文献出版社,2014。

7. 张良礼:《应对人口老龄化:社会化养老服务体系构建及规划》,社会科学文献出版社,2006。

8. 赵培培:《京津冀一体化背景下养老服务业协同发展研究》,河北大学硕士学位论文,2015。

# 老龄模拟套装
## ——培养对老年人的同理心和理解的第一步[*]

Andreas Lauenroth　Stephan Schulze　Birgit Teichmann

Kevin Laudner　Karl-Stefan Delank　René Schwesig

**摘　要：**人类寿命通过医学、教育和技术的进步得到延长，加上出生率降低，导致了处在活跃年龄段的老年人口比例增加。许多西方国家正面临社会老龄化趋势，老年人口及年龄增长带来的身体行动限制不断增加，如视觉和/或其他感官障碍以及体力下降等。这意味着老年人的各种日常活动和环境条件变得日益复杂和困难。因此，从医学、经济和社会角度来看，人体衰老过程及其影响变得尤为重要。虽然人口老龄化可能给社会带来许多挑战，但它也为改变环境和教育提供了重要机遇，使之适应不断变化的人口结构。社会迫切需要深入了解老年人的日常感受。使用老龄模拟套装可以对老年人的行动限制感同身受，从而积极影响人们对老年人行动和需求的看法。通过增加同理心，拓宽那些与老年人有直接或间接关系的人的视角。

**关键词：**老龄化　公共健康　同理心　人口变化

---

\* 中文译者：谢齐，专职译者。

# 一　引言

医学、教育和技术方面的各种进步，使当代人的预期寿命显著增加，这导致了老龄化社会中更多人的活跃岁月比例增加。到2050年，德国年轻人（20岁以下）的人口比例将从2015年的18%下降到16.2%。相反，老年人（超过60岁）的比例将从2015年的15.4%增长到17.5%。80岁及以上老人的比例，将从2015年的5.8%增加到13%（Statistisches Bundesamt，2015）。在其他西方工业国家，这种人口结构的发展也是类似的（Lavallière et al.，2016）。自1980年以来，中国65岁及以上的人口增加了1倍以上。1950~2015年，中国65岁及以上人口占总人口的比例从4.5%增加到9.6%，预计到2060年将增长至32.9%。到2060年，预期人口为13亿，其中老年人口约为4.3亿（UN，2015）。

由于这些发展，有身体限制的人数也在增加，例如视觉或其他感官障碍以及体力下降等（Lavallière et al.，2016）。身体障碍也意味着日常活动对老年人来说变得越来越复杂、越来越困难。特别是在社会、经济和医疗领域，人体衰老过程及其后续效应似乎是一项巨大的挑战。但是，老年人（60岁及以上）也是一个不可忽视的贸易、工业和服务业的目标群体。体验老年人行为，加深了解他们的需求，对年轻一代来说是非常有用和有效的（Fisher and Walker，2013）。

社会老龄化的发展，将推动对护理专业人员需求的增加。此外，老龄化社会也将影响更多与老年人相关的职业活动领域。因此对老年人增加同理心变得很重要，特别是在教育和护理方面（Lauenroth et al.，2017）。在工作和日常生活中建立对老年人的理解和同理心的一种方法是使用老龄模拟套装（见图1）。老龄模拟套装主要是为了引起对年龄和衰老过程的关注。早在20世纪70年代，医生、医务人员就开始使用老龄模拟套装来感受和体验与老年人相关的经历。1995年，第一个商用老龄模拟套装得以开发并进入市场。如

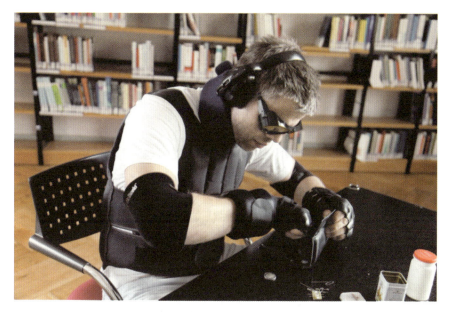

**图 1　用老龄模拟套装模拟老年人的日常生活**

今，已经有几家供应商提供和销售老龄模拟套装。

不同的教育模式研究认为，以实践为导向的实验性教学设计对实现可持续学习具有积极意义（Braude et al.，2015；Brunero et al.，2010）。在使用各种模拟方法时，应该呈现最真实的情况，以传达对衰老者的同理心和理解。到目前为止，老龄模拟套装的使用还非常有限，通常也只用于媒体演示。

只有少数科学研究和实验对老龄模拟套装的使用进行了实证性调查研究和讨论（Kullman，2016；Lauenroth et al.，2017；Lavallière et al.，2016）。

## 二　方法

通过老龄模拟套装，例如老龄测试套装（GERT），可以让年轻人了解老年人因年龄所致的行动制约，例如缺乏力量、关节僵硬和感官限制。老龄模拟套装包括一个加重背心（9.0千克），肘部和膝盖的绷带以及手腕和脚踝的加重袖口（每个1.5千克）。随年龄增长（例如视力和听力障碍）的感官限制，可以通过特殊眼镜和听觉阻碍来模拟。此外，还有不同的组件可以模拟脊柱压迫、肌肉萎缩、平衡和稳定性降低、关节活动性降低等。这种套装被设计为一种工具，用于模拟基于人体解剖学的自然原因身体限制。套装的所有这些物理组件的相互作用，有助于为套装使用者模拟逼真的老化过程体验（见图2）。

我们的研究试图确定这些套装是否能够模拟与老年人相同的身体限制。更具体来说，我们感兴趣的是套装可以增加多少"额外年龄"的个人体验。无论是否有老龄模拟套装，实验志愿者都会以自主选择的步调走路。用步态分析系统记录步态参数并进行相互比较，通过比较穿和不穿套装时的步态参数，为老年人群的步态模式提供有价值的结论。我们还比较了穿着套装的年轻人的步态参数，与未穿套装的老年人的步态模式。

年龄组之间的差异则使用年龄作为独立因素的单变量方差分析进行测试。

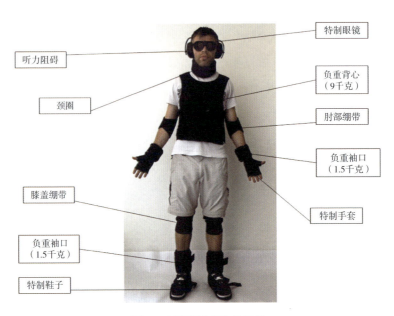

**图 2　老龄模拟套装的组件**

## （一）对比

为了在使用这些套装时对感知老龄进行真实的解释，我们的研究试图客观地记录这些身体限制。为此招募了 178 名健康的志愿者（18~85 岁，平均 50.4±16.4 岁）。所有受试者在有和没有老龄模拟套装的情况下完成各种测试条件。除此之外，还检查了时空步态参数，例如步态速度、步长和基本宽度，以评估老龄模拟套装对步态表现的影响。随后，将穿着套装的年轻受试者的步态表现与未穿套装的老年受试者的步态表现进行比较。

经过评估，笔者得出结论，模拟套装提供了额外 20~25 年的可感知物理年龄。特别是在步态速度和步长等方面，实验表明在 40~49 岁年龄组中穿着套装时的速度，对应于未穿套装的 60~69 岁年龄组的速度（见图 3）。但是，这个额外的年龄增加会有所不同，并且取决于生活方式、体质、身体活动等因素。

所以增加的年龄应该被解释为一种衰老的趋势，不能定论为可靠的模拟。在医学和护理教育领域，可使人"额外"增加 20~25 岁的老龄模拟套装不仅是学生和学员的教学工具，而且还可通过培训或研讨班向中年专业人员（35~60 岁）传递老年人的感受。

## （二）讨论

无论是从事老年人照护工作或是与老年人进行交流的人，使用老龄模拟套装都可以从这种模拟出来的"老年体验"中获益。这适用于所有医学和护理领域，以及老年人为用户或客户的领域。

特别是对于护理领域的教育和培训，老龄模拟套装可以成为一种有效且有说服力的工具，可以让年轻人了解老年人的感受和需求。同样，模拟套装可以给人以日常生活中老年人活动的体验，这可以促进年轻人的同理心教育。例如，他们会更容易理解为什么老年人在超市中移动速度缓慢，或者在收银机上花费更多时间寻找零钱。

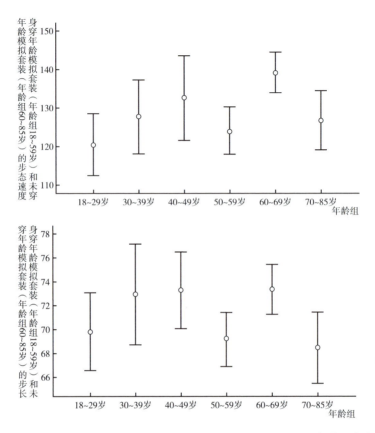

**图 3　四个年龄组身穿老龄模拟套装和两个年龄组未穿老龄模拟套装的步态速度（上图）和步长（下图）的平均值比较**

资料来源：根据 Lauenroth et al.（2017）修改。

　　事实上，已经有一些方法可以训练公共交通司机考虑到驾驶时的加速和制动，以适应老年人不断衰减的反应能力。这些预防措施有助于避免受影响的老人可能对公司的诉讼索赔所带来的严重后果。除了车辆辅助系统的开发，通过模拟套装获得的体验对老人公寓和附属设施（如公园）的建筑设计师同样有用。老年娱乐课程（舞蹈、体育和体操）的提供者也可以通过模拟套装的体验更好地了解为什么老年人移动会更慢和更笨拙。无论对于老年人还是年轻人，这种模拟体验在社会生活的几乎所有领域都是有益的。

另一个实证例子可以在制造业中体现。许多工作程序的计划和执行是在不考虑年龄的状态下进行的。如果年轻或年长的员工参与此类工作程序,考虑年龄因素则至关重要。一般来讲,年轻员工可以更好地凭借其充沛的体力来完成工作,而年长的员工往往会凭借其丰富的经验来经济合理地完成任务。在这种情况中,不同年龄的劳动力就可能产生误解和矛盾,通过让年轻人了解老同事的身体状况和需求可以有效地解决此类问题。

年长的员工能较好地了解年轻人的优势,因为他们也曾经年轻。但年轻人缺少老年人的经历,因此,老龄模拟套装有助于年轻人了解和加深对老年人的体验。当年轻员工有了这样的"老年"体验后,可以建议年轻和年老的员工协同工作,发挥各自的优势,以免因为年老员工的离职而失去丰富的经验。这种协同工作的结果,将是持续的高生产率、相互理解和现有知识经验的直接传递。

当老年人需要年轻人帮助和照顾时,对老年人富有同情心尤为重要。这种情况在治疗和后续护理中特别常见。许多病人和需要帮助的人都希望医生或护理人员在确定他们的需求后能采取适当的行动。在这种情况下,也同样建议采取年轻和年长这种配对工作小组的方式来使用老龄模拟套装,因为在这种情况下,不仅医务人员之间可以相互学习,而且还能间接地使需要帮助的人受益,这是一个非常有利的双赢局面。

有证据表明,模拟程序对于医生和护理人员在培养对老年人的同理心和理解方面非常有用(Tremayne et al.,2011)。由于人口结构变化,开发为老年人服务的产品和服务的发展变得越来越重要,这最终将为老年人和社会服务。工程师和开发人员正面临着一个新的活跃领域,一些原有的产品可以更新换代,新的产品和服务亟待开发。总体而言,众多用户都可从这些老龄模拟的体验中受益。一项最早研究老龄模拟套装应用趋势大的研究表明,这种老龄模拟套装至少可以给人们提供一种老年人日常活动的第一印象(Lavallière et al.,2016)。

我们的研究表明,这些套装可以准确地模拟"老化"25~30岁后的步态模式（Lauenroth，2013；Lauenroth et al.，2017）。

老龄模拟套装的模拟结果首次得到了量化。穿上模拟套装所体验的感知年龄受生活方式参数的影响，例如健康状况、身体活动能力、饮食、人际关系以及性别和人体测量参数。因此，通过自我体验获得的实践经验可以与真实行为衔接，而不仅仅是表层的理论知识传递（Brunero et al.，2010；Halpern，2003；Ross et al.，2012）。

由于人口结构变化，应该在早期阶段应对日益老龄化社会的挑战和各种可能性。这些套装可以充分模拟衰老带来的不可预见的后果。社会拥有越来越多的老年人，意味着有必要适应不断变化的需求。特别是在人口众多的大国，老龄化对社会的影响可能会十分严重。在中国或印度等国家，提前做好准备尤为重要。除了医疗保健、劳动力市场政策、住房和生活环境设计、公共基础设施，还有教育的结构，帮助较年轻的人在老龄化社会中为生活做好准备。为需要护理人群提供服务和治疗老年护理也应该是这种教育的一部分。

为老年人提供精心设计和结构合理的护理，从而应对人口老龄化发展。年轻的护理学员有机会尽自己的一分力量，让老年人的生活变得更加轻松，帮助老年人充分应对体力的自然衰竭，并向他们给予医疗和社会福利支持。这将直接有益于社会安定和老年人生活。

由此，从一开始就使用真实的说明性材料，从而引起学校对老年护理领域的关注，并对将来需要的工作岗位资质提出要求。

## 三　结语

老龄模拟套装可以让年轻人自主体验老年人和衰老过程的身体限制。充分体验模拟组件后，可以积极地影响个人观点，从而对老年人行为和需求有所体会。一项研究监测该套装对人体步态的影响表明，与年龄相关的变化可以用套装来充分描绘。这使我们有机会体验在增长了25~30年的年龄后一些限制产生的影响。对于设计人员、管理人员和工程师来说，开发更多与老年人相关的产品和服务，从而满足人口结构变化的需求，是特别有意义的。

　　不同组件所能带来的益处是复杂的。一方面，这些体验可以用于自身的职业活动，可使自己更好地面对老龄化的现实。另一方面，通过增加对老年人的同理心，以及提供更好的老龄化产品和服务，可以使老年人间接受益。

　　但是，对老龄模拟套装及其使用也不要期望过高。虽然"即时老化"能让人暂时体验年龄增长的物理限制，但它无法取代个人的主观年龄体验。除此之外，它无法模拟各种"应对策略"和所有个人经历，比如疼痛。因此，老龄模拟套装仅能模拟选定的物理限制。此外，参与者的健康（例如认知限制）、生理和遗传因素都会影响模拟的主观体验。经历 25~30 岁的年龄增长差异代表较大样本的平均推荐值，并且对个体用户来说，可能每个人的体验结论都不同。老龄模拟套装的效果并非尽善尽美。它们的应用目的主要是反映一般的物理限制，并提供在老龄化挑战和影响方面的最新见解。

## 参考文献

1. Braude, P., Reedy, G., Dasgupta, D., Dimmock, V., Jaye, P., and Birns, J. (2015). Evaluation of a Simulation Training Programme for Geriatric Medicine, *Age and ageing*, 44(4): 677-682.

2. Brunero, S., Lamont, S., and Coates, M. (2010). A Review of Empathy Education in Nursing , *Nursing Inquiry*, 17(1): 65-74.

3. Fisher, J. M., and Walker, R. W. (2013). A New Age Approach to an Age Old Problem: Using Simulation to Teach Geriatric Medicine to Medical Students, *Age Ageing,* 43 (3): 424-428.

4. Halpern, J. (2003). What Is Clinical Empathy? *Journal of general internal medicine*, 18(8): 670-674.

5. Kullman, K. (2016). Prototyping Bodies: A Post-phenomenology of Wearable Simulations, *Design Studies*, 47: 73-90.

6. Lauenroth, A. (2013). Influence of an Aging Suit on Gait Performance in Persons Aged

from 20-71 years, *Gerontologist*, 53: 325-326.

7. Lauenroth, A., Schulze, S., Ioannidis, A., Simm, A., and Schwesig, R. (2017). Effect of an Age Simulation Suit on Younger Adults' Gait Performance Compared to Older Adults' Normal Gait, *Research in gerontological nursing,* 10(5): 227-233.

8. Lavallière, M., D' Ambrosio, L., Gennis, A., Burstein, A., Godfrey, K. M., Waerstad, H., Puleo, R.M., Lauenroth, A. and Coughlin, J.F. (2016). Walking a Mile in Another's Shoes: The Impact of Wearing an Age Suit, *Gerontology and Geriatrics Education*, 38(2).

9. Ross, A. J., Anderson, J. E., Kodate, N., Thomas, L., Thompson, K., Thomas, B., Key, S., Jensen, H., Schiff, R. and Jaye, P. (2012). Simulation Training for Improving the Quality of Care for Older People: An Independent Evaluation of an Innovative Programme for Inter-professional Education, *BMJ Qual Saf*, 22(6): 495-505.

10. Statistisches Bundesamt (2015). Bevölkerung Deutschlands bis 2060 - Ergebnisse der 13. Koordinierten Bevölkerungsvorausberechnung, https://www.destatis.de/DE/Publikationen/Thematisch/Bevoelkerung/VorausberechnungBevoelkerung/Bevoelkerung Deutschland2060Presse.html [03/04/2017].

11. Tremayne, P., Burdett, J., and Utecht, C. (2011). Simulation Suit Aids Tailored Care, *Nursing older people*, 23(7): 19-22.

12. UN-United Nations, Department of Economic and Social Affairs, Population Division (2015). World Population Prospects: The 2015 Revision.

# 中德合作盘锦双元职业教育项目

## ——老年护理在盘锦职业技术学院

李 琳　Annika Fründt

**基本情况**

项目周期：2017 年 3 月至 2020 年 8 月

目标群体：盘锦职业技术学院的教师和学生

委 托 方：盘锦职业技术学院

执 行 方：德国国际合作机构（GIZ）

执行地点：辽宁省盘锦市

## ●●● 项目背景

盘锦市位于中国东北，为保证其在国内和国际竞争中获得长期成功，培养具有理论和实践能力的高技能人才是关键，而中国的人口结构变化迫切需要（老年）护理人才。因此，作为国内试点城市，盘锦市决定借鉴德国标准引入双元制职业教育模式，将理论知识和实践技能相结合，使毕业生成为高技能高需求人才。作为现代化职业院校，盘锦职业技术学院将建设一个符合国际标准的现代化职业园区，在包括老年护理专业在内的试点专业实施工作导向的培养过程，培养高质量的技术人才。

## ●●● 项目方法

这个系统化的职业教育改革项目有 6 个行动领域，包括德国专家与盘锦职院教师共同开发和修订课程大纲、开发教辅材料等。此外，新大纲确定后也会进行师资培训，更新教学方法，实施考试准备，并引入质量管理体系。

德国职业教育的一个关键要素是企业培训，因此医院和学校之间开展了务实合作，以保障学生的培养符合职业需求，确保毕业生能够高质量就业。

老年护理专业中德试点班有 24 名学生，年龄为 18~19 岁，以女生为主。他们在盘锦市内的医院以及养老院等机构完成实习培训。

## ●●● 附加值

此项目旨在引入以能力为导向的人才培养合作模式，确保其可持续并提高学生分析解决问题的能力。（老年）护理人员获得临床护理以及老年护理两方面的专业知识，随着人口结构变化，可运用他们的护理技能完成老年患者的整个护理过程。未来职业领域广泛，遍及看护、预防、康复以及护理的不同临床和护理机构，服务于社会。

## ●●●● 经验教训

为使毕业生满足企业用人需求，企业、医院需提出具体需求，加深与学校间的合作。只有在他们的积极参与下，才能量身定制系统的培养计划。但企业或医疗机构的参与度尚不理想，因此，应让他们及早参与学生培养。通过多方参与保障学生培养方式的可持续性，使参与方长远受益。

## ●●●● 未来设想

除了医院、养老院，老年人的门诊护理、生活辅助也至关重要。中国为老年人创办了越来越多的私人疗养院，除为老年人进行保健护理，也为其组织休闲活动，这为老年护理领域的双元职业教育带来了新的挑战和机遇。

# 建立中国老年护理体系

## ——老年生活状况的可持续性提高

王明明　Sabine Porsche

**基本情况**

项目周期：2016 年 12 月 1 日至 2019 年 11 月 30 日

目标群体：政府官员、老年护理专家、院校、高龄人士

委 托 方：德国联邦经济合作与发展部（BMZ）

执 行 方：德国国际合作机构（GIZ）

合作伙伴：雷娜范养老集团（RENAFAN GmbH）

执行地点：中国

## ●●● 项目背景

中国作为世界上人口最多的国家，过去二十年人口发展不平衡，总和生育率处于极低水平，根据世界银行的数据，2016年中国人口总和生育率仅为1.62，远远落后于2.43的全球平均水平。同时，中国人口平均寿命不断提高，再加上此前严格的计划生育政策，中国正面临严峻的老龄化问题。另外，中国因尚处在经济发展早期阶段，能够投入老年群体的财政资源非常有限。中国人口老龄化对整个经济社会发展的影响是深刻的，现行的养老制度、养老服务体系对老龄社会的到来还准备不足。为应对人口老龄化问题，加强养老体系建设等应对措施是保证经济社会可持续发展的必经之路。为此，中国政府特别将"积极应对人口老龄化""健全养老服务体系"等内容写入《中华人民共和国国民经济和社会发展第十三个五年规划纲要》。

## ●●● 项目机制

公共部门和私营部门开展合作，旨在建设创新型养老模式，推动养老护理质量标准体系化建设，加强养老护理理念。项目的具体执行方式针对多个层面进行特殊考量，以更好地应对"老年群体关怀"这一复杂问题。一方面，团队通过与地方职业院校合作，开发基于德国双元制职业教育模式的养老护理培训大纲。另一方面，联合合作伙伴组织形式多样的活动，致力于提高大众对于养老护理这一职业的了解和接受，并为地方政府提供养老护理服务质量标准方面的咨询和建议。在执行期，项目在社区养老服务模式中开发创新理念，例如推出安养照护和居家照护模式。此外，与政府机构的紧密对接确保了符合全民利益的新型养老护理模式（如机构社区上门服务等内容）能够得到认可，致力于促进其未来的合法合规。项目的私营合作伙伴——雷娜范养老集团在合作期内为实现共同目标提供德国标准的养老服务建议与培训。

## ●●● 项目增值

项目符合政府改革进程、规划与试点行动，致力于提升中国老年人整体生活质量，通过开展职业教育与培训，参照国际标准提升养老护理技术和服务质量，传播老龄化知识，为应对人口老龄化这一复杂问题提出建设性意见。此外，项目以"健康老龄化"为重点，为第五轮中德政府在卫生领域磋商达成共识做出了贡献。

## ●●● 经验总结

为进一步完善中国基本养老制度，所有利益相关者（政治和非政治）开展对话尤为重要。通过邀请各个利益相关方共同参与项目活动，促进了企业与政策制定者的交流与互通，确保了项目目标的实现。同时，继续与其他国际伙伴进行交流和开展联合活动有助于对社会老龄化挑战加深了解，从而衍生出创新的应对方法。

此外，能力建设也非常重要。三年内，来自中国 13 个省份的超过 5000 名地方政府、医学院校和养老机构的代表参加了项目框架内的专业培训。主题涉及养老机构管理、质量管理、综合护理、医疗服务以及阿尔茨海默病护理等多方面内容。同时，老年护理员的德国双元制职业教育课程根据中国标准做出调整，并在三所地方医学院得以实施，大约有 100 名学生开始了他们为期三年的职业教育培训。

## ●●● 展望未来

该项目框架下的中德合作致力于确保中国养老服务体系的可持续发展，在新的领域通过介绍德国经验（例如改革完善医养结合政策）探讨长期护理保险制度、参照现有的养老护理模式对职业培训大纲进行验证等做法，引入新概念，利用数字化新媒体工具加强社会整体对老龄化社会的认识和对养老护理这一职业的接受和认可。

# 三赢工程：公平和可持续的护士招聘*

Maja Bernhardt　Sonja Alves Luciano

**基本情况**

项目周期：2013 年至今

目标群体：护理领域的合格人员

委 托 方：德国联邦就业局（BA）的国际就业服务中心（ZAV）、
　　　　　原籍国劳动行政部门

执 行 方：德国国际合作机构（GIZ）

执行地点：德国、塞尔维亚、波斯尼亚和黑塞哥维那、
　　　　　菲律宾、突尼斯

---

\*　中文译者：王苏阳，北京外国语大学。

### ●●● 项目的社会挑战

目前，德国的护理部门已经感受到了护士严重短缺的影响。职位上出现的空缺，已经超过了就业市场上合格求职者的数量。据专家估计，到 2030 年，护理部门将需要 50 万名新护士。[①] 从中长期来看，国家人口变化会加剧这一状况。相比之下，在波斯尼亚和黑塞哥维那、塞尔维亚、菲律宾和突尼斯，有一批剩余的合格专家无法被当地劳动力市场吸纳，导致这些国家的护士失业率很高。

### ●●● 项目方法

德国联邦就业局（BA）的国际就业服务中心（ZAV）与德国国际合作机构（GIZ）开发了联合项目，为德国公司（医疗机构和疗养院）配备合格护士。而公司方面支付 GIZ5500 欧元，用于护士赴德前的准备和在德国期间的协助工作。劳动力移民以 ZAV 和伙伴国劳动行政部门之间的安置协议为基础。此外，项目会为来源国考虑，避免训练有素的护士大批流出，出现人才流失问题。三赢工程负责管理从伙伴国中选出合格的申请人，并让他们在语言和专业能力上做好准备。在申请者融入德国社会、获得考试认证的过程中，护士们与诊所也会给予支持。如果参与国的医疗人员展示出高水平的训练素质，就会为参与者提供广泛的机会，并产生三重好处（"三赢"）：缓解原籍国劳动力市场压力，移民的侨汇能促进原籍国的发展；这种移民方式让护士本人有机会改善未来前景；缓解德国护士短缺现象。

### ●●● 附加值

从项目开始到 2020 年 9 月，有 4000 多名护士已被德国雇主聘用，分派

---

[①]    Bertelsmann Stiftung (Hg,)(2012). Themenreport „Pflege 2030 ", https://www.bertelsmann-stiftung.de/fileadmin/files/BSt/Publikationen/GrauePublikationen/GP_Themenreport_Pflege_2030.pdf, S. 10f[16/11/2020]。

到诊所、养老院和门诊服务部门。他们当中有 2500 多人已经在德国工作，而剩下的护士目前正处在启动阶段（语言和专业准备）。项目启动以来，三赢工程已与约 250 家雇主合作。2020 年 9 月，该项目已初具规模，并在国际上得到了认可。同时，该项目还被国际移民组织（IOM）和国际公共服务协会（PSI）誉为最佳实践项目。

## ●●● 经验总结

如果可以实现专业化和社会化的融合，就意味着劳动力转移是成功的。因此，德国雇主和护士的准备和配合是至关重要的。必须要克服官僚主义的障碍。护士自己要认识到这个项目的好处：尽管开始时挑战重重，申请者不仅要学习德语，获得资格认证，还要在培训中受到认可。但经历过后，就会很好地融入德国社会，并在专业和个人生活上取得进步。他们中的许多人已经完成了高级培训，为未来在德国取得成功奠定了基础。

## ●●● 未来设想

寻求与新的伙伴国家的合作以及开拓新的职业类别。继续用公平和可持续的方式管理移民。全球技能伙伴关系可能成为下一步的合作模式，需要移民国和原籍国就投资于两国的教育和培训达成一致。因此，德国联邦卫生部（BMG）于 2020 年初委托 GIZ，支持德国大学医院与墨西哥、菲律宾和巴西的各一所大学合作，开发认证措施，以便护理学生可以缩短其在本国的认证过程并可同时参加集体专业学习。采取同一种模式的还有德国贝塔斯曼基金会（BST）与菲律宾的一所大学开展的合作。

# 老年护理熟练技工的保障

## ——可持续的德国-越南合作模式 *

Florian Krins

**基本情况**

项目周期：第一个项目，老年护理（2012~2016 年）；

第二个项目，护士（2016~2019 年）

目标群体：对德国护理双元制职业培训或老年护理感兴趣的

越南护理学院毕业生；德国雇主

委 托 方：德国联邦经济和能源部（BMWi）

执 行 方：德国国际合作机构（GIZ）

合作伙伴：越南劳动、荣军与社会部（MoLISA）海外劳工司

执行地点：越南、德国

* 中文译者：王苏阳，北京外国语大学。

### ●●● 项目的社会挑战

德国的卫生和老年护理领域正面临合格护理人员严重短缺的问题。专家估计，由于人口结构的变化，德国需要护理的人数将从目前的约 230 万增加到 2030 年的约 340 万。联邦劳动局（BA）已经注意到高水平（老年）护理人员的严重短缺问题，并告诫将出现护理人员严重短缺现象。然而从中长期来看，德国本国护士无法弥补这种短缺现象。与此同时，许多国外的年轻人愿意参加培训并在德国工作一段时间。越南年轻人口居多，但在劳动力市场上，其潜在劳动力还未得到充分利用。

### ●●● 项目方法

从 2013 年底到 2019 年底，已有 350 名越南年轻人完成培训，或正在接受老年护士或护理助理的培训。学员在河内的歌德学院完成了 13 个月的语言课程后，便在德国试点地区的养老院和医院接受小组培训。除了学习德语，语言课程还提供专业术语课程和跨文化课程，帮助参与者适应远在他乡的工作，融入不同文化。

由德国联邦经济和能源部（BMWi）资助的这个项目，旨在让德国雇主更清楚地意识到，可以在护理部门招聘更多的外国熟练工人。双方都会从这一计划中受益：项目候选人获得在德国长期工作和培训的机会；德国的医院和养老院可以获得他们急需的合格专业人员。

### ●●● 项目价值

该项目致力于实现"三赢"战略，为移民、原籍国和目的国均带来利益。项目的核心目标是为参与者在移民过程中创造公平条件，也为他们的个人和职业发展提供机会。项目试图缓解越南劳动力市场的压力。参与者的侨汇也可能有助于强化当地社会结构。持续引入合格人员会让德国的卫生和护理部门受益，他们甚至可以将这一经验作为以后招聘外国合格专业人员的范式。

## ●●● 经验总结

随着项目的推进，我们学习到了两个主要经验。首先，对于参与者来说，良好的德语水平很重要，这不仅有助于年轻移民融入德国社会，也可以帮助他们圆满地完成职业培训课程。其次，在受训者融入的过程中，为德国雇主提供紧密支持非常重要，这种支持不仅包括在官方程序（如申请居留许可）上的援助，还包括通过提供跨文化培训来提高德国同事的认识。

## ●●● 未来的设想

鉴于德国联邦经济和能源部（BMWi）的示范项目收到了积极反馈，德国国际合作机构（GIZ）在所获经验的基础上与越南政府开发了一个后续项目。新项目完全由德国雇主赞助，GIZ 方面由国际服务部（GIZ International Services）负责实施。GIZ 国际服务部作为第三产业部门是一个可直接接受并实施私营企业委托的业务部门。项目基于"三方共赢"的方针，由 GIZ 和德国联邦就业局的国际就业服务机构联合发起，在 BMWi 资助下，成功实现了项目既定目标，即为德国卫生部门建立一个公平和可持续的第三国人员招聘程序积累经验，将财政资助的示范项目转移到私营部门独立执行。

# 第五篇

-----------------------------------

# 适老型城市和社区

# 城市转型适应人口老龄化挑战
## ——中国和德国政策措施回顾[*]

Marie Peters

**摘　要：** 德国和中国人口老龄化速度均在不断加快，这一趋势在一些城市尤为明显，而这些城市在适应人口老龄化加速趋势上面临种种困难。尽管用于改善基础设施的技术标准已经存在或处于开发阶段，但这些技术的应用及老龄人群的社会融入仍然面临巨大的挑战。中国和德国均认识到了这一挑战的存在，并采取措施调整制度框架，提出新任务和新目标，并起草相关政策指导文件。本文将介绍地方层面促进适老化城市发展的制度框架、相关政策措施和创新性的解决方法。本文认为，解决这一错综复杂的问题需要多样化的制度框架。但同时指出，多样化的制度框架也有可能会造成方法措施的碎片化和相互分割。因此，促进各层级多行业多方位参与合作是促进城市成功转型以应对老龄化社会的最佳方案。

**关键词：** 人口结构变化　适老化城市　政策措施　试点

---

\* 本文是中德城镇化伙伴关系项目框架下一项子课题的成果。中德城镇化伙伴关系项目由德国联邦环境、自然保护和核安全部与中国住房和城乡建设部共同资助，并由德国国际合作机构负责执行实施。感谢 Hehui Zhang 和 Mengyuan Lin 对本文的贡献，也感谢执行合作伙伴机构科技和工业化发展中心给予的技术支持。中文译者：邓小玲，北京外国语大学。

# 一 引言

中国和德国均面临人口老龄化的挑战。德国人口在 20 世纪 70 年代开始老龄化，而生育率从 20 世纪 60 年代早期的"婴儿潮"一代之后就开始逐渐下降（Statistisches Bundesamt，2012）。自 20 世纪 80 年代以来，这一人口发加速展状态被学者定性为社会挑战（Schneider，2013）。在中国，人口老龄化现象的出现相对较晚，但发展势头迅猛。中国的生育率自 20 世纪 90 年代起开始下降，2016 年总和生育率由 2 下降至 1.6，低于生育更替水平（Whitebook，2016；The World Bank，2018）。老龄化现象不仅影响农村地区而且也越来越出现在城市地区。有研究表明，2011 年经合组织（OECD）国家 43.2% 的 65 岁及以上人口居住在城市，且大城市比例增量更高（2011 年与 2001 年相比，大城市比例增量为 23.8%，非大城市比例增量为 18.2%），而住在城市郊区的老年人口数量大于住在城市中心的老年人口。德国老年人口占城市总人口的比例相对偏高（占比 20%，而 OECD 国家的平均占比为 15%），且老年人口在城市郊区和城市中心分布比例相当（OECD，2015）。2015 年中国 60 岁及以上的人群中更多人居住在城市地区（52%），改变了中国老年人群体主要集中在农村地区的模式（2000 年仅有 34% 的老年人口居住在城市，Yang et al.，2018）。人口老龄化趋势在一线城市日趋明显，而对于非一线城市来说也是未来发展的必然趋势。2014 年和 2015 年，北京和上海城市人口中 60 岁及以上人口占比分别为 22.3% 和 30.2%（新华社，2015，2016）。

两国城市人口老龄化趋势也伴随着其他一系列社会变化的发生，如传统家庭养老结构业已松散和独生子女家庭比例居高，使得很多老年人必须自我养老。在城市尤为如此，城市里的空间障碍阻碍出行自由，且大城市中人们互不相识也阻碍了家庭之外的老年人养老支持体系的发展，这些的确增加了很多老年人的生活难度。中德两国都接受了这一挑战并将此列为需要采取行动应对的重点领域。本文将介绍两国促进城市适应人口结构变化的制度建设，并总结现行的应对这一挑战的相关国家政策和研究努力。

## 二　德国制度建设和政策措施

在德国，政治领导层用了 30 年时间才承认人口老龄化的事实，并且认定老龄化问题是需要从国家最高层解决的重要政治挑战。2012 年德国政府通过一项人口战略。这一战略旨在让所有公民，无论年龄和生活条件如何，都能获得发展自身潜能和技能的机会。调整后的战略机制还包括促进社会凝聚力和平等生活条件的实现。同年，一系列跨行业工作小组开始着手研究相关议题来促进上述目标的实现，其中包括老龄自立和城乡生活质量的改善（Demografieportal des Bundes und der Länder，2015）。人口战略也是有关部委促进城市适应老龄化社会相关政治行动的指导性文件。2013 年德国总理默克尔提出人口老龄化是主要政治优先事项之一，并将人口老龄化和能源转型、气候变化、全球化以及金融危机列为同等重要事项（Schneider，2013）。

自此，多部委积极参与应对老龄化问题，寻求合适的方法措施来促进城市和其他生活环境更好地适应老龄化社会的需求。联邦家庭事务、老年人、女性和青年事务部（BMFSFJ）负责完善老年人事务制度建设，例如养老服务法和居家养老服务法。该部委在其工作框架下开启了一系列助力政治决策的研究项目，实施了一系列试点项目支持老年人独立生活及改善养老服务，从国家层面促进欧洲范围内及国际范围内的合作，并促进老年人协会机构的发展（BMFSFJ，2018）。各部委之间的工作相辅相成。例如，交通和数字基础设施部（BMVI）负责实施老年人公共服务等项目，联邦卫生部负责制定政策框架，共同保障健康促进、养老服务、健康预防和康复（BMG，2018；BMVI，2016）。教育研究部（BMBF）则主导相关科研项目，以不断创新科技来支持老年人、护士和家庭护理者（BMBF，2019）。但是，各部委的工作重点集中于养老服务供给和老年人健康领域。

### （一）德国政府的科研举措

德国政府（由联邦家庭事务、老年人、女性和青年事务部主导）从1993年开始发布《老龄化报告》。该报告由一个独立的学术委员会撰写，报告中涉及老龄化发展趋势、需求和所面临的挑战，以协助政治讨论和决策（Deutsches Zentrum für Altersfragen，2018）。2006年发布的第五版《老龄化报告》中第一次提出了社会融合问题，包括老年人家庭和个人关系网以及社会接触和参与度等问题，同时肯定了很多老年人在退休早年阶段的生活非常积极并愿意为更广泛的社区做出自己的贡献。第七版报告于2015年发布，主要讨论了市政当局在可持续老龄化中的作用。该报告强调老年生活应该是独立和自立的，同时提出个人的生活质量取决于他们的生活环境和社会融合的质量和多样性（BMFSFJ，2015）。由此表明，德国的老龄化政策重视综合性且可持续的老龄化措施，同时也重视市政当局在应对老龄化问题中所发挥的核心作用。此外，该报告还为地方当局提出了具体行动建议，包括完善公共服务、提供无障碍保障性住房、开发技术支持系统、保障顺利出行、改进公共空间设计和促进社区关系发展。这版报告中提出的一个重要建议是：成功的老年人保障住房政策是一个跨学科的话题，需要多利益相关方之间的相互协调和包容性的政策制定，因为老年人也可以从非针对老年人而制定的政策中获益（BMFSFJ，2015）——当然，这一建议不仅适用于住房政策，还通适于所有与老龄化相关的政策。第八版《老龄化报告》于2020年8月发布，报告中强调数字化在为老年群体的独立生活方式提供支持方面的作用，包括住房、移动出行、社会融合、健康、养老服务和社会空间等。尽管报告是在新冠肺炎疫情暴发之前完成的，但德国联邦家庭事务、老年人、女性和青年事务部认为报告中的结论在疫情这样的危急时刻显得更为重要，也就是数字解决方案能够在特殊时期为老龄群体提供更大的支持，让他们得以维持正常的日常活动（BMFSFJ，2020）。

## （二）试点项目

在开展科研项目之外，德国政府进行了一些试点项目以寻找应对德国城市老龄化挑战的解决方案。其中一个试点项目是由下萨克森州倡议，项目后期由联邦家庭事务、老年人、女性和青年事务部资助，所试点的概念是"现代大家庭"。试点项目着重研究住在同一住宅楼中无亲戚关系的年轻人和老年人之间如何自愿提供日常生活支持并生活在一个开放式社区之中，目的是建立不同代际的社会互动，共同提高年轻和年长居民的自养能力。例如，年长居民可以帮助年轻家庭照看儿童，而年轻家庭可以帮助年长居民日常购物。此类项目可以由市政当局、宗教机构或其他协会机构提供赞助。2005 年该项目在全国范围内推广，2006~2020 年分三个阶段实施。2012 年起该项目确立四个核心目标，即养老服务、社会融入和教育、就近服务和志愿服务。第二阶段于 2016 年完成，该阶段的重点是促进就业，通过多代屋提供服务来支持求职者和单亲父母更好地平衡家庭和工作。因此可以说，该试点项目不仅探索了应对老龄化所带来的人口结构变化的方法，而且从更全面的角度解决了社会问题。2018 年 6 月，德国全国范围内共有约 540 个多代屋，所有多代屋每年都获得联邦和市政府提供的相应财政支持。

另一个试点项目是由联邦健康教育中心代表德国联邦卫生部在全国性项目"平衡的老龄化"的框架下实施的。2015~2016 年，中心组织了一项比赛来展示一些市镇在保障老年人出行便利、医疗服务、社会融入、住房保障和社区建设实践上的范例。9 个市县项目从 100 个参赛项目中脱颖而出，获得了 4000~10000 欧元的一次性奖励。从参赛项目中可以看出，参赛地根据老年人需求开发养老服务。同时也看出，需要更多的理论研究使养老服务和全市县的总体发展思路更加紧密挂钩。大多数的服务供给针对 65~80 岁的老年人，这个群体或者生活仍然处于积极的状态，或者至少行动不受限制——因此在这些服务体系中排除了更加年轻的群体或者更加年长也通常是需要依赖照料的老年群体的参与。比赛结果表明，志愿工作对养老服务的提供至关重要，这不仅是在服务提供的过程中，而且在服务需求确定的过程中也至关重要。因此，必须进一步鼓励志愿服务工作的开展。比赛结果还表明，可持续的高效服务的提供和实施需要广泛的良好合作。因此，市政当局与体育协会之间的合作网络以及与医疗保险公司之间的合作都很重要，它能确保养老服务所需的资金来源（Difu，2016）。尽管比赛展示了养老服务的成功因素，包括多利益相关方之间的合作以及深入的需求分析，但联邦健康教育中心与其伙伴机构并未能将成功经验转移给更多的德国其他城市和县镇。下文将着重介绍比赛中的一些最佳地方实践案例。

此外，德国联邦交通和数字基础设施部参与实施了城市适应老龄化社会转型的试点项目，该项目于 2016~2018 年在德国 18 个地区开展，它聚焦扩大公共服务的可获得性，尤其关注老年人的需求等问题（BMVI，2016）。上述先进理念和做法值得其他也在经受人口缩减和老龄化的地区学习和借鉴（Jahnke et al.，2018）。

### （三）最佳实践范例

#### 1. 社会空间图式和分析，建设适老化城市区域

魏因海姆市在城市中的一个区域进行了社会空间现状分析，以此探究该市支持老年人更加长期独立生活的能力。该分析包括以下任务：图式法分析人口和人口结构；组织居民参观，让城市居民探索和分析所居住区域的养老体系和生活环境；分析所在城区的利益相关方网络；与独居老人进行质性访谈，探究影响老年人更加积极参与社会生活的潜在障碍和挑战。

该项目的成功得益于居民的广泛参与，居民的贡献让市当局更好地理解参与者的需求和面临的挑战，这使市当局获益良多。居民参与更是带来了新的活力、激发了社区精神，参与者积极提供志愿服务，捐赠公共长椅或志愿

提供公交车助行器使用培训服务。该项目被"公平健康"合作网络和联邦健康教育中心确定为重点示范项目（Brandeis，2015）。

### 2. 老年人互助公交出行服务

2009年，德国利普斯塔特市开始实施该项目，社区老年人志愿协助行动不便的老年人在市内乘坐公交车出行。定期在特定的工作日，共20个上述老年人志愿者为需要帮助的老年人乘坐公交出行提供协助，包括上下公交车、车上购物袋的存放、助行器使用和轮椅存放等。志愿者们通过他们的协助提供了公交车司机无法如此集中提供的服务，帮助行动不便的老人能够正常使用公共交通工具出行。志愿者在上岗服务之前会接受几项培训，包括急救服务、公交安全知识、冲突管理和公交行程信息（Difu，2016；Bundeszentrale für gesundheitliche Aufklärung，2016）。该项目也参加了联邦健康教育中心组织的比赛但没有获奖。

### 3. 青年人与老年人代际互动交流项目"17/70"

该项目由埃森市志愿服务机构主导，目的是通过代际互动夯实社会基础。这一项目鼓励青年人参与志愿服务工作，在促进自身技能发展的同时加强代际互动。该项目接受14岁及以上的青年人参与，鼓励他们花更多的时间陪伴老年人，给老年人读书，与老年人共同参加活动或是共同参与集体项目（见图1）。代际交流互动的概念由社会教育工作者、心理学家和养老服务实践者共同提出。这些青年志愿者由专业人员进行培训，并在老年家庭工作10~12个月。在此过程中，项目将对青年志愿者进行定期指导并与他们进行一对一面谈。志愿者会接受核心能力和方法培训，包括接受力、同情力、主动性和团队协作能力，也会接受包括老年人医疗服务和应对痴呆症等专业能力培训。

### 4. 代际公园

位于德国南部奥滕伯格镇的代际公园是于2015年设计的一个综合性公园，适合所有年龄群体。与其他公园相比，它尤其关注社区老年人的需求，是重要的代际互动场所。公园配备儿童的游玩设施，也配备

**图1　德国埃森市青年人与老年人代际互动**

资料来源：Ehrenamt Agentur Essen e.V.（2018）。

老年人运动设施，通过这种特别的设计来鼓励不同年龄群体间的互动
（Bundeszentrale für gesundheitliche Aufklärung，2016）。该项目获得了联邦健
康教育中心所组织的比赛第二名。

## 三　中国的制度建设和政策措施

进入21世纪之前，中国的制度性养老服务非常稀有，仅提供给"三无
老人"，即无子女、无收入、无亲属的老人依靠国家社会福利供养（Chen，
1998）。当时城市地区提供的养老服务和养老服务机构很少，主要依赖老人
家庭提供养老服务。尽管把赡养老人看作中国儒家文化中根深蒂固的孝道
的时代早已过，但由于人口老龄化发展以及家庭养老体系的消失，中国
有关城市适老化环境建设的讨论不断加深。在中国的"十二五"规划（即
2011~2015年指导国家发展和省市县地方行动的最重要的国家级政策文件）
中第一次强调了老龄化问题。其后推出几项国家政策措施，并着手建立养老

支持体系以应对（城市）老龄化所带来的挑战。这一政策倾斜打开了新局面，政府在发挥更大作用的同时，也鼓励私营部门参与养老服务供给。"十三五"规划中实现了对养老问题的认知战略性转变，将养老问题不再看作单纯的家庭问题，而是一个社会问题，不仅关注健康和护理问题，也关注与其相关的老年人生活和福祉。

老龄化问题是一个跨学科问题，因此中国相关的制度建设也与德国一样具有多样性。中国民政部（MoCA）和全国老龄工作委员会（NWCA）①是应对老龄化问题的主要责任机构，其他部委和执行机构也参与其中。民政部肩负着国家社会行政事务制度建设的任务，制定国家政策和管理指导方针，由省级政府贯彻落实。全国老龄工作委员会设立于1999年，是国务院的议事协调机构。随着老龄化问题的日益突出，全国老龄工作委员会被赋予了更大的责任，在全国范围内通过中央到地方的全面工作网络开展科研项目、实施试点项目、协调政策制定、规划发展养老服务。该委员会在省市县镇地方设立其联络网络和办公室。由于老龄化问题的跨学科性质，加上老龄化问题对整个社会和老龄工作委员会的工作所造成的挑战越来越大，全国老龄工作委员会与其他相关部委的工作联系越来越紧密。例如，住房和城乡建设部（MoHURD）依赖其下属科技与产业化发展中心（CSTID）的专业支持，主导适老化社区和城市建设（见表1）。CSTID向政府部门和其他组织机构提供咨询服务、项目评估服务并参与技术标准制定，为政府在城市适应人口结构变化问题上的决策过程提供坚强的科技支撑。

---

① 2018年之前，全国老龄工作委员会秘书处的工作由民政部代理，尽管工作委员会是国务院主管的议事协调机构。2018年国务院机构改革之后，全国老龄工作委员会被纳入国家卫生健康委员会（NHC），国家卫生健康委员会作为国务院组成部门，负责制定应对人口老龄化问题、养老和医疗服务融合方面的政策和措施。

**表1　中国城市适老化环境建设各部委和相关机构任务职责划分**

| 任务 | 主导部门 | 执行部门 |
|---|---|---|
| 在新老城市或城区开发和建设养老服务设施（如一般健康、护理服务等） | | 国家发展和改革委员会（NDRC），民政部（MCA），财政部（MoF），住房与城乡建设部（MoHURD），商务部（MofCom），国家卫生健康委员会（NHFPC） |
| 在公共空间配备体育设施 | 国家体育总局 | 国家民族事务委员会(SEAC)，住房和城乡建设部，全国老龄工作委员会（NWCA），文化和旅游部（MCT） |
| 规划和建设无障碍城市环境（公共空间和楼宇） | 住房和城乡建设部 | 国家发展和改革委员会，工业与信息化部（MIIT），民政部，财政部，交通部（MoT） |
| 城区和住宅楼适老化改造，保障老年人群的生活质量（绿色、安全），养老服务设施节能改造，创造促进代际互动的生活方式，在城区建设老年人服务机构 | 住房和城乡建设部 | 国家发展和改革委员会，民政部，财政部，全国老龄工作委员会 |

资料来源：全国老龄工作委员会（2017）。

## （一）现行政策和科研项目

2013年，全国老龄工作委员会（NWCA）在《中国老龄事业发展报告》中首次承认宜居环境对于老龄人口的重要性，并强调在城市建设和管理中"年龄平等"的必要性。2006年中国第一次发布《中国老龄事业发展报告》，是探索中国老龄事业发展的最重要的政策性文件之一（Wu，2013）。与2006年报告不同的是，之后的报告只是作为政府机构支持性指导文件，而非政府指令，影响力大大下降。2015年中国老龄科学研究中心（隶属于全国老龄工作委员会）与清华大学建筑学院共同发布《中国老年宜居环境发展报告》，提出一系列策略，其中包括促进适老化（公共）环境发展、促进老年人宜居社区建设以及建立相关标准。该报告提出要解决城乡养老服务发展不均衡的问题，促进养老服务产业的发展。

这些研究报告推动了《"十三五"国家老龄事业发展和养老体系建设》的形成并于2017年发布，成为各省份工作的指导性文件。规划中明确规定中国应对老龄化社会挑战的目标和方向。为适应政府所采取的社区养老服务政策，科技与产业化发展中心制定了一系列规范老年居民社区建设、管理和发展的技术标准，弥补了政策制定者和政策执行者之间的断层。除了保障出行便利以及社区基础设施和服务供给，科技与产业化发展中心还致力于将人工智能和环境可持续性纳入城市适应措施。因此可以说，科技与产业化发展中心与这个时代的机遇和挑战并肩而行。

此外，在住房和城乡建设部的指导下，科技与产业化发展中心研究制定了一套关于适老化设施的标准体系。这一标准体系涵盖多项内容，例如设定建筑可达性标准以及提供适老化社区设计建议，包括服务设施的距离和在公共场所提供休息区的相关设计建议。本书中由赵尤阳撰写的论文将解释这套标准对中国的重要性并详细介绍了标准制定的过程。

### （二）试点项目

住房和城乡建设部通过其下属科技与产业化发展中心进行试点项目不断完善相关建筑技术标准。目前正在实施的北京市海淀区大柳树社区全面城市改造项目就是其中之一，重点是改造城市环境、公共服务设施和建筑（见图2）。城市环境改造包括人行道无障碍改造，公共空间、停车场和厕所改造，以及在公共场所增加休息椅、扶手栏杆和无障碍标志（服务残疾人）。公共服务设施改造包括对居委会、社区卫生服务站、社区中心等进行无障碍改造，比如增加轮椅坡道、无障碍电梯和清晰的标志。旧房改造主要是通过安装电梯和室内翻新来加强建筑可达性。

改造实施过程中有几大挑战：首先，说服当地居民提供部分资金用于旧房改造和生活环境改善。其次，实施改造需要多部门审批，增加了改造的实施难度。在实施过程中还必须要考虑不同利益群体的诉求，例如当地居民和企业的不同诉求，因此在决策中平衡不同群体的利益对项目的成功实施至关重要。最后，政策和监管层面的不确定性也增加了项目实施的难度，同时也说明试点项目的实施对于完善现有政策和标准有积极贡献（Zhao，2018）。

图 2　北京大柳树社区改造

资料来源：赵尤阳（2018）。

另一个试点项目是由江苏省住房和城乡建设厅牵头实施。江苏省政府于2017 年设立了旧房改造基金，目的是通过该基金鼓励社区自主进行适老化改造。江苏省常州市几个社区使用了这一资助政策，包括河苑西村和华东社区，这两个社区老年人口占比较高。这几个社区的改造不仅包括技术改造，如增加电梯和扶手栏杆等，也包括社会服务改造，如休闲设施建设、文化活动中心建设、志愿者提供的日常交流和家政服务。河苑西村社区代表参与了改造工作，提出了改造建议及相关需求。

除了由中央政府机构实施的试点项目，地方市级政府机构也积极采取措施建设适老化环境。

### （三）最佳实践范例大连沙河口区社区养老服务新机制

大连是中国东北老工业基地之一，面临人口老龄化和经济结构改革带来的高失业率问题，急需应对措施加以解决。在社区养老服务提供上，大连沙河口区采取了创新手段，开辟出一条独特的道路。2002 年该区有 182名老人由无子女或子女不在身边导致护理不足，同时该区有约 300 名女性失业。社区居委会决定将老年人养老护理需求和失业女性就业需求相结合。居委会为失业女性组织专业护理技能培训，失业女性接受再培训成为合格的护理护士之后才能为老人提供护理服务，报酬则由居委会和当地一家慈善机构发放。通过这一模式，不仅满足了老人群体的日常护理需求，也建立了以社区为基础的社会互动和支持网络，一定程度上替代业已松散的家庭养老体系。这一创新措施立即引起了大连市政府的重视，该模式也得到了大范围推广并发展成为成熟的社区养老服务机制。

### 1. 上海"老朋友项目"

"老朋友项目"由上海市政府于2012年提出并提供支持，组织老年人参加志愿工作，由刚退休的老年人志愿照料和帮助更加脆弱的年龄群体。一方面，绝大多数刚退休的老年人身体状况良好并对志愿工作很有热情；另一方面，与年轻一代的养老服务工作人员相比，刚退休的老年人与更高龄人群之间的代沟要小得多，这也意味着这些老年人志愿者能够更好地理解更高龄人群的需求。志愿服务方式多种多样，如电话聊天或是到家里拜访等。至2014年底，共有26个机构在上海市的17个区县参与了"老朋友项目"，超过15万老年人从该项目受益，约3万老年人志愿者提供了志愿服务。

### 2. 70岁＋老年大学

如东县是江苏省一个不起眼的小地方，却因其简单直接地应对人口老龄化的方式而备受瞩目，即创办老年大学。作为独生子女政策最早的试验田，如东的老龄化危机来得比其他地方要早很多，2017年如东30%的人口年龄达到60岁及以上。在老年大学，退休的老年人可以选修各种课程，比如长笛和书法课程，每学期仅需缴纳80元（12美元）的学费。据《卫报》报道，自老年大学成立以来，许多当地的老年人对未来的生活充满了希望，感觉重获新生。虽然老年大学不能改变人口结构，但它是适应人口结构变化的一种创新性手段（Phillips，2017）。

### 3. 老年家庭房屋改造

2018年，根据上海市"十三五"老龄发展规划（国家十三五规划下的省级政策指令），上海市民政局和全国老龄工作委员会上海办公室共同投资

2000万元（300万美元）用于住房改造，为老年人提供更加方便的生活，保障安全、可达性和卫生水平。卫生间和厨房是改造的重点。而房屋状况和老年人自身状况是决定该家庭是否有条件参与该住房改造项目的重要衡量标准。

## 四 结论

随着全世界城市人口数量持续增加，城市将会从社会多样化发展中获益，生活方式改变、预期寿命延长且老龄阶段健康状况改善。同时，城市也将要应对老年人口需求多样化所带来的挑战，急需灵活性、新想法和创新精神。通过完善城市基础设施和社会生活的可及性，城市能够保证其人口在老龄阶段也能在工作、家庭和社区中发挥积极的作用。这使城市发展能够从老龄人口的知识和经验中获益，因为老年人仍能积极参与社会生活。老龄化社会也会为创新带来了机遇，带来新的发展。

中国和德国均开始应对城市所面临的老龄化问题所带来的挑战，不仅要为老年人创造宜居环境，也要为所有年龄群创造一个包容性的社会和平等的机会。

一方面，两国政府通过增加现有机构的职能或设立新的机构部门来满足城市适应人口老龄化所需的技术和社会条件。这一过程形成了一系列多样化的机构，开展与城镇化和城市社会相关领域的科研项目和试点项目。显而易见的是，这样一种错综复杂的挑战只有多利益相关方通力合作才能解决，但多方管理如果不能相互协调，也可能会造成工作碎片化。以中国为例。中国的情况是多部门在相似的领域同时负责牵头，结果导致政策缺乏命令性和一致性，也无法得到切实的贯彻落实。例如中国现在的养老金政策大多数仅限于部级规章和规范性文件，绝大多数以"通知"、"意见"或"决定"的形式制定和下发，因此只具指导性作用但没有法律约束力。

两国的试点项目也凸显了类似的问题。例如在德国，国家层面制定了清晰的试点流程并在几年内提供了相应的财政支持（如向多代屋项目和积极老龄化项目提供资金奖励）。但是在推广试点项目的成功经验上还有巨大的潜力有待挖掘，需要制定清晰的战略作为支撑，这也是下一任政府的重要任务之一。同样至关重要的是鼓励多方积极参与，让部级和地方省市级相关部门、各协会组织、房地产开发商和医疗服务中心等利益相关方共同积极参与进来。

另外，老龄化问题也激发了地方层面创新举措的推出，多渠道尝试满足当地老年人的需求，而不是坐等冗长的政治流程来应对老龄化社会所带来的种种挑战。这些创新举措吸纳了老年人自身的知识和经验，对于城市成功转型至关重要，使城市环境更加宜居、社会更加公平。由此可以看出，综合性的适老化城市建设方案有赖于国家战略性政策和制度安排来支持地方上实地的项目实施，并保证国家政策和地方举措的协调统一。

## 参考文献

1. 娄乃琳、赵尤阳:《养老服务设施规划建设标准关键技术和标准体系研究课题分析》,《建设科技》2017 年第 7 期。

2. 《突出养老体系建设　增进老年人福祉——全国老龄办有关负责人解读〈"十三五"国家老龄事业发展和养老体系建设规划〉》, http://www.gov.cn/zhengce/2017-03/15/content_5177770.htm[26/10/2020].。

3. BMBF, Ministry for Education and Research (2019). Pflege durch Forschung erleichtern, https://www.bmbf.de/de/pflege-erleichtern-5479.html[04/04/2019].

4. BMFSFJ, Bundesministerium für Familie, Senioren, Frauen und Jugend (2015). Siebter Altenbericht. Sorge und Mitverantwortung in der Kommune–Aufbau und Sicherung zukunftsfähiger Gemeinschaften und Stellungnahme der Bundesregierung. Berlin, https://www.siebter-altenbericht.de/fileadmin/altenbericht/pdf/Der_Siebte_Altenbericht.pdf [21/09/2018].

5. BMFSFJ, Bundesministerium für Familie, Senioren, Frauen und Jugend (2018). https://www.bmfsfj.de/[04/10/2018].

6. BMFSFJ, Bundesministerium für Familie, Senioren, Frauen und Jugend (2018). Mehrgenerationenhaus.

Wir leben zusammen, https://www.mehrgenerationenhaeuser.de[18/10/2018].

7. BMFSFJ, Bundesministerium für Familie, Senioren, Frauen und Jugend (2020). Digital isierung bietet großes Potenzial für ältere Menschen, https://www.bmfsfj.de/bmfsfj/ aktuelles/presse/pressemitteilungen/digitalisierung-bietet-grosses-potenzial-fuer-aeltere- menschen/159744[21/09/2020].

8. BMG, Bundesministerium für Gesundheit (2018). https://www.bundesgesundheitsministerium. de/[04/10/2018].

9. BMVI, Bundesministerium für Verkehr und digitale Infrastruktur (2016). Modellvorhaben „ Langfristige Sicherung von Versorgung und Mobilität in ländlichen Räumen ", http:// www.modellvorhaben-versorgung-mobilitaet.de/veranstaltungen/hintergrundinformation- zum-modellvorhaben/[03/11/2020].

10. Brandeis, B. (2015). Auf dem Weg zu einer alternsfreundlichen Kommune am Beispiel der Stadtteilanalyse Weinheim-West. Geschäftsstelle der Kommunalen Gesundheitskonferenz Rhein-Neckar-Kreis und Heidelberg, Heidelberg, https://www.gesundheitskonferenz-rnk- hd.de/images/WeinheimW_Bericht_web_low.pdf[12/10/2018].

11. Bundeszentrale für gesundheitliche Aufklärung (2016). Gesund und aktiv älter werden. Projektplattform, https://www.gesund-aktiv-aelter-werden.de/projektdatenbank/ [05/10/2018].

12. Chen, S. (1998). *Social Policy of the Economic State and Community Care in Chinese Culture: Aging, Family, Urban Change, and the Socialist Welfare Pluralism* ( London: Routledge ).

13. Demografieportal des Bundes und der Länder (2015). Demografiestrategie der Bundesregierung, http://www.demografie-portal.de/SharedDocs/Informieren/DE/BerichteKonzepte/ Bund/Demografiestrategie.html[04/10/2018].

14. Deutsches Zentrum für Altersfragen (2018). Geschäftsstelle Altersberichte, https://www. dza.de/politikberatung/geschaeftsstelle-altenbericht.html[21/09/2018].

15. Difu, Deutsches Institut für Urbanistik (2016). Bundeswettbewerb Gesund älter werden in der Kommune – bewegt und mobil. Dokumentation. Berlin, https://wettbewerb-aelter- werden-in-balance.de/preistraeger.html[04/10/2018].

16. DStGB, Deutscher Städte- und Gemeindebund und BMFSFJ, Bundesministerium für Familie, Senioren, Frauen und Jugend (Hrsg.) (2014). Kommunale Impulse generationenübergreifender Arbeit. Hintergründe und Einblicke aus dem Aktionsprogramm Mehrgenerationenhäuser. DStGB Dokumentation Nr. 129. Berlin, https://www.bmfsfj.de/blob/77460/86f2f0b

acf1777d1beff815950aa29e5/dstgb-dokumentation-mehrgenerationenhaeuser-data.
pdf[21/09/2018].

17.　Ehrenamt Agentur Essen e.V. (2018). Projektbeschreibung, „17/70 -Junge Paten für
Senioren ". Ein Projekt der Ehrenamt Agentur Essen e.V., http://www.gesundheitliche-
chancengleichheit.de/docext.php?idx=145[15/10/2018].

18.　Feng, Zh., Liu., Ch., Guan, X., and Mor, V. (2012). China's Rapidly Aging Population
Creates Policy Challenges in Shaping a Viable Long-Term Care System, *Health Affairs*,
31(12）: 2764–2773.

19.　Jahnke, M., albrecht, M., Kis, A., and Lueder, B-Th von (2018). Modelvorhaben
Langfristige Sicherung von Versorgung und Mobilität in ländlichen Räumen.
Abschlussbericht, https://www.schleswig-flensburg.de/media/custom/2120_2801_1.PDF?
1548942263#page=60&zoom=100,129,732[03/11/2020].

20.　Klie, T., and Marzluff, S. (2013). Argumentationshilfe zur Förderung von Mitgestaltung
und Mitentscheidung älterer Menschen in Kommunen. Erkenntnisse und Empfehlungen
auf Basis der Nacherhebung zur Nachhaltigkeit des Programms „ Aktiv im Alter ".
Freiburg: Zentrum für zivilgesellschaftliche Entwicklung, http://www.zze-freiburg.de/
assets/pdf/2013zzeArbeitshilfeLeitfadenfuerKommunen.pdf[21/09/2018].

21.　OECD, Organisation for Economic Co-operation and Development (2015). Ageing in
Cities, OECD Publishing, Paris, https://doi.org/10.1787/9789264231160-en

22.　Phillips, T. (2017). China's Answer to Its Ageing Crisis? A University for 70somethings. The
Guardian, Guardian News and Media,https:// www.theguardian.com/world/2017/
feb/24/grey-wall-china-rudong-town-frontline-looming-ageing-crisis[24/10/2018].

23.　Schneider, N. (2013). Die demographische Entwicklung in Deutschland und Europa. Trend
Ursachen und gesellschaftliche Gestaltungsmöglichkeiten. Vortrag beim KIT Colloquium
Fundamentale, https://www.youtube.com/watch?v=wzXHBBvXLvU[11/10/2018].

24.　Statistisches Bundesamt (2012). Geburten in Deutschland, Wiesbaden, https://www.
destatis.de/DE/Publikationen/Thematisch/Bevoelkerung/Bevoelkerungsbewegung/Bros
chuereGeburtenDeutschland0120007129004.pdf?__blob=publicationFile[20/09/2018].

25.　The World Bank (2018). Fertility rate China, https://data.worldbank.org/indicator/
SP.DYN.TFRT.IN?locations=CN[20/09/2018].

26.　Whitebook, A. (2016). Demographic Changes in China to 2030. Strategic Analysis Paper,
Future Directions International Pty Ltd, Dalkeith, http://www.futuredirections.org.au/wp-

content/uploads/2016/11/Demographic-Changes-in-China-to-2030.pdf[20/09/2018].

27.  Wu, Y. (2013). *China Report of the Development on Aging Cause* ( Beijing: Social Sciences Academic Press ).

28.  Yang, J., Siri, J., Remais, J., Cheng, Q., Zhang, H., Chan, K., Sun, Z., Zhao, Y., Cong, N., Li, X., Zhang, W., Bai, Y., Bi, J., Cai, W., Chan, E., Chen, W., Fan, W., Fu, H., He, J., Huang, H., Ji, J., Jia, P., Jiang, X., Kwan, M.-P., Li, T., Li, X., Liang, S., Liang, X., Liang, L., Liu, Q., Lu, Y., Luo, Y., Ma, M., Schwartlaender, B., Shen, Z., Shi, P., Su, J., Wu, T., Yang, C., Yin, Y., Zhang, Q., Zhang, Y., Zhang, Y., Xu, B., and Gong, P. (2018). The Tsinghua–Lancet Commission on Healthy Cities in China: Unlocking the Power of Cities for a Healthy China. The Lancet Commissions. Lancet 2018, 391: 2140–8, http://dx.doi.org/10.1016/S0140-6736(18)30486-0[17/04/2018].

# 旅居养老基地建设标准关键技术研究

娄乃琳　赵尤阳

**摘　要：**中国正处于人口老龄化快速发展的阶段，老年人口比例的变化趋势整体呈现规模大、速度快、峰值高、不均衡、跨度长的特点。在如此急速变化的阶段，中国老年人生活面临着许多方面的挑战，参考人口老龄化趋势出现较早的发达国家在旅游养老方面的经验，探讨适于中国的环境友好的旅居养老基地建设内容是撰写本文的主要目的。

**关键词：**人口老龄化　老年人旅游动机　旅居养老基地

## 一　中国人口老龄化背景下的新需求与新趋势

自 1999 年中国 60 岁及以上的老年人口占人口总数的 10% 起，中国正式进入老龄化社会。基于全国范围内的第六次人口普查显示，2010 年 11 月 1 日，中国 60 岁及以上的老年人达 1.78 亿，占总人口数的 13.26%；其中 65 岁及以上老年人为 1.19 亿，占总人口数的 8.87%，中国 成为世界上唯一 65 岁及以上老年人口超过 1 亿的国家。到 2013 年底，中国老年人口总数超过了 2 亿，占世界老年人总数的 1/5，占亚洲老年人口的 1/2。2019 年末，中国 60 岁及以上人口达到 2.5 亿，占总人口的 18.1%，其中

65 岁及以上人口超过了 1.7 亿，占总人口的 12.6%。相较 2018 年底，老年人口增加约 439 万。

此外，中国社会科学院财政与贸易经济研究所发布的《"十二五"时期的中国财税改革》指出，未来 20 年是中国老年人口增长最快的时期。到 2035 年，中国老年人口约为 4.23 亿，60 岁及以上老年人口占总人口的比重为 28.7%，老年人抚养比约为 0.28；到 2050 年，中国老年人口将达到 4.83 亿，60 岁及以上老年人口占总人口的比重约为 34.1%，老年人抚养比约为 0.46。中国整体社会向"老年型"社会转型的趋势不可避免（见图 1）。

巨大的老年人口基数为中国社会的发展带来了众多的机遇和挑战，居家养老、社区养老、机构养老、智慧养老、旅居养老等不同类型的养老模式成为近年来全社会普遍关注的话题，其中旅居养老伴随中国国民经济收入水平的升高和精神物质生活需求的增强展现强劲的发展活力。特别是目前占主导地位的中华人民共和国成立后第一次生育高峰期出生的 50 后和 60 后老年人，旅居养老将会成为他们提高生活质量、完善生命历程的新方式。魏立华和丛艳国（2001）指出，退休金在中国老年人生活来源中所占比例从 2000 年

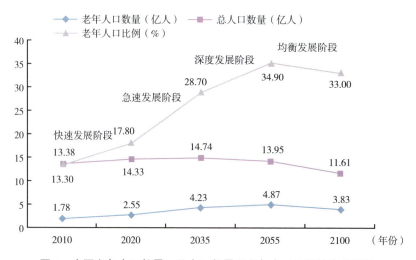

图 1　中国老年人口数量、总人口数量及老年人口比例的变化趋势

的 19.61% 增加到 2010 年的 24.12%，这意味着中国老年人退休生活中的经济独立性进一步增强。伴随退休金比例不断增长的是旅居养老市场的繁荣，仅 2010 年一年，在广西巴马养生的"候鸟式"老年人就达到 15 万，2013 年在海南三亚过冬的"候鸟式"老年人达到 40 万，他们大多来自冬季严寒的中国北方，在每年 10 月前后像"候鸟"一样迁往南方，到了来年 4 月又迁回北方，具有明显的季节性和巡回式特征。

从这些新的特点可以看出，未来中国老年人对于养老服务的需求将会发生很大的变化。他们的精神需求较高，文化生活要求丰富，具有较强的独立自主意识，并且拥有一定的经济基础。他们生活方式的选择更为多元化，需要的服务内容会不断细分。无论选择居家养老、社区养老、机构养老，还是越来越受欢迎的旅居养老模式，他们都会以更加积极的态度参与当中，对于所处环境中交通设施、建筑物的环境和场地、智能化设备设施、服务标准等内容会提出更多关于舒适性、便利性的高质量要求，与此相关的关于无障碍通行、安全助力、入浴如厕、饮食起居、移动与行走、排泄专用设施、听力与通信等产品的需求将会持续增加。在这种背景下，旅居养老基地的建设要求理应顺应老年人生活方式的改变而进行调整，在安全性、便利性、实用性、舒适性上满足老年人的旅居生活需求。

## 二　国外旅游养老的经验与启示

欧美一些发达国家老龄化趋势出现较早，对于老年旅游研究内容较为丰富，其中关于老年人旅游动机的研究具有一定特点。在对得克萨斯部分老年人旅居生活内容进行分析后，Guinn（1980）发现老年人的旅游动机包括社交、思乡、学习、休息和放松、锻炼身体及寻求刺激；Anderson 和 Langmeyer（1982）指出 50 岁及以上的老年人旅游倾向于探亲、放松或者休息；Romsa 和 Blenman（1989）认为老年旅游者把探望亲朋好友以及健康出行看得很重要；Thomas 和 Butts（1998）认为累积智慧、自主能力和社会互动是银发族旅游的主要动机；Fleischer 和 Pizam（2002）在回顾以前研究的基础上指出老年人旅行最普遍的动机是休息、放松、社交、锻炼身体、学习、思乡以及寻求刺激；而 Horneman et al.（2002）的研究表明，以往研究中出现最频繁的动机是教育与学习、休息与放松、锻炼身体与保持体型及探亲访友。与中青年旅游群体主要集中表现的探新求异的积极心理和逃避紧张现实的消极心理不同，老年人旅游的动机更为平和，思乡、探亲、休息、放松占到很大比例。

通过对国外老年人旅游养老的动机和内容进行分析，可以进一步梳理出对我国旅居养老市场的启示。旅居养老模式的出现和蓬勃发展，首先，依赖老年人良好的身体状况和不断提高的经济收入水平；其次，舒适的气候环境、优美的自然人文景观是促使老年人选择旅居养老的重要因素；再次，完善的公共服务设施及医疗服务体系是旅居养老生活的重要保障；最后，多元化的旅居养老模式将会成为未来的发展方式，如定制化的旅游路线、房车出游、依托完善医疗设施开展的康复性旅游项目等，旅居养老的目的、出行方式和旅居过程均会展现差异性、多样化的特点。

## 三　中国旅居养老发展的特点与问题

通过研究中国人口老龄化背景，分析国外旅游养老的经验，结合中国老年人旅游的现实发展情况，中国旅居养老的特点与问题主要表现在以下三个方面。

### （一）全社会对于推动旅居养老市场繁荣发展的整体意识不足

目前中国旅居养老模式尚未被全社会了解和接纳，有很多误区有待厘清。如基于中国传统观念和经济的影响，居家养老固然是大多数家庭的首选方式，但是"4+2+1"的家庭结构[①]，使居家养老功能弱化，子女对老人的照顾显得力不从心。同时，老年人的经济收入水平和自我意识不断提高，大量的旅居养老需求亟待释放。另外，很多制度的设定限制了旅居养老模式的发展，如户籍制度是我国养老旅游的重要障碍，退休老年人实行属地社区管理，使得老年人在目的地难以享受到各种优待和福利，降低了生活满意度和安全感。全国医疗和社会保险尚未统筹，既给老年人生活增添了负担，又可能对目的地公共服务产生挤出效应。此外，中国自然条件多样，旅游资源丰富，从国际层面来看，中国针对外国老年人没有特殊的签证安排和营销计划，入境养老旅游发展滞后于马来西亚、泰国等国家。

### （二）公共服务设施及养老服务设施建设体系不完善

在公共服务设施及养老服务设施方面，缺少便于老年人出行和休憩的适老化无障碍设施。与发达国家相比，中国的适老化无障碍环境建设起步晚、起点低、投入少，在理念、技术标准体系、监督保障制度、系统性与精细化设计等方面还存在较大差距。很多已建成的公共环境中无障碍设施不完善，没有形成一个完整的无障碍流线，不能真正满足相关人群平等参与社会文化活动的需求。

已建成的无障碍设施整体性、系统性差，无障碍设施普适性不强、利用效率不高，甚至对其他人造成障碍和伤害。比如在城市人行道上大量建设的行进盲道，很多设置不合理，影响轮椅使用或其他行人的通行。

### （三）现有旅居养老项目不能满足老年人实际旅居养老生活需求

旅居养老是"候鸟式养老"和"度假式养老"的融合体，是一种有利于

---

① "4+2+1"的家庭结构，是中国一种家庭结构的简称，由于社会经济发展、人口结构老龄化、独生子女政策以及生育率低等，中国传统四世同堂的家庭结构逐步消失，取而代之的是包含夫妻双方父母 4 人、夫妻 2 人、夫妻独生子女 1 人的家庭结构模式，简称"4+2+1"的家庭结构。

老年人身心健康的积极养老方式。在不同季节迁徙若干个地方，一般在一个地方居住半个月左右或更长时间，一边旅游一边养老，慢游细品，以达到既健康养生又开阔视野的目的。因此，半个月至半年的居住时间决定了旅居养老项目的特殊性，它应当同时满足住宅的居住要求、酒店的服务功能和养老机构的保障措施，而目前中国现有的旅居养老项目还不能同时具备这三类主要服务内容的功能要求。

## 四　中国旅居养老基地评定标准关键技术研究

为积极引导中国旅居养老行业健康有序发展，完善旅居养老基地配套设施，提升旅居养老基地服务水平，在现阶段开展旅居养老基地建设标准研究工作十分必要。旅居养老基地建设标准计划从基地周边环境与设施、场地、建筑设计与设备、智能化系统、运营服务五个方面进行综合评定，体现基地整体品质，以供消费者作为选择的依据。基地按分值高低划分为三个等级，目的是引导基地建设和运行服务品质的改进与提高，同时适应不同人群对养老基地的选择。

在基地周边环境与设施方面，主要是对基地所在地区的环境和设施两项内容提出要求。环境内容如气候气象条件、自然环境条件、人文景观、休闲观光场所等；设施内容如交通设施、医疗与救护设施、商业设施、文化娱乐设施等。

在场地方面，主要是对围绕基地周边的自然环境、基地内的交通（包括与基地外道路和交通的衔接）、绿地与活动场地三项内容提出要求。环境内容如日照、遮阳、视野、通风、建筑间距等；交通内容如基地周边的道路性质、道路宽度、车辆行驶速度、内部交通组织、交通安全、停车位设置、紧急救助等；绿地与活动场地内容如植物的成活率、适宜的植物种类、乔木灌木的合理设置、植物的多样性、活动场地的面积、供老年人休息的设施、举行夜间活动的场地、安全性、公共卫生间等。

在建筑设计与设备方面，主要是对建筑设计、适老化设计、建筑设备设施三项内容提出要求。建筑设计内容主要包括建筑形式、空间布局、通行要求、室内环境等；适老化设计内容主要包括居住用房、公共服务设施、旅居生活设施、休闲娱乐设施、养生保健设施、安全性；建筑设备设施内容主要包括日常生活设施、给水排水、暖通、空调、电气。

在智能化系统方面，主要是对基地服务、健康服务、公共安全、智慧生活、基础设施五项内容提出要求。基地服务包括一卡通系统、呼叫中心、信息发布系统、智能预定系统、环境监测系统、多媒体音视频系统、家政服务系统、超市服务系统；健康服务包括健康检测服务、电子健康档案、健康助手、智能看护、私人医生、智能床垫租赁服务、多功能护理轮椅租赁服务；公共安全包括报警系统、视频安防监控系统、出入库控制系统、电子巡查系统；智慧生活包括户内信息系统、智能门锁、户内智能控制、户内设备控制、房态管理系统、人工智能系统、智能马桶、互动聊天；基础设施包括信息设施系统、信息化运用系统、火灾自动报警系统、机房工程、UPS 不间断电源系统。

在运营服务方面，主要是对总体要求、环境维护、室内维护、设备设施运行维护、日常生活服务、家政服务、健康医疗服务、社交娱乐健身服务等内容从管理和服务的角度提出具体要求。

中国正处于人口老龄化快速发展的阶段，老年人口比例的变化趋势整体呈现规模大、速度快、峰值高、不均衡、跨度长的特点。在如此急速变化的阶段，中国老年人的生活面临着许多方面的挑战，最突出的三个矛盾是"未富先老"、"未备先老"和"抚养比高"。从目前老年人生活所面临的最突出的三个矛盾中不难看出，中国是在全社会应对人口老龄化认识和准备不足的情况下，提前进入了人口老龄化快速发展的阶段，由此而造成的种种社会问题很难在短时间内消除，而旅居养老模式是未来中国老年人养老生活的重要内容，积极推进环境友好的旅居养老基地建设将会大力推动中国养老服务业的健康发展。

## 参考文献

1. 高培勇:《"十二五"时期的中国财税改革》,中国财政经济出版社,2010。

2. 国务院人口普查办公室、国家统计局人口和就业统计司编《中国 2010 年人口普查资料》,中国统计出版社,2012。

3. 黄璜:《国外养老旅游研究进展与我国借鉴》,《旅游科学》2013 年第 6 期。

4. 黎莉、陈棠、王珏:《佛罗里达经验对海南"候鸟式"养老产业发展的启示》,《科技和产业》2014 年第 2 期。

5. 黎筱筱、马晓龙:《基于群体心理特征的老年旅游产品谱系构建 ——— 以关中地区为例》,《人文地理》2006 年第 1 期。

6. 魏立华、丛艳国:《老龄人口旅游空间行为特征及其对旅游业发展的启示》,《人文地理》2001 年第 1 期。

7. 谢家瑾、张俊梅等:《美国、加拿大社区养老考察调研报告》,《中国物业管理》2012 年第 12 期。

8. 周彩屏:《浙江银发旅游市场拓展的思考》,《金华职业技术学院学报》2002 年第 2 期。

9. 周莉:《论我国老年旅游市场的开发》,东南大学硕士学位论文,2006。

10. Anderson, B. , and Langmeyer, L. (1982). The Under-50 and Over-50 Traveler: A Profile of Similarities and Differences, *Journal of Travel Research* , 20(4):20-24.

11. Fleischer, A., and Pizam, A. (2002). Tourism Constraints among Is raeli Seniors, *Annals of Tourism Research*, 29(1):06-12.

12. Guinn, R. (1980). Elderly Recreational Vehicle Tourists: Motivations for Leisure, *Journal of Travel Research*, 19(1):9-12.

13. Horneman, L., Carter, R. W. , Wei, S. (2002). Profiling the Senior Traveler :An Australian Perspective , *Journal of Travel Research* , 41(1):23-37.

14. Romsa, G., and Blenman, M. (1989). Vacation Patterns of the Elderly German , *Annals of Tourism Research* , 16:178-188.

15. Thomas, D. W., and Butts, F. B. (1998). Assessing Leisure Motivators and Satisfaction of International Elderhostel Participants , *Journal of Travel &Tourism Marketing* , 7(1):31-38.

# 中国养老服务设施建设统计指标体系研究要素

赵尤阳

**摘　要：** 中国正处于人口老龄化趋势快速发展阶段，与老年人日常生活相关的方方面面内容都将面临巨大挑战，养老服务设施建设如何满足人口老龄化发展的需求是全社会面临的关键问题。合理运用统计学方法，在摸清中国养老服务设施建设现状、理顺中国养老服务设施建设未来发展趋势、建立养老服务设施统计数据库的基础上，确定城市养老服务设施建设指数构成因素，从而实现通过指数体现城市养老服务设施建设情况，通过指数的直观性、普适性、权威性来引导中国城市养老服务设施建设的合理发展。

**关键词：** 人口老龄化　养老服务设施建设　统计学

## 一　研究背景

2019 年末，中国 60 岁及以上人口达到 2.5 亿，占总人口的 18.1%，其中 65 岁及以上人口超过了 1.7 亿，占总人口的 12.6%。相较 2018 年底，老年人口增加了约 439 万。中国整体社会向"老年型"社会转型的趋势不可避免，与老年人日常生活相关的方方面面内容都将面临巨大挑战，其中养老服务设施建设如何满足人口老龄化发展的需求是全社会关注的焦点。

　　长久以来，中国的住宅建设以年轻人的功能使用需求为主，特别是居住区的配套设施设置，重视对幼儿园和学校的建设要求，老年人休闲活动健身场所却明显不足。近年来，全国各地多处发生的由老年人广场舞活动而引起的纠纷就是明证。随着人口老龄化的进一步发展，养老服务设施建设的缺失将会引发严重的社会问题。同时，居住区环境、住宅套型设计在非健康人群使用方面还存在很多问题。例如，无障碍设施不连续、不贯通，特别是坡道与平台、电梯与楼面、室内与室外等接驳部位；厨卫轮椅回转半径过于局促，住宅内部门洞尺寸不适合轮椅通行；建筑结构形式不利于灵活分隔和未来的适老化改造等。种种现状已经引起政府、高校、科研院所和开发建设等各类主体的高度重视，无障碍设计、全装修要求、代际关系、潜伏设计、防滑要求、无棱角设计、智慧住宅、适老化设备设施等理念都从不同的角度对老年人日常生活给予关注，而关于居家养老、社区养老、机构养老、智慧养老等养老模式的探讨更是层出不穷。中国拥有庞大的人口基数，容易形成规模化效应，同时也容易开发建设过度，如何保障养老服务设施建设的健康可持续发展就显得尤为重要。

　　城市本身是一个由复杂的经济、社会、文化、历史、自然环境等要素形成的综合体，由人口结构变化而引起的设施建设需求变化将会对城市的发展产生重大影响。统计学在城市规划中的应用非常广泛，数理统计通过对某些现象的频率观察来发现该现象的内在规律性，并做出具有一定精确程度的判断和预测，它能够为规划方案提供最有力的各种关键参数，通过对关键参数以往规律的总结和未来发展趋势的判断，形成有效的规划设计依据。近年来，城市韧性、城市可持续发展研究均将统计学方法作为重要的研究手段。养老服务设施建设统计指标体系研究就是在对中国养老服务业各项内容不断深入研究的基础上，及时掌握分析中国养老服务设施的建设情况，从而进一步为各项决策提供科学合理的技术依据所开展的课题研究工作。

## 二 研究的必要性

### （一）能够进一步梳理中国养老服务设施建设现状

目前，在中国，不同的管理机构、不同的地区对养老服务设施的统计类型、规划类型不够统一，甚至同一功能的养老服务设施在不同部门、不同地区统计工作中的名称都各不相同。通过对中国养老服务设施建设现状情况的梳理，可以进一步明确统计指标和统计范围，能够更加清晰地了解中国养老服务设施建设现状。

### （二）可以明确中国养老服务设施建设未来发展趋势

随着开发建设速度的不断加快，除对现有的养老服务设施种类和规模进行梳理外，对于养老服务设施建设未来发展趋势也应当进行预判。结合发达国家经验，近年来中国养老服务设施建设涌现出很多新理念，市场化参与共建、综合型养老服务设施、小规模多功能养老服务设施、医养结合型服务设施、"互联网＋"智能模式等是否能够成为中国未来发展的主流趋势，课题应当给出预判。

### （三）能够为城市养老服务设施的建设提供科学合理的规划方案

养老服务设施建设统计指标体系研究的最终目的是为城市完成科学合理的规划设计方案提供依据。按照统计指标体系研究内容，城市可以整合本地区各部门数据内容，并对相邻地区数据进行比较分析，在对现有数据收集、分析的基础上做出相对合理的未来发展趋势预判，从而形成开发建设强度适宜的规划建设方案。

## 三　原则

养老服务设施建设统计指标体系研究，应当立足于中国养老服务业长远发展的需要，充分汲取世界先进和成熟的技术，与中国基础工业和技术体系相适应，符合中国各项法规及相关建设标准要求，在深入研究居家养老、社区养老、机构养老、农村养老以及各种养老服务设施范围的基础上，建立尺度合理、界限清晰、经济适用、等级明确、切实可行的养老服务设施建设统计指标体系。

### 1. 简明适用

养老服务设施建设统计指标体系应梳理中国养老服务设施建设情况，明确课题调研内容，在充分研究的基础上，遴选出具有代表性和影响力的指标构成统计指标体系，制定统计指标体系实施的具体方案，并对指标内容进行解释。

### 2. 适应发展

养老服务设施建设统计指标体系应紧密联系实际，适应中国人口老龄化发展趋势，通过对国内外先进案例的研究，对中国各地区养老服务设施建设情况充分调研，使统计指标体系课题研究成果具有现实可操作性和一定时间范围内的前瞻性。

### 3. 稳定长效

养老服务设施建设统计指标体系研究的最终目的是形成评价城市养老服务设施建设情况的指数。养老服务设施指数的构成以及各类影响因素所占的比例，均需要有数据库做支撑，除主动收集的一手数据外，也应科学合理地参考联动数据，建立数据统计平台，最终形成稳定长效、可调可控的城市养老服务设施建设指数。

## 四　研究路径

图1为研究路径。

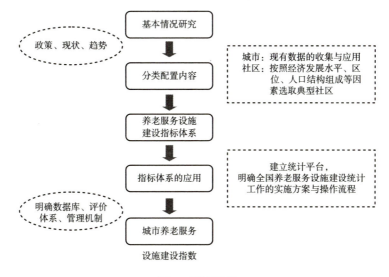

**图1　研究路径**

## 五　研究重点

### （一）养老服务设施的范围与未来发展趋势研究

在充分研究中国居家养老、社区养老、机构养老、农村养老以及各种养老服务设施建设现状的基础上，结合现有国家和地方出台的相关标准、法规中养老服务设施建设的内容，通过样本城市实际调研情况，根据产权归属、建设方式、建设状态、使用范围等分类因素，明确中国养老服务设施配置情况。通过对中国养老服务设施建设现状的深入研究，参照国外人口老龄化发展过程中所建立的养老服务模式，判断中国养老服务设施建设的未来发展趋势，并有针对性地对中国养老服务设施配置内容进行补充，为养老服务设施分类指标体系的确立提供基础研究内容。

### （二）养老服务设施统计口径与数据来源研究

目前，中国养老服务设施登记批准机关包括民政部门和市场监管部门，自然资源、住建部门负责养老服务设施的土地供给、规划建设的审批管理工作，各级行政管理机构直接或间接参与养老服务设施的经营运行、监督管理。不同部门职能权限中所涉及的养老服务设施统计内容也各不相同，统计口径与数据来源的调研工作能够抽取、建立更具有实际意义的指标内容，为养老服务设施分类指标体系的建立提供横向参考依据。

### （三）养老服务设施分类指标体系适用性研究

根据养老服务设施配置情况与现有统计数据，明确养老服务设施分类标准与统计指标，指标的确立应遵守简明适用、适应发展、稳定长效的基本原则。指标体系完成后，应选择经济发展情况、人口老龄化程度不同的城市进行适用性评价，从而进一步确立养老服务设施分类指标体系的实际可操作性。

### （四）养老服务设施统计平台需求分析、架构设计与实际使用研究

在完成养老服务设施分类指标体系研究的情况下，进一步明确养老服务设施统计平台的需求分析、架构设计，应注重平台数据的安全性与实际操作的便捷性，在平台调试阶段，完成样本城市的实际使用情况调研工作，为城市养老服务设施建设指数的确定提供数据保障。

### （五）城市养老服务设施建设指数构成因素合理性研究

在养老服务设施分类指标体系内容明确与养老服务设施统计平台已建立的前提下，进一步研究城市养老服务设施建设指数的评价体系与管理机制，在摸清中国养老服务设施建设现状、理顺中国养老服务设施建设未来发展趋势、建立养老服务设施统计数据库的基础上，确定城市养老服务设施建设指数构成因素，并对其合理性进行调研，从而实现通过指数体现城市养老服务

设施建设情况，通过指数的直观性、普适性、权威性来引导中国城市养老服务设施建设的合理发展。

中国养老服务设施建设统计指标体系研究要素，主要是以中国现有养老服务设施服务内容、建设方式、类别等级等内容为基础，考虑未来老年人日常生活对于养老服务设施的新需求，并结合中国不同管理部门中养老服务设施统计的数据来源，从而形成的一套统计分析方法。其可用于评估中国养老服务设施建设现状，并对其未来的发展给出科学合理的建议。但需要指出的是，随着科学技术的发展、精神文化物质生活水平的不断提高，未来老年人对于养老服务设施的需求一定是多元化的，统计指标要素只能在一定时间、范围保证其稳定性与合理性，统计指标要素也应随着新需求不断做出相应的调整。

## 参考文献

1. 蔡云楠、温钊鹏:《提升城市韧性的气候适应性规划技术探索》,《规划师》2017 年第 8 期。

2. 国家统计局:《中华人民共和国 2019 年国民经济和社会发展统计公报》, 2020 年 2 月 28 日。

3. 侯慧丽:《城市公共服务的供给差异及其对人口流动的影响》,《中国人口科学》2016 年第 1 期。

4. 李小兰:《我国民营养老服务业发展研究》, 福建师范大学博士学位论文, 2016。

5. 李志宏:《国家应对人口老龄化战略研究总报告》,《老龄科学研究》2015 年第 3 期。

6. 梁勤超、李源、石振国:《"广场舞扰民"的深层原因及其治理》,《北京体育大学学报》2016 年第 1 期。

7. 武赫:《人口老龄化背景下我国养老产业发展研究》, 吉林大学博士学位论文, 2017。

8. 住房和城乡建设部:《老年人照料设施建筑设计标准》( JGJ450-2018 )。

# 创建包容的城市社区
## ——将德国可持续建筑委员会（DGNB）认证作为促成适应特定年龄段人群社区建设的工具 *

Christian Eichinger

　　**摘　要：**随着世界人口老龄化和高速城市化，在讨论如何实现可持续发展、整合所有居民的高生活水平、提高能源效率和节约资源等方面时，城市扮演着关键角色。随着农村人口向城市迁移，加上进入老龄化社会，中国处于这些发展问题的最前沿。当前已经出现了许多针对社区的可持续性评估工具帮助规划和城市设计适应这些问题的挑战。本文探讨德国可持续建筑委员会（Deutsche Gesellschaft für Nachhaltiges Bauen，DGNB）城市设计项目在评估创建包容性城市所使用的工具和经验。文章探讨老年人需求的整合以及这种整合在 DGNB 评估标准中的体现，着重考虑了社会性和功能性的结合、公共空间、可达性和热舒适性等要求。最后，文章还概述了 DGNB 城市设计项目在中国国情下的适用性。

　　**关键词：**城市设计　德国可持续建筑委员会　包容性　可持续性　中国

---

　　*　中文译者：谢齐，专职译者。

# 一 引言

越来越多的人进入城市生活。2016 年统计数据表明，世界上 54.5％的人口生活在城市。预计到 2030 年，这一比例将攀升至 60％（United Nations，2016）。同时，随着在发达经济体和发展中经济体的人口都变得更加健康长寿，世界人口结构正逐渐老龄化。城市不但是污染排放、资源和能源消耗的聚集地（World Bank，2010），而且还面临着人口结构变化的挑战。经合组织在最近的一份报告中提到，全世界 65 岁及以上人口占比预计将从 2010 年的 17.8％上升到 2050 年的 25.1％，而这其中的 43.2％将居住在城市（OECD，2015）。所以，当我们在讨论如何实现可持续发展的未来，考虑如何为所有居民创造高生活水平、高能源效率和限制资源消耗时，城市是首当其冲的。

建筑业是能源和资源的高密集型行业（UN Environment and International Energy Agency，2017）。自 20 世纪 80 年代以来，环境问题就一直是这个行业中的热点话题。在对可持续性的不同尝试中，20 世纪 90 年代开始出现了各种不同的建筑认证体系。这些认证体系的目的是量化特定项目对其环境的影响，并使其具有可比性。大多数早期认证体系都仅仅关注能源效率（例如被动式节能房），而且只用于认证单一的建筑物。

近年来，该重点已经从单一建筑物转向城市尺度。具有不同功能的建筑物在一天中的不同时段，对能源和资源的需求各不相同，并且它们之间可以实现相互平衡。在城市社区引入集中供热和制冷，可以优化能源的利用。这些相互的关联性，为可持续解决方案提供了巨大的潜力和新的规模，这在单一建筑的体系中是无法实现的。

所以，一些国际建筑评估工具都开发了各自版本的社区可持续性评估工具，比如 BREEAM（英国）和 LEED（美国）等。日本（CASBEE-UD）和澳大利亚（Green Star Communities）也有类似的体系。其中大多数可归类为"衍生工具"，这表示它们是从原本专注于单一建筑的认证体系中开发出来的。

德国可持续建筑委员会建筑认证项目始于 2007 年，它是德国联邦交通、建筑和城市发展部（BMVBS）与德国规划和建筑行业成员之间的合作项目，它的初衷是为新建的联邦政府建筑和公共建筑制定可持续性标准。2009~2012 年，认证项目进行了扩展，增加了城市社区认证作为社区层面的评估工具。

DGNB 评估系统对可持续性原则的理解基于德国联邦议会制定的可持续性政策指南。该指南将可持续性描述为三个支柱概念（三重底线），即生态环境的可持续性、经济的可持续性和社会文化可持续性。这种对可持续性的更宽泛、更具关联性的理解，把上述人口结构的挑战纳入了评估认证体系，评估的主要考量是包容性理念。

包容性旨在整合城市地区所有用户和居民的需求和要求，与特定年龄段匹配的设计是这种整合方法的一部分。也就是说，对老年人的关注，并不意味着削弱其他群体的重要性，比如家庭和儿童都同样重要。但随着社会人口结构的变化，城市的结构需要适应新的挑战。

社会包容也被纳入联合国的可持续发展目标，这些目标同样被列为DGNB 认证体系的评估目标，例如目标 11：“使城市具有包容性、安全性、弹性和可持续性。”

研究表明，人们对老年的恐惧主要来自失去独立性和自主性（Mollenkopf et al.，2004；BMFSFJ，2000；Brech，2004；Heye and Wezemael，2007）。这种恐惧很明确地包括在年老时失去自己的住所和熟悉的环境。因此，包容的城市社区必须允许其居民实现独立自主的生活方式，他们能够留在自己的住所，留在他们拥有各类社会关系的熟悉环境。这不仅对人们的人格同一性很重要，而且也是老年幸福的决定因素。

本文首先介绍 DGNB 的评估体系，并指出实现包容性城市设计的一些要求。然后考虑如何实施，如何适应中国的情况。

## 二　城市社区的 DGNB 评估认证

城市社区的 DGNB 认证，把社区的可持续性评价为铂金、金或银的等级。这种基于社区可持续性的直观表达，为利益相关者们提供了一个获取社区信息的便利工具。对于市政当局和开发商而言，它可以成为了解可持续性各个方面的方法。同时，它可以使一个城市区域更加具备吸引未来投资的力量，因为如果获得认证，就表明在可持续性方面的风险已经得到了充分考量。评估认证旨在明确和细化可持续发展的理念，为不同社区和城市提供一个统一评估基准，避免和杜绝那些"漂绿"的肤浅行为。

DGNB 认证体系会根据城市社区、商业区、工业区、大型活动区域、休闲度假区以及垂直城市的不同特定需求，开发不同的区域认证使用方式。更进一步，本文将以城市区域类别为基础，描述为实现与特定年龄段匹配区域的使用方式。

DGNB 认证的评价等级基于开发项目的整个生命周期，并提供项目之间的透明性和可比性。通过对开发项目进行整个生命周期的成本评估（建设成本，与拥有和使用此项目直接相关的运营和维护成本），将完整的成本效益分析整合到过程中，优化项目的生态和经济影响。认证不会单独评估彼此无关的单项措施，而是侧重于其整体表现。当然，相关评估标准必须达到最低要求才能获得认证证书。

这种方式让 DGNB 体系能够更好地适应项目当地的特殊条件，因为它不像其他认证系统那样，对项目施加一个固定的评估目录，而是允许规划团队在项目的环境中因地制宜地选择特定的解决方案。

项目的生命周期都有一个综合规划团队进行辅导，直到项目结束被拆除和回收。所有规划涉及的专业都携手合作，共同制定方针。城市设计、建筑设计、交通、景观和许多其他学科通过紧密的相互依赖性交融在一起。综合规划使这些相互依赖性对所有利益相关者都是透明可信的，并允许信息同步和互动优化。

DGNB 认证的城市社区的最小占地面积为 2 公顷。这个区域需要包括两座以上的建筑物，至少两个待开发的地块。社区应该拥有公共空间或可以让公众使用的空间和基础设施。在土地利用方面，社区应该是土地复合利用类型，要求居住功能至少占总建筑面积的10％，至多90％（Deutsche Gesellschaft für Nachhaltiges Bauen e. V.，2012）。最后，还应该评估认证社区内的所有区域，并且必须在认证开始之前确认好社区的边界（见图1）。

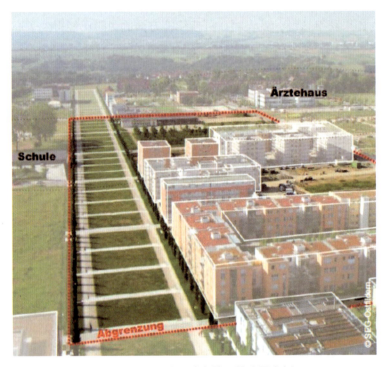

**图1　DGNB认证城市社区的边界实例**

资料来源：DGNB（2012）。

## 三　评估

对城市社区的评估侧重于建筑物之间的公共空间，这包括交通路线、广场和绿地。此外，评估中还考虑了能源管理、水和废弃物的总体解决方案。

另一个重要因素是该区建筑物开发的监管构架。虽然社区中的单个建筑物不需要通过 DGNB 认证，但在认证过程中要考量其基准值，例如能源、水和供热等。

此外，评估认证并不仅仅局限于社区本身。其周围环境也是评估的一部分，如考量相邻的交通基础设施（例如火车站）、公共服务设施（例如医院、学校）和自然资源（例如公园）。

城市社区认证使用与 DGNB 单一建筑认证相同的质量评估分类，主要有环境质量、经济质量、社会文化及功能质量、技术质量和流程质量。与单一建筑认证不同，在社区认证中，整块用地的质量对所有其他部分的质量都有影响（见图 2）。

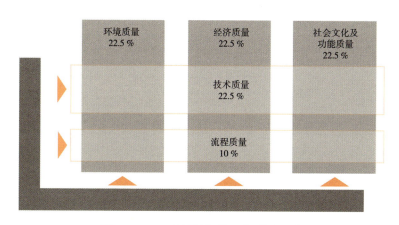

**图 2　DGNB 社区认证的五个质量组别**

资料来源：DGNB（2012）。

这五个质量组别，分为 11 个子项，每个子项都含有一些标准，可以评估例如公共空间的数量、质量以及"功能定位"，即社区内特定的公共空间所具有的功能，社区对城市经济的贡献，当地利益相关者参与规划开发的情况，该地区的社会结构和复合功能以及许多其他因素（见表 1）。每个评估参数具有不同的权重，最终得出一个总分，作为对社区可持续性的评价（以百分比表示）。

表 1　DGNB 开发项目评估认证标准

| 质量组别 | 评估子项 | 编号 | 标准 |
|---|---|---|---|
| 环境质量（ENV） | 全球和当地环境影响（ENV10） | ENV1.1 | 生命周期影响评估 |
| | | ENV1.4 | 生物多样性 |
| | | ENV1.5 | 城市气候 |
| | | ENV1.6 | 环境风险 |
| | | ENV1.7 | 地下水与土壤保护 |
| | 资源消耗和废弃物 (ENV20) | ENV2.1 | 生命周期评估 – 资源消耗 |
| | | ENV2.2 | 水循环 |
| | | ENV2.3 | 土地利用 |
| 经济质量（ECO） | 生命周期成本 (ECO10) | ECO1.1 | 生命周期成本 |
| | | ECO1.2 | 地方经济影响 |
| | 创造价值 (ECO20) | ECO2.1 | 弹性和适应性 |
| | | ECO2.3 | 土地利用效率 |
| | | ECO2.4 | 价值稳定性 |
| 社会文化及功能质量 (SOC) | 健康、舒适性和用户友好度（SOC10） | SOC1.1 | 开放空间的热舒适性 |
| | | SOC1.6 | 开放空间 |
| | | SOC1.9 | 噪声、废气和光污染 |
| | 功能性质量 (SOC20) | SOC2.1 | 无障碍设计 |
| | 社会性质量 (SOC30) | SOC3.1 | 城市设计 |
| | | SOC3.2 | 社会包容和功能复合 |
| | | SOC3.3 | 社会包容和商业设施 |
| 技术质量（TEC） | 基础设施 (TEC20) | TEC2.1 | 能源设施 |
| | | TEC2.2 | 资源管理 |
| | | TEC2.4 | 智能设施 |
| | 交通 (TEC30) | TEC3.1 | 交通设施 – 机动交通 |
| | | TEC3.2 | 交通设施 – 步行和自行车 |

| | | | 续表 |
| --- | --- | --- | --- |
| 质量组别 | 评估子项 | 编号 | 标准 |
| 流程质量 (PRO) | 规划质量 (PRO10) | PRO1.2 | 总体设计 |
| | | PRO1.7 | 咨询 |
| | | PRO1.8 | 项目管理 |
| | | PRO1.9 | 治理 |
| | 使用过程中的质量保证 (PRO30) | PRO3.5 | 监管 |

资料来源：DGNB（2012）。

## 四　认证过程

城市社区的开发通常是长期过程，这个过程可能分为几个发展阶段，建设的周期也比单个建筑物要长得多。因此 DGNB 认证的过程使用了三个而不是两个认证阶段。

在第一个预认证之后，还有两个独立的认证。一个是基础设施认证，有效期为五年，可在 25％ 的基础设施完工时或 25％ 的发展规划、城市发展合约完成时颁发。另一个城市社区认证将作为最终认证，它是永久没有时效限制的，当 75％ 的建筑、公共空间和道路完工时，即可获取（见图 3）。

**图 3　DGNB 社区认证过程分为三个阶段**

资料来源：DGNB（2012）。

## 五 DGNB 认证的包容社区

DGNB 的评估体系并没有要求特定的技术方案来专门解决老年人面临的问题，而是为所有使用者和居住在社区的人提供恰当服务的解决方案。不过，这也意味着如果不考虑老年人的需要，就不能达到相关评估标准项的要求。

同样重要的是一种新的理解，即没有必要定义应满足其需求的典型"老人"，但有必要为所有类型的用户设计适应性强的开放式解决方案。下面将列举一些标准及其对包容性的影响效应。

### （一）社会包容性和功能复合（SOC 3.2，SOC 3.3 项）

建筑物的周边环境对老年人尤其重要，因为他们经常要面对个人行动能力下降的问题。

DGNB 要求城市社区内设置社会和商业设施，其中包括靠近人们住所的特定服务（例如医生诊所、理发）和设施（例如商店、餐馆、教堂）。这让老年人能够在他们熟悉的社区环境内满足日常生活的需求。

应在社区内提供各种不同类型的住宅，让社区拥有不同类型的住户，实现不同年龄和社会群体的融合。这样，即使老年人对居住的要求有所改变，他们仍可留在熟悉的住区。

健康状况不佳，特别是因为老年痴呆症而无法独立生活在自己的住所内的人，可以搬到配有单独求助设施的小型居所，以保持一定程度的独立自主性。如果这些住房能够被设置在原住所附近，并可以保持与朋友和家人的社交联系，就会比较理想。此外，在熟悉的居住环境中，他们能够更加游刃有余。与此同时，住房方面的多样化选择，也使家庭成员更容易在必要时找到附近的住房。

如果家庭成员并不居住在附近，或者这些人没有孩子照顾，那么就需要特殊机构，比如多代住宅形式，可以作为不同年龄人群和社会群体之间的交汇点，并允许人们在他们的社区内形成社会关联。

如果规划团队中有社会学家加入的话（PRO 1.2），在 DGNB 评估中可获得额外的加分。

## （二）公共空间（SOC 1.6，SOC 3.1 项）

对老年人来说，与个人住宅一样重要的是，"老年生活"不应该被简化成"老年居住"。高质量和多样化的公共空间，对活跃在附近社区中所有居民的生活至关重要。

随着年龄的增长和个人行动能力的降低，个人住所和日常生活场所之间的区域应该具备休闲功能。同时，宽敞的景观区域可以供人散步，甚至提供健身专区，从而通过更多的身体活动提高健康水平。由于社区内的公共生活是围绕着城市广场、公园和儿童游乐场组织的，所以对各个年龄段的所有居民来说，都有机会可以融入公共生活。

社区的布局也应该受到重视。因为拥有较大交通流量的宽阔道路可能会成为障碍，妨碍人们活动。对于行动力降低的老年群体来说更是如此，因为行动力衰退，他们难以应对繁忙的道路交通。

DGNB 认证要求景观设计师融入整体规划团队，也鼓励艺术家等融入规划设计团队，以进一步提升公共空间的质量（PRO 1.2 项）。

## （三）无障碍（SOC 2.1 项）

无障碍是持久满足人们基本需求的基础。它不仅要考虑身体物理障碍方面的无障碍性，还要包括其他类型的神经障碍或感官障碍的无障碍性。随着人们寿命的延长，阿尔茨海默病等疾病增加，这些疾病的具体局限性必须加以考虑。

德国联邦环境、自然保护和核安全部制定了一个无障碍建筑指南（"Leitfaden Barrierefreies Bauen"），该指南可作为整合城市设计和建筑最佳实践的基础。

无障碍性应充分融入基本流程的方案设计，允许每个人在整个社区使用相同的路径，因为这样会带来额外的安全感。标识系统应该支撑无障碍性方案，并且设计时要考虑到那些感知和认知障碍的人群。

### （四）热舒适性（SOC 1.1 项）

热浪会对个人健康产生重大影响，并对公共卫生服务构成挑战。由于体温调节系统发生变化，老年人特别容易受此类条件的影响。流行病学研究表明，与此相关的死亡率，自 50 岁开始会随着年龄增长而增长（Kovats and Hajat，2018）。

此外，未来人为气候变化的一个较为确定的影响将是热浪的增加，并且将变得更加极端化。研究发现，热浪期间的死亡率会随着温度升高呈指数级增加，这种影响会被城市热岛效应加剧。

这些城市热岛是城市中的一些区域，由于人类的建设和活动，它会比周围的农村地区热得多。城市热岛效应的主要原因是陆地表面的改变、植被的缺乏。能源使用所产生的余热，也是一个重要原因。减缓这种效应的策略包括：提供绿色屋顶，种植树木，减少硬质地表面积，整合水景、户外遮阳或其他设备，降低表层温度。社区的定位和布局也很重要，因为必须考虑建筑物之间的遮阳和它们之间的空气流通。DGNB 认证中，如有城市气候专家参与支持整个规划团队，将会获取额外的加分（PRO 1.2 项）。

## 六　在中国的适用性

DGNB 评估认证体系以目标和绩效为导向，而非基于特定的法律背景，所以适用于世界各地。单一建筑的认证体系已在奥地利、瑞士、丹麦、保加利亚和中国等国家被采用。许多 DGNB 认证的单一建筑设计已在中国完成，例如青岛德国企业中心。

自 2012 年推向市场以来，社区认证计划也已成功应用于德国和海外，现已成为欧洲最常用的社区可持续发展评估认证工具。与单一建筑认证不同，

DGNB 的社区认证体系尚未在中国实施。由于社区认证文件的要求不像单一建筑认证那样依赖特定的产品数据，因此在其他国家的适用性通常来说并不复杂。

中国当前面临两大社会趋势：农村人口向城市迁移和老龄化。如上文所述，DGNB 认证是应对这两个趋势的好工具。

随着城市群规模的不断扩大，对可持续发展的需求也越来越突出。从当前中国的城市中心来看，能源消耗、交通和污染已成为当前相当棘手的问题。社区的可持续性评估认证工具（比如 DGNB）可以在城市结构扩张的同时，帮助实现可持续发展目标。

老龄化社会也为中国的城市规划带来了巨大的挑战。OECD（2014）提出了北京正面临政策挑战的事实，这表明需要特别考虑到老年人需求的城市空间规划。要建设新的社会包容性住房，并为稳定的社区提供满足老年人需求的设施，这些至关重要。正如我们所看到的，DGNB 体系作为一种评估认证工具，可以解决这些问题，且可以在设计阶段就评估不同的选项。

总之，DGNB 的社区认证可以成为创建可持续、包容性城市区域的有用工具。它专注于适应性和开放性，有助于找到特定的当地解决方案，这些都让它有机会在中国得到应用。

## 参考文献

1. Brech, J. (2004). Wir werden immer älter - Sind die richtigen Fragen schon gestellt?. In BauWohnberatung Karlsruhe; Schader-Stiftung (ed.), *Neues Wohnen fürs Alter. Was geht und wie es geht* (Frankfurt a. M.: Anabas).

2. BMFSFJ, Bundesministerium für Familie, Senioren, Frauen und Jugend (ed.) (2000). Dritter Altenbericht. Alter und Gesellschaft. Stellungnahme der Bundesregierung. Bericht der Sachverständigenkommission, https://www.bmfsfj.de/bmfsfj/service/publikationen/3-altenbericht--95592 [04/05/2021].

3.  BMU, Bundesministerium für Umwelt, Naturschutz, Bau und Reaktorsicherheit (ed.) (2017). Leitfaden Barrierefreies Bauen. Hinweise zum inklusiven Planen von Baumaßnahmen des Bundes, Berlin. https://www.bbsr.bund.de/BBSR/DE/veroeffentlichungen/ministerien/bmub/verschiedene-themen/2017/leitfaden-barrierefreies-bauen.html [04/05/2021].

4.  Bundesinstitut für Bau-, Stadt- und Raumforschung (BBSR) im Bundesamt für Bauwesen und Raumordnung (BBR)(2013). *Ziele nachhaltiger Stadtquartiersentwicklung*, Bonn.

5.  Deutsche Gesellschaft für Nachhaltiges Bauen e. V. (2012). *Neubau Stadtquartiere*, DGNB Handbuch für nachhaltiges Bauen (Version 2012), Stuttgart.

6.  DGNB, Deutsche Gesellschaft für Nachhaltiges Bauen e. V. (ed.) (2012). Neubau Stadtquartiere, DGNB Handbuch für nachhaltiges Bauen (Version 2012), Stuttgart.

7.  Eberlein, M., and Klein-Hitpaß, A. (2012). Altengerechter Umbau der Infrastruktur: Investitionsbedarf der Städte und Gemeinden, Deutsches Institut für Urbanistik gGmbH, Difu-Impulse Bd. 6/2012, Berlin.

8.  Heye, C., and Wezemael, J. E. (2007). Herausforderungen des sozio-demographischen Wandels für die Wohnbauindustrie, *DisP – The Planning Review*, 43(169):41-55.

9.  Jones L. L.(2017). Global Sustainability Report, Building a Better Tomorrow, https://www.jll.co.uk/en/about-jll/our-sustainability-leadership/building-a-better-tomorrow [04.05.2021].

10.  Kovats, R. S., and Hajat, S. (2008). Heat Stress and Public Health: A Critical Review, *Annual Review of Public Health*, 29 (1): 41–55.

11.  Kreuzer, V., and Scholz, T. (2011). Altersgerechte Stadtentwicklung - Eine aufgaben- und akteursbezogene Untersuchung am Beispiel Bielefeld, Dortmund .

12.  Mollenkopf, H. Oswald, F., and Wahl, Hans-Werner, and Zimber, A. (2004). Räumlich-soziale Umwelten älterer Menschen: Die ökogerontologische Perspektive, In Kruse, A., and Martin, M. (Hrsg.), *Enzyklopädie der Gerontologie. Alternsprozesse in multidisziplinärer Sicht*, Bern.

13.  Netzwerk Innenstadt NRW (2016). Inklusion und Stadtentwicklung. Münster, https://www.innenstadt-nrw.de [04.05.2021].

14.  OECD(2015). *Ageing in Cities*, Paris .

15.  OECD(2014). Local Scenarios of Demographic Change - The Silver and White Economy: The Chinese Demographic Challenge, Paris.

16. Sharifi, A., and Murayama, A. (2013). A Critical Review of Seven Selected Neighborhood Sustainability Assessment Tools, *Environmental Impact Assessment Review,* 38: 73-87

17. UN Environment and International Energy Agency (2017). Towards a Zero-Emission, Efficient, and Resilient Buildings and Construction sector, Global Status Report 2017, New York.

18. United Nations, Department of Economic and Social Affairs, Population Division(2016). The World's Cities in 2016 – Data Booklet, New York.

19. World Bank: Cities and Climate Change (2010). An Urgent Agenda, Washington, D.C.

20. World Bank: Inclusion Matters (2013). The Foundation for Shared Prosperity，New Frontiers of Social Policy, Washington, D.C.

# 无障碍设计理念下的数字情感制图
## ——如何通过用户对环境体验的具体评估来设计更好的城市 *

Sebastian Schulz　陈 筝

**摘　要：** 为残疾人和老年人设计无障碍的城市空间，已经成为德国和中国的核心议题。有些时候，设计无法为上述群体提供切实又方便的解决方案。在中国，城镇化进程加剧了对公共空间使用权的争夺，使行动不便群体受到极大影响。在德国，无障碍路线经常受阻，限制了自主行动能力。在城市规划和设计过程中，由于一些利益集团占据或主导舆论导向，其他人群往往没有得到充分重视。同济大学的中德研究团队开发了一种新的量化研究方法，通过了解目标群体的特定情感，帮助设计出更可及、安全、易于定位的空间。在参与规划方面，该方法也让弱势群体发声，帮助规划者认识到行动不便市民的需求。本文将探讨德国和中国行动不便群体面临的问题，并提出服务于未来规划和设计的创新思路。

**关键词：** 城市设计　情感制图　多感官体验　建成环境　体验运算

\* 本文得到国家自然科学基金（项目编号：51408429）、上海浦江计划（项目编号：14PJC099）、中央大学基础研究基金、高密度人居环境生态与节能教育部重点实验室基金、同济大学建筑设计研究院（集团）有限公司项目研发基金的资助。中文译者：王苏阳，北京外国语大学。

# 一　引言

## （一）城市环境感知

当今，在设计和评估城市环境时，最关键的要素就是预测人类体验和环境心理。最新研究表明，公共场所风景越好，民众就越能感觉到舒适，压力也会越小（Capaldi et al.，2014；Florian et al.，2011；Haluza et al.，2014；Lafortezza et al.，2009；Maas et al.，2006；Seresinhe et al.，2015；Velarde et al.，2007）。这表明，赏心悦目、易于定位的城市空间可能会为人类福祉带来极大好处。因此，环境心理学不仅对空间设计的功能性和舒适度意义非凡，也与城市居民的健康直接相关。对于一个迅速老龄化的社会，随着医疗保健需求的日益增长，环境心理学变得尤为重要，而德国和中国（城市）都面临这样的问题。

在此背景下，在实际环境中记录、测量人类实时体验，是一个值得探索的新领域。情绪和感觉时刻伴随着人们。一个人的情绪（以及对健康的影响）受到多方面的影响，而这些影响因素可能并非总与视觉体验有关。根据个人需求和目标，不同的使用者群体对城市空间的感知和评价也不同。

因此，要让设计的空间吸引所有人是一项极具挑战的任务。然而，设计包容性空间（适用于所有年龄层，无论是小孩还是老人）是当代城市规划中的主要关注点。目前，有关无障碍设计或全方位无障碍系统的指南已经确定，而指南也在建筑物和城市的可持续评估中发挥着关键作用（即在诸如DGNB、LEED、中国 GBL 等可持续评价体系中发挥关键作用）。然而，如果让公众或目标使用者群体参与设计过程的话，往往不会产出最佳效果。德国的公众参与经验表明，在规划、设计或评估城市空间上的意见和决策，往往受到特定利益集团强烈的情感支配，并非基于客观和重要的事实。

如何平衡城市中每个人的空间需求？使用者对城市有什么看法？哪些空间特征对市民的福祉贡献最大？我们如何才能设计包容、无障碍的城市，让城市生活便利、光彩夺目，特别是被所有使用者接受的城市？这些都是德国、中国和全世界的城市规划者需要思考也必须找到客观答案的问题。

### （二）公共空间之争

一直以来，公共空间的布局和设计都是各种使用占地妥协的结果。在过去几十年，依赖汽车发展的模式不仅改变了建筑物之间的距离，还改变了建筑物的基本功能；空间也从互动式、交易式的空间转变为某种简易式的运输走廊。

城市空间中的功能分区在很大程度上促进了这一转型。在现如今的街景中，宽广的马路上有多个车道，而立交桥有如天然屏障，避免行人或者骑手干扰汽车交通。同时，尽可能设置自由通道，增加机动车流量。然而，现如今城市公共空间的这种流动性，往往会演变成一种迂回的冒险。不同的使用者群体（汽车驾驶员、自行车骑手、行人）不可避免地妨碍了人行横道和交叉路口的交通秩序，使这些地方成为所有使用者争夺合法通行的最危险地点。尤其是对于行动不便的人和老年人来说，这些挑战就成为他们在公共生活中的严重障碍（见图1、图2）。

就人类情感而言，现如今已经证明，压力水平和舒适／不适感与交通条件和公共空间设计高度相关（Bergner et al.，2013）。因此，近年来的一些研究探讨了如何在中国城市和景观规划中重新加入传统元素和设计美学的建议，目的是创造健康和宜居的场所（Chen and Thwaites，2013；Hassenpflug，2013；Wang and Meng，2015；Wang and Ruan，2015）。在中国城市智能化进程中，了解人民的福祉以及他们与城市环境的互动，对当代城市规划具有划时代的重要意义。

此外，在德国，关于构建人类友好型城市空间的话题已成为城市管理部门的主要关切，因为快速老龄化的人口对城市流动性和舒适度有着不同的要求。为此，德国发布了若干有关无障碍设计的法规和指南，让城镇朝着综合与舒适的方向发展，以满足所有群体的需求。然而，德国的一些事例表明，

图1　上海对公共空间的争夺

图2　上海的共享单车方便了谁

盲目遵从指南和法律发展城市还是会出现误解和困惑，让受影响的使用者群体感到不适。如图 3 中的公共汽车站，根据无障碍指南建造，但因为道路坡陡，目标使用者群体并未使用。

对于所有使用者群体（包括老年人和行动不便者）来说，要设计真正适宜的城市景观，多做环境心理学研究和现场情绪评估是必要的。

**图 3　德国的一个公共汽车站**

### （三）量化人类情感

通过研究情感制图的实用价值发现，个体对空间的感知与城市设计可能产生共生现象（Kwan，2007）。目前开发了三种记录环境体验的方法。

最常用的方法是进行现象学访谈（Creswell，1998；Deming and Swaffield 2011；Groat and Wang，2002），要求参与者尽可能回忆某些较为主观的事件细节。一种评估方法是心理销售，这种方法以使用者的主观反馈为基础，并受统计分析支持。随着数字传感器技术的不断发展（Hartig et al.，1997；Tzoulas et al.，2007），还有一种比较新的方法是使用可穿戴生物传感器设备记录生物状态（Aspinall et al.，2013；Bergner et al.，2013；Chen et al.，2016；Roe et al.，2013；Wang et al.，2016）。

我们的初步实验应用了上述所有方法，特别是生物传感器技术。通过对比其他研究方法，本文旨在检验并证明在城市环境中使用先进生物传感器的可行性。研究的最终目标是建立一个设计决策支持系统，涵盖所有潜在使用者群体经过量化后的意见。

## 二　研究方法

### （一）情感制图 & 生物传感器数据

情感是复杂的，它难以理解，也难以衡量。但是，认知神经科学的最新进展为我们提供了新机遇。我们可以从多个维度来理解情感，即"效价"维度（双相情绪：喜欢或不喜欢某物，有多喜欢或多不喜欢某物）、"唤起"维度（神经刺激中既不积极也不消极的指标）以及"接近/避免动机"维度（Bradley and Lang，2006；Mauss and Robinson，2009）。大多数生物感官测量指标都属于"效价"和"唤起"这两个维度（Lang，1995）"唤起"状态表示从中度唤起到高度唤起或情感触发的连续分布。"效价"水平衡量在双向位置中从愉快到不愉快的连续分布，并从一系列测量指标中发现积极或消极的程度。为了测量唤起和效价水平，研究人员根据测量值的变化率，评估了皮肤电导、皮肤温度、心率和面部肌电图等几个指标（见图4）。

当生物传感器的变化率相互关联时（Bergner et al.，2011；Bergner et al.，2013；Lang，1995；Bradley and Lang，2006），就可以识别对特定观点或情况的情感反应。这让我们有机会在"效价"和"唤起"中确定情感，区分积极情感（兴奋）和消极情感（压力/恐惧）。对于城市规划师和景观设计师来说，这些信息对评估、确定健康和可持续的空间至关重要。

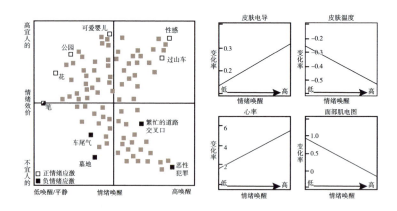

**图 4　"唤起"和"效价"指标评估和与生物传感器测量的预期相关性**

资料来源：Lange（1995）。

## （二）中国的试点研究

试点研究的目的是测试在真实行走环境中，使用便携式多通道生理设备测量具体情感、情感效价和唤起水平的可行性。根据文献中的实证经验，我们希望用心率和面部肌电图测量情感效价，而用皮肤电导、皮肤温度和心电图测量情感唤起（Lang et al.，1993；Lang，1995；Mauss and Robinson，2009）。

实验地点选择了上海同济大学校园内一条 15 分钟的步行路线。之所以选择大学校园，是因为在步行范围内，沿路的环境体验可能会有所不同。拟定路线可分为八个区域或位置（见图 5）。它由开放空间、密集小巷、绿地和混凝土广场、交通繁忙的道路和相当平静的人行道组成。

项目负责人在大学招募了几名 20~40 岁的参与者（学生和教师），要求他们沿着既定路线顺着同一方向走三次，每次有间隔休息时间。参与者需要以稳定和适度的速度步行，以便将疲劳和对测量数据的影响保持在最低水平。每一次步行时，参与者都要携带一个 6 通道的 Procomp Infifniti 设备、一个连

描述
1.运动场地中有树的小路
2.有纪念雕塑的绿地边的小路
3.大体量建筑和停车场的步行道
4.穿越主要车行道，中等车流量
5.中德学院广场前开放空间
6.学生宿舍区
7.穿越绿地的步行道
8.紧邻宿舍和绿地的小路

**图5　拟定路线的八个不同感知区域**

接在头盔上的摄像机以及一个 GPS 设备。走在参与者后面的研究人员也会拍摄下整个行走过程。

因为参与者对校园都很熟悉，所以在定位、导航或"意外视觉惊喜"中产生的压力反应可以降至最低。实验后的访谈也证实，参与者在行走过程中对既定路线和大方向不存在辨识困难。

## （三）应用

情感反应与感知并不完全来源于视觉体验，它还受到其他一些因素的影响，如噪音、气味、天气条件等。然而，除了这些因素，其他可能影响人类感知的因素对城市规划和设计也很重要。为了排除在实验过程中导致积极或消极反应的特殊或个别情况，每名参与者都要提前说明他们的个人状况（心情、健康等），并在每一次行走后，写一份简要说明，详述视觉体验（无论是消极还是积极的）以及其他状况或互动情况。

现象学访谈是环境心理学实验中最常用的方法（Beidler，2007；Callahan，2000）。在本文中，参与者需要使用六种标签，标记不同区域的属性和情绪状况。然后，参与者接受采访，陈述有关这些标记区域的更多细节（发生了什么、他们的感受等）（见图6）。

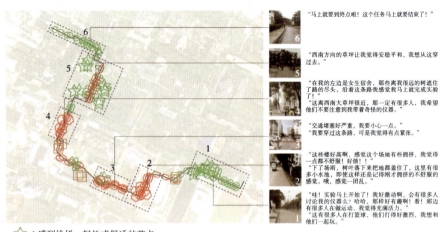

图6 通过现象学访谈形成的情感图

　　此外，在心理量表分析中，参与者需要根据路线设计和总体印象对标记点评分。参与者用唤起和效价水平评估标记点。这两个维度的评分区间都是1~9分。将各标记点的平均唤起和效价相乘来评价情绪的水平（得分越高，情感越积极（见图7）。

### （四）生物传感器制图

　　在使用数字生物制图设备收集数据之前，需要考虑一些先决条件。多传感数据实验通常在封闭（室内）的实验室条件下进行（Tost et al., 2015），因为环境或外部因素对测量结果的影响很小。对于外部因素来讲，一些室外环境因素影响着人类的健康与舒适，如天气、风、温度、空气湿度、光／影、气味或噪音等。要排除这种外部因素造成的失真情况，需要收集不同室外条件下一定量的数据，或者通过其他控制机制如访谈或统计评估加以排除（如上文所述）。

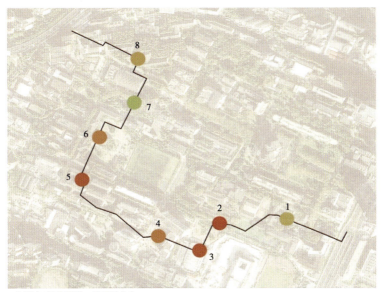

分值（=情绪唤醒 × 情绪效价）

0　5 10 15 20 25 30 35 40 45 50 55 60 65 70 75 80 85 90 95 100

**图7　通过心理量表形成的情感图**

在数据收集上，更大的障碍是户外行走活动本身。持续行走会影响心率／脉搏和本文使用的其他生物指标。例如，在接近线路终点时，心电图测量值和应激反应会增加，这可能与行走活动有关，或与参与者的（唤起）情感有关，因为他们知道马上要到"终点"了。一些测试还表明，几乎所有参与者在接近终点时，步行速度都会增加，这也说明异常唤醒会对测量结果产生影响。

### （五）数据处理与评估

在分析情感之前，需要对记录的数据集进行后处理。首先，对数据采集指标进行标准化，将各自的采样率（即每秒256个样本）变为每秒一个的可比水平。这样一来，生物传感器数据就能够与每秒出现的GPS追踪同步。平均采样率仍然保持一致，并按照项目目的，以适当的精度描述数据。然而，在这个阶段，并不是所有的生物传感器数据都能得到恰当的平均值。心电图、肌电图和脑电图（EEG）数据都被记录在几个不同的频率通道上，在后处理阶段需要通过 MATLAB 软件进行复杂的重采样和滤波处理。

为了定位 GPS 追踪路线上处在数据通道中的唤起和效价，应重点关注单个指标的变化率。通过相关唤起和效价指数的增加或减少，我们可以了解参与者愉快或不愉快的情感反应。在对每个行走路线和参与者的可用数据集进行深入分析后，受访者的情感在基于 GIS 的热图中通过时间和 GPS 时间戳描绘出来。根据这张地图，可以在沿线找到 7 个有意义的情感反应热点，其中 3 个是不愉快的，3 个是非常愉快的。第 7 个热点描述了两种情感反应：先是较强的积极反应，再是消极反应。这可能是区域环境变化所致，因为参与者先在停放的汽车和两栋建筑之间行走，然后转到公园附近行走（见图 8）。

在所有已确认的热点中，不愉快的情感比愉快的情感表现出更高的反应热点。沿着这条路线，可以发现更多的小触发点（无论是积极还是消极的情绪），而在观看视频记录和采访后，发现这些小触点可能与偶然间的互动有关，或者在某些情况下是视觉感知的结果。一般在长距离视线中，或者当参与者对周围环境有较为全面的了解后，就会出现积极的触发点；而

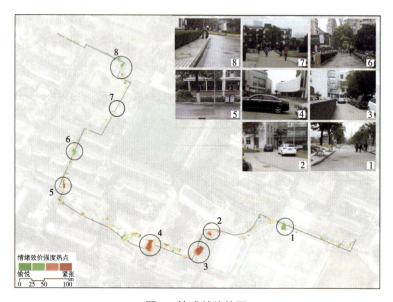

**图 8　情感效价热图**

在密集的环境中，就会出现消极的触发点。这也证实了本文最初的假设，不愉快的情感反应通常出现在交通量大或与交通有关的互动点（道路交叉口、停车场），而积极的情绪或愉快的反应会出现在沿线相当平静和宽敞的区域。

## 三　研究结果

### （一）使用方法比较

通过比较生物传感测量法与传统的两种方法发现，新开发的情感制图法是有效的。这三种方法在确定热点方面有很高的相似度。

令人惊讶的是，与叙事和现象学访谈相比，受访者对某些地点的情感描述与生物传感器指标并不匹配。如图9所示，几乎所有参与者都把2区、3区和5区列为最不愉快的区域。另一方面，无论是从步行还是视觉美学角度看，1区、7区和8区被列为最令人愉快的区域。然而，热图中的测量结果并未标出参与者在不愉快或愉快地点中所有强烈的情感或情绪反应。一方面，5区被所有参与者认为是最消极的地点，因为要在高大的灰色建筑物之间幽暗行走。在数据行和热点分析中，虽然数据传感器识别到了轻微的不愉快情绪，但与交互及交通环境中产生的不愉快热点相比，还是有一定差距（比较区域4）。

与这些发现类似，参与者认为7区是最具视觉美感的区域。然而，在

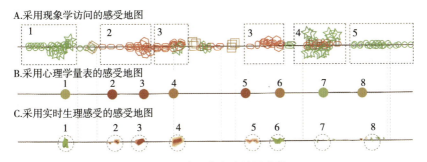

**图9　三种研究方法结果比较**

生物传感器测量中，该区域并未对愉快情绪反应产生显著影响。热点分析中存在一些小的触发点，但这些触发点与参与者叙述和访谈中提及的触发点不相关。

### （二）数据分析 & 设计意义

这项初步案例研究表明，与视觉感受相比，对城市环境的情感反应更有可能受到较大程度互动的影响。因此，似乎无法直接认定城市设计和正 / 负情感反应相关。设计结果可能需要进一步分析，而不是仅考虑设计美学本身。

空间设计中产生的交通和交互密度，是规划过程中需要考虑的重要课题，这在建筑设计中也不容忽视。城市规划者需要继续扩大直接通道（无绕道）、行人为本、无障碍地面和轻松向导的数量，尤其是在全纳设计中，要为行动不便人士考虑，要避免焦虑、黑暗和混乱的地方，交通节点、街道交叉口和人行道要考虑最弱势群体的需求，而不是大多数人的便利。

在实际应用中，这一结果启发城市规划者和决策者在规划空间时要更加关注对用户感知的影响。试点研究后，上海已经开始有了一些小规模的改变。在符合标准和法规的前提下，要提高步行通过能力和行人福祉（见图10）。也就是说，可以通过提高安全性和舒适度，重新规划小巷子里的停车位，造福所有使用者。总的来说，无论是设计新地区，还是改造 / 改善现有社区，情感研究的结果都有可能在很大程度上支持设计与决策。

在这一课题中，生物感官测量法显示了它的潜力，特别是与其他方法相比更是如此。首先，使用可穿戴的生物感官设备可以更好地捕捉现场细节，揭示出更多真实的情感，而不是通过体验后的主观回忆捕捉。更重要的是，这种方法对生物情感进行了全面跟踪。相比之下，在即时记录时，参与者不会有意或无意地解释这些情感反应。通过生物传感测量法，在参与者形成意见供设计讨论之前，就可以对地点的感知进行评估。这种设计决策方法，可以帮助最弱势群体发声，让他们受益。

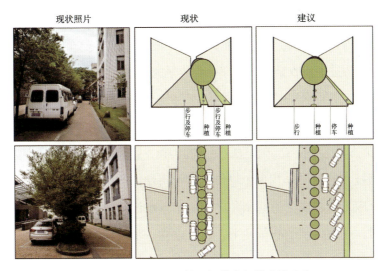

**图10　为提升人民福祉进行的小规模设计改变**

# 四　结论

案例研究表明，在城市空间的特征和设计上，多传感器数据分析方法蕴藏潜力。但是，在正确分析和使用数据上，仍有许多困难和挑战。在室外条件和活动下，受试设备产生的数据质量不同，而这些数据必须在后处理程序中进行分析，过程相当耗时。本次初步研究中使用的设备，也不适用于日常普通的数据采集，因此本文在实际设计决策中还不可以完全复制。正确的数据收集和分析仍有许多障碍。

然而，通过采取适当的措施，多传感数据不仅能够识别压力源（就像腕带一样）、定位城市空间中令人不愉快的地点，还可以描绘出人对建筑环境可能产生的积极诠释。正如研究所示，多传感数据可以识别正触发和负触发，即使这些触发因素不能完全与视觉感知和设计体验联系在一起。在开放的城市环境中，还需要考虑一些额外的因素和影响（而不是视觉美学），而这些因素可能对情绪反应和生物感官数据产生更大的影响。

接下来，要对年龄组和使用者群体进行特定分析，因为不同的使用者群体对周围环境的感知不同。结果显示，不同年龄组之间的感知没有显著差异。但是，研究希望进一步收集更多不同社会背景的样本，尤其是老年人或行动不便人士。此外，空间感知中的文化差异也是另一个需要解决的问题。中德两国的老年人、残疾人有不同的偏好和看法吗？要真正设计一个满足所有潜在使用者群体需求的城市空间，还必须进行更多的实验，评估更多的数据集。

随着技术的发展以及多生物传感器设备性能的不断提高，有关环境和景观情感反应上的发现会为德国和中国城市景观设计做出重要贡献，让城市环境更宜居。在情感制图的帮助下，可以建立一个设计支持系统，清楚地描述环境压力源和潜在的吸引源。根据这一点，设计师可以改善可能会导致负面情绪的城市空间。此外，通过对环境产生积极响应的例子，设计者能在作品中强化空间概念。现代计算程序已经处在开发阶段，它可以基于预先制定算法评估空间。

从长远来看，对不同地方的人类情感反应和人工智能系统进行大规模的样本收集，可以形成更复杂、更有效的评估，与现有的参与和决策过程方法相比，打造更为持续、综合的城市设计。

## 参考文献

1.  Aspinall, P., Mavros, P., Coyne, R., and Roe, J. (2013). The urban brain: analysing outdoor physical activity with mobile EEG, *British Journal of Sports Medicine*, 0: 1-6.

2.  Beidler, K. (2007). Sense of place and New Urbanism: Towards a Holistic Understanding of Place and form. Ph.D. 3310170, Virginia Polytechnic Institute and State University, United States -- Virginia, http://proquest.umi.com/pqdweb?did=1674955691&Fmt=7&clientId=36305&RQT=309&VName=PQD[12/12/2020].

3.  Bergner, B., Exner, J.-P., Memmel, M., Raslan, R., Taha, D., Talal, M., and Zeile, P. (2013). Human Sensory Assessment Methods in Urban Planning – a Case Study in Alexandria,

In Schrenk M., Popovich V., Zeile P., and Elisei, P. (eds.), *Proceedings REAL CORP 2013*, Rome, Italy.

4. Bergner, B., Zeile, P., Papastefanou, G., Rech, W., and Streich, B. (2011). Emotional Barrier-GIS – A new Approach to Integrate Barrier-Free Planning in Urban Planning Processes, In Schrenk M., Popovich V., and Zeile P. (eds.), *Proceedings REAL CORP 2011* Essen, Germany.

5. Bradley, M. M., and Lang, P. J. (2006). Motivation and emotion, In Cacioppo, J.T., Tassinary, L.G., and Berntson, G. (eds.), *Handbook of Psychophysiology (2nd Edition)* (New York: Cambridge University Press）.

6. Callahan, P. (2000). Inter-subjective Qualitative Landscape Interpretation: A Contributing Research Methodology in the Exploration of the "Edge City", *Landscape Jrnl.*, 19(1-2): 103-110.

7. Capaldi, C. A., Dopko, R. L., & Zelenski, J. M. (2014). The Relationship Between Nature Connectedness and Happiness: A Meta-analysis, *Frontiers in Psychology*, 5: 976.

8. Chen, F., Thwaites, K. (2013). Chinese Urban Design. The Typomorphological Approach, (Surrey:Routledge).

9. Chen, Z., Schulz, S., He, X., and Chen, Y. (2016). A Pilot Experiment on Affective Multiple Biosensory Mapping for Possible Application to Visual Resource Analysis and Smart Urban Landscape Design. REAL CORP 2016, Hamburg, Germany.

10. Creswell, J. W. (1998). Qualitative Inquiry and Research Design: *Choosing among Five Traditions* ( Los Angeles: Sage Publications ).

11. Deming, M. E., and Swaffield, S. R. (2011). *Landscape Architecture Research : Inquiry, Strategy, Design* ( Hoboken, N.J.: Wiley ).

12. Florian, L., Peter, K., Leila, H., Fabian, S., Heike, T., Philipp, S., and Michael, D. (2011). City Living and Urban Upbringing Affect Neural Social Stress Processing in Humans. *Nature*, 474(7352): 498-501.

13. Groat, L. N., and Wang, D. (2002). *Architectural Research Methods* ( New York : John Wiley & Sons, Inc. ).

14. Haluza, D., Schönbauer, R., and Cervinka, R. (2014). Green Perspectives for Public Health: A Narrative Review on the Physiological Effects of Experiencing Outdoor Nature, *International Journal of Environmental Research & Public Health*, 11(5): 5445-5461.

15. Hartig, T., Korpela, K., Evans, G. W., and Gärling, T. (1997). A measure of Restorative

Quality in Environments, *Scandinavian Housing and Planning Research*, 14(4): 175-194.

16. Hassenpflug, D. (2013). *Der urbane Code Chinas*. Basel (Stuttgart: Birkhäuser Verlag).

17. Kwan, M. P. (2007). Affecting Geospatial Technologies: Toward a Feminist Politics of Emotion, *The Professional Geographer*, 59(1): 22-34 .

18. Lafortezza, R., Carrus, G., Sanesi, G., and Davies, C. (2009). Benefits and Well-being Perceived by People Visiting Green Spaces in Periods of Heat Stress, *Urban Forestry & Urban Greening*, 8(2): 97-108.

19. Lang, P. J. (1995). The Emotion Probe. Studies of Motivation and Attention [Research Support, U.S. Gov't, P.H.S.], *Am Psychol*, 50(5): 372-385.

20. Lang, P. J., Greenwald, M. K., Bradley, M. M., and Hamm, A. O. (1993). Looking at Pictures: Affective, Facial, Visceral, and Behavioral Reactions, *Psychophysiology*, 30: 261-261.

21. Maas, J., Verheij, R. A., Groenewegen, P. P., de Vries, S., and Spreeuwenberg, P. (2006). Green Space, Urbanity, and Health: How Strong Is the Relation? *Journal of Epidemiology and Community Health*, 60(7): 587-592.

22. Mauss, I. B., and Robinson, M. D. (2009). Measures of Emotion: A Review, *Cognition and Emotion*, 23(2): 209-237.

23. Roe, J. J., Aspinall, P. A., Mavros, P., and Coyne, R. (2013). Engaging the Brain: The Impact of Natural versus Urban Scenes Using Novel EEG Methods in an Experimental Setting, *Environmental Sciences*, 1(2): 93-104.

24. Seresinhe, C. I., Preis, T., and Moat, H. S. (2015). Quantifying the Impact of Scenic Environments on Health. Scientific Reports, 5, 16899.

25. Tost, H., Champagne, F. A., and Meyer-Lindenberg, A. (2015). Environmental Influence in the Brain, Human Welfare and Mental Health, *Nature Neuroscience*, 18(10): 1421-1431.

26. Tzoulas, K., Korpela, K., Venn, S., Yli-Pelkonen, V., Kaźmierczak, A., Niemela, J., and James, P. (2007). Promoting Ecosystem and Human Health in Urban Areas Using Green Infrastructure: A Literature Review, *Landscape and Urban Planning*, 81(3): 167-178.

27. Velarde, M. D., Fry, G., and Tveit, M. (2007). Health Effects of Viewing Landscapes–Landscape Types in Environmental Psychology, *Urban Forestry & Urban Greening*, 6(4): 199-212.

28. Wang, M., and Ruan, T. (2015). Conflicts in the Urban Renewal of the Historic Preservation Area – Based on the Investigation of Nanbuting Community in Nanjing, In Pan, Q., and Cao, J. (eds.), *Recent Developments in Chinese Urban Planning. Selected*

*Papers from the 8th International Association fro China Planning Conference*, Guangzhou, China(Schwitzerland:Springer).

29. Wang, P., and Meng, Q. (2015). Analysis About Key Indicators of High Density Blocks in the New Central District from the Perspective of Mitigating Urban Heat Island: A Study at Guangzhou, In Pan, Q., and Cao, J. (eds.) *Recent Developments in Chinese Urban Planning. Selected Papers from the 8th International Association fro China Planning Conference*, Guangzhou, China(Switzerland:Springer).

30. Wang, X., Rodiek, S., Wu, C., Chen, Y., and Li, Y. (2016). Stress Recovery and Restorative Effects of Viewing Different Urban Park Scenes in Shanghai, China, *Urban Forestry & Urban Greening*, 15: 112-122.

# 积极老龄化理念下居家养老"无障碍"外部空间环境构建研究*

张 萍 王成芳 殷思琪 杨申茂

**摘 要:**本文分析了老年人的生理需求与心理需求特点,结合调研住区现状分析,以"健康"、"保障"和"参与"为指导,以满足"五个老有"为原则,构建积极养老理想生活模型,满足老年人休闲娱乐、交往互动、生活照料、医疗护理及出行便利等日常生活需求,让老年人真正能够老有所为、老有所乐、老有所学、老有所依、老有所养。

**关键词:**积极老龄化 居家养老 "无障碍"生活 独立生活能力 匹配

## 一 引言

近年来,中国老年人口数量增长快速,为了应对人口结构的转变及家庭小型化、空巢化所导致的家庭养老功能弱化等一系列老龄化问题,国家提出"9073"养老格局①,其中居家养老是政府和社会主要倡导的养老模式。住区作为承担老年人居家养老的重要载体,其物质环境的配置直接影响老年人是否能

---

\* 本文获国家自然科学基金(项目编号:51508151)资助。
① "9073"养老格局是指90%家庭自我照顾,7%享受社区居家养老服务,3%机构养老。资料来源:国家卫生健康委员会2021年4月8日例行新闻发布会文字实录(nhc.gov.cn)。

舒适、幸福地度过晚年生活。然而，现有住区的物质生活环境普遍存在与老年人基本生活需求不适配的问题，与老年人的需求矛盾日益激化。特别是在城市边缘区保障房住区里居住的低收入老年人群体，遇到的此类问题最为突出。

本文通过对老年人的主观需求和日常生活特征分析，探究居家养老基础生活环境与老年人生活需求的关联性，在积极老龄化理念的指导下，构建老年人积极养老理想生活模型，使老年人真正居家养老"无障碍"。本文强调的"无障碍"不是指居住环境和场所中以老年人的人体尺度和行为特征作为设计标准、对其活动进行辅助的服务功能和装置设计，而是侧重老年人的居家养老日常生活应该是在原有的、熟悉的住区环境中，既能满足精神需求又能满足身体需求，还可以满足老年人方便、舒适、独立和安全的生活需要（Farquhar，1995），而承载这些的物质载体就是住区配套的基础生活服务设施。

## 二　老年人生活特征及住区生活环境现状分析

### （一）老年人生活特征分析

#### 1. 老年人的出行特征

根据调研及不同学科对老年人行为的研究发现，随着年龄的增长，老年人身体机能下降，出现了腿脚不便、容易疲劳等身体状况，其出行特征发生改变，主要表现在出行目的、出行距离、出行方式三方面。老年人退休后，生活相对简单，活动空间与年轻人以住所和工作地为焦点的椭圆形不同，是以家为中心展开各项活动的圆形模式（黄健中、吴萌，2015）。其出行目的由生存型转向生活型，日常出行主要为购物和休闲娱乐等（夏晓敬、关宏志，2013）；出行距离明显缩短，主要集中在1千米范围内（柴彦威、李昌霞，2005）；考虑到自身的行为能力及道路的安全性，在多种出行方式中，步行为老年人的主要选择方式。

#### 2. 老年人的需求特征

老年人日常生活需求可以根据其活动类型分为休闲娱乐、购物、就医等多方面，因此住区需要配置老年/社区活动中心、菜市场、超市、诊所等多种类型的设施来满足其多种基本生活需求；同时，由于老年人身体机能的衰退，住区环境和周边路径环境要满足老年人出行的需求。

### （二）老年人基本生活服务设施现状分析

基于老年人行为与需求特点，提出了人–设施的合理配置的改进潜能模型，运用 ArcGIS 对石家庄二环内外各 4 个住区内的菜市场、商店、超市、诊所、药房、饭馆、银行、邮局、公交站、地铁站、老年/社区活动中心、公园这 12 项基本生活服务设施进行统计，并通过模型公式进行配置合理程度的计算，结果发现：一是设施配置距离不合理，老年人需求较高的菜市场、老年/社区活动中心、公园等超出了老年人最适出行距离，可达性较差，但商店、银行、饭店及诊所/药房的距离绝大多数在老年人可接受的范围内；二是设施配置种类单一，所调研的 8 个住区中 12 项设施的配置均存在缺失，平均每个住区配置类型达到 6~7 项，尤其是对菜市场、公园、广场等的配置缺失严重；三是不同区位住区设施配置情况不同，在二环内的 4 个住区整体上的设施配置数量、类型、可达性等均好于二环外住区，且在整体的城市空间中呈现随着住区区位的边缘化而变差，设施的类型及数量呈递减的趋势（张萍等，2018）。因此，在保障房住区，老年人基本生活服务设施的配置存在距离不合理、种类单一、数量较少等问题，且二环内住区生活质量优于二环外。

## 三　积极养老理想生活模型构建

老年群体在年龄、身体机能、家庭环境、经济能力和社会地位等方面的转变，使其应对各种环境变化与承担风险的能力都远远低于年轻人群，这种变化对老年人享受平等生活权利造成了很大的影响。而权利作为人的主体性价值的肯定与阐释，是当今现代社会赖以生存和发展的一个实质性要素。在构建社会主义和谐社会过程中，权利平等是在人格尊严和基本人权平等的基础上权利资源的分配平等；其中，对弱势群体利益补偿才能在更公正的意义上实现社会的整体平等（梅萍，2008）。因此，面对老年人这一生活能力较弱的群体，特别是居住在城市边缘住区的老年人，不能因环境质量差、收入能力低下等使其无法享受应有的生活质量。必须满足老年人基本生活需求，使其享有真正的权利平等，达到积极养老的理想生活状态。

本文基于健康、参与、保障三个方面对老年人日常行为活动及基本生活服务设施进行分类整合，构建积极养老理想生活模型，解决老年人日常生活中由设施配置不完善造成的安全性、便捷性、舒适性等问题，使其实现老有所为、老有所乐、老有所依、老有所养、老有所学的理想生活。

## （一）模型构建原则

积极健康的老年生活是指老年人在心理、生理两方面均保持积极健康的状态。为提高老年人生活质量，在满足老年人基本生活设施需求的同时，倡导老年人参与社会、融入社会，这就需要政府及社会的支持，使其生活权利得到保障。因此，模型以满足老有所为、老有所乐、老有所依、老有所养、老有所学为原则进行构建（见表1），提出了居家养老以住区为主要活动中心，同时兼顾满足实现老年人自身价值、休闲娱乐、医疗护理、活到老学到老的积极理想生活状态。

### 表 1 理想生活模型

| 设计原则 | 本意 | 在理想生活模型中体现 |
| --- | --- | --- |
| 老有所为 | 原指老年人在退休后，利用自己常年累积的知识、技能和经验继续做出新的贡献 | 老年人的社会参与包括加入志愿服务组织、对社会文化传承做出贡献等，例如老年志愿中心等 |
| 老有所乐 | 原指开展适合老年人特点的文体活动，使老年人安度晚年 | 满足老年人娱乐、交往、互动所产生的一系列行为，例如公园、广场等 |
| 老有所依 | 原指老年人在晚年有所依靠，主要为儿女赡养 | 考虑到特殊家庭结构的独居老年人等情况，加入相关机构部门，以解决老年人老无所依问题，例如养老驿站等 |

| 设计原则 | 本意 | 在理想生活模型中体现 |
|---|---|---|
| | | 续表 |
| 老有所养 | 原指在老年人自身无法独立解决生活问题的情况下，能够得到家庭社会的帮助 | 在得到相应赡养的同时，还包括医疗护理对老年人看病就医、购买药品问题的解决。例如诊所、药房等 |
| 老有所学 | 原指老年人根据社会的需要和本人的爱好，学习掌握一些新知识和新技能，既可从中陶冶情操，又能学到老有所为的新本领 | 更加注重从老年人自身出发，积极主动地参与组织活动，实现以学促为、学为结合的目的 |

### （二）模型构建体系

健康、参与、保障是积极养老理想生活模型的重要支撑，在"五个老有"原则的基础下，健康和保障互为补充，完善老年群体的出行、活动等基本生活配套，为老年人的社会参与提供有利条件，使其在获得身心健康的同时，能够参与社会的各类活动（见图1）。

健康、参与、保障的概念均是在住区尺度下进行界定的，通过对老年人行为内容的分析，将健康、参与、保障分别与行为及设施进行关系对应。

健康——使老年人基本生活等需求得到满足，得到平等的生活权利，便捷日常生活活动。包括使其医、食、用、行等活动得到保障的各类设施，如诊所、饭馆、超市、公交站等。

参与——使老年人根据自身能力、需求、兴趣等参与社会各项活动，得到社会认同，再现自身价值，提高自我认知。主要包括满足其休闲娱乐活动的设施，如公园、老年活动中心以及为社会提供服务的志愿组织等。

保障——使老年人通过社区等途径获得对其基本生活的辅助照料，提供社会依靠，减弱其孤独感和无助感，主要包括提供看护和上门服务的设施，如养老驿站等。

#### 1. 设施类型多样化

要改变住区居家养老设施类型单一现状，不能仅仅依据住区普通设施配

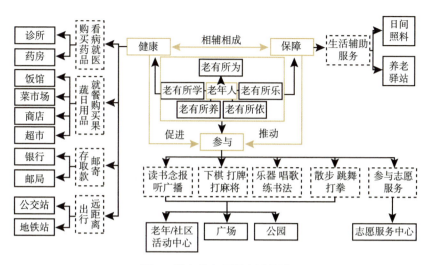

**图 1　居家养老理想生活模型**

置标准、规范等要求进行配置，应以积极老龄化理念下构建的"理想居家养老生活"模式为立足点，增加既符合老年人主观需求，又能与理想状态相对应的设施类型，使住区基础生活服务设施的项目更加多样化。

居家养老模式下住区基础生活服务设施的配置要在老年人日常步行最大可忍耐范围内。首先，要满足老年人基本的医、食、用、行等需求，在其需要外界照料时能够得到及时帮助，即健康和保障是老年人日常生活的基本需求；其次，通过参与社会活动提升老年人生活质量，促成老年人生活"质"的改变，从而达到"五个老有"的理想生活状态。

### 2. 设施布局层级化

以人为出发点进行空间布局的设施，是实现居家养老模式下住区空间合理布局的关键点。既有住区在当初设计建造的时候，并没有考虑到老年人的行为特点、能力需求等，导致现今老年人在居家生活时即使面对熟悉的生活环境也存在诸多不便，生活质量不断下降。

住区空间适老化布局应充分考虑老年人对便捷性的需求，根据老年人的步行速度（0.8 米 / 秒）及忍受时长（10~15 分钟）（Qyubb and Stitt，2011），对其 1 千米步行距离划分，10 分钟老年人的步行距离约为 0.5 千米，15 分钟其步行距离约为 0.75 千米。通过对老年人距离忍耐度的调研得出，0.5 千米是绝大多数老年人可接受的步行距离，0.75 千米是部分老年人可以忍受的步行距离，而 1 千米是极少数老年人可以忍耐的步行距离。结合前文调研分析，应以 0、0.5、0.75、1 千米为标尺对老年人活动进行划分和限定，使住区内老年人所需的各项基础生活服务设施配置层次清晰明确。

### 3.  可达路径安全化

住区适老的空间环境应符合老年人便捷、安全、舒适的要求。安全性是仅次于出行能力的影响老年人活动的第二大因素，在空间布局中要降低一次出行路径的交叉口数量、穿越道路的次数。居家养老生活中老年人出行方式通常以步行为主，步速较慢，但城市化快速发展导致的城市道路路面宽度逐渐增大、机动车数量迅猛增加导致的车流量增大等问题，影响了老年人的出行安全以及到达目的地的便利性。因此，在考虑老年人出行距离与出行方式的同时，应结合老年人在日常出行活动中的路径情况，例如出行过程的道路坡度、人行道状况、道路节点（红绿灯）可识别性标识及路线组成等一系列问题（Van Cauwenberg et al.，2012），提高老年人出行的安全性、便捷性、舒适性，以及出行路径的多样化与连通性，在出行目的地与居住地之间形成"环形"路网，将基础生活服务设施依据老年人需求特征合理安置于路径中，并对路面环境进行无障碍设施配置，合理设计道路坡道、人行道，增加无障碍标识与减速带等服务功能，以丰富老年人出行选择，提高出行质量。

### 4.  环境匹配标准化

现有住区的设施配置普遍存在结构内容较为简单粗犷等问题，无法合理有效保障老年人基本生活，造成老年人日常生活中出行购物、休闲娱乐极度不便，身心需求都无法得到满足。此外，不同区位的住区基本生活服务设施的配置程度也不尽相同。因此，需要根据积极养老理想生活模型对住区内适老性配置情况进行评估，并根据不同住区的特征差异提出针对性解决方案，更好保障老年人居家养老"无障碍"。

合理的住区适老配置，首先，应根据住区区位特征与老年人需求特征，对不同类型基本生活服务设施配置进行正确规划，并考虑其距离、数量等影响因素（Shin et al.，2011）。对于老年人需求较高的菜市场、老年／社区活动中心、公园等设施应配置在符合老年人活动能力的 0.5 千米范围内；老年人对诊所、药房、饭店等设施需求较低，应配置在符合老年人活动的 0.5~0.75 千米范围内；老年人对银行与邮局等设施的需求明显低于前两者，则应将其配置在 0.75~1 千米范围内。其次，由于老年人的出行目的具有多样性的特点，在配置时还应考虑不同类型设施的集聚性问题。要满足老年人购买果蔬日用品、打牌下棋等活动行为，则需根据菜市场、商店、老年／社区活动中心等设施之间的具体关系对其进一步进行配置，提高其服务能力。最后，还应考虑到相邻住区之间的设施配置，尽可能设置在以小区为中心的辐射范围相交位置，达到资源集约与共享。

## 四 结论

本文基于老年人主观需求和日常生活特征分析，探究居家养老外部空间环境构成的物质载体——基础生活服务设施与老年人生活需求的关联性，以积极老龄化的三大支柱"健康"、"保障"和"参与"为目标，构建老年人居家养老理想生活模型，从设施类型、布局、可达路径和匹配标准四方面构建适宜老年人居住的环境系统，促进住区适老环境的形成，真正实现老年人居家养老"无障碍"生活。

## 参考文献

1. 柴彦威、李昌霞:《中国城市老年人日常购物行为的空间特征——以北京、深圳和上海为例》,《地理学报》2005 年第 3 期。

2.  黄建中、吴萌:《特大城市老年人出行特征及相关因素分析——以上海市中心城为例》,《城市规划学刊》2015 年第 2 期。

3.  梅萍:《和谐社会权利平等的伦理思考》,《江淮论坛》2008 年第 1 期。

4.  夏晓敬、关宏志:《北京市老年人出行调查与分析》,《城市交通》2013 年第 5 期。

5.  张萍、殷思琪、王成芳、舒平:《大城市边缘保障房住区基本生活服务设施适老匹配度研究——以石家庄市为例》,《建筑学报》2018 年第 2 期。

6.  Farquhar, M. (1995). Elderly People's Definitions of Quality of Life, *Social Science & Medicine*, 41(10):1439-1446.

7.  Quinn T J, and Stott, D. J. (2011). Functional Assessment in Older People, *British Medical Journal*, 6:346-352.

8.  Shin, W. H., Kweon, B.S., and Shin, W. J. (2011). The Distance Effects of Environmental Variables on Older African American Women's Physical Activity in Texas, *Landscape and Urban Planning*, 103(2):217-229.

9.  Van Cauwenberg, J., Clarys, P., De Bourdeaudhuij, I, et al.(2012). Physical Environmental Factors Related to Walking and Cycling in Older Adults: The Belgian Aging Studies, *BMC Public Health*, 12(1):1.

# 农村适老化社区的发展路径和指导原则
## ——德国经验*

Kathleen Schmidt　Frank Schwartze

**摘　要：**农村地区的健康生活和良好住房条件对于该地区人民尤其是老年人群的独立和幸福感至关重要。以"健康生活和老龄生活"为主题的三个教学研究项目探究了社区发展概念如何在结构空间和社会空间条件下考虑老龄人口的需求，如何从概念角度理解这些需求，如何以项目实施来满足需求。本文将呈现社区发展概念如何考虑地方条件并为政策及规划决策提供借鉴。本文的研究结果基于三个案例，并据此制定了社区发展的详细概念。首先，本文通过案例研究，对石勒苏益格－荷尔斯泰因州日益老龄化的农村地区提出了行动建议；其次，本文提出社区发展概念框架的核心是概念的实施。社区发展概念可帮助当地决策者制定出包含具体目标、措施和项目建议的地区或社区未来发展构思。

**关键词：**农村地区　适老化社区发展　老龄化　紧凑城市　发展战略

---

\*　中文译者：邓小玲，北京外国语大学。

# 一　引言

德国社会正在不断老龄化。人口老龄化是指社会中老年人数量不断增加。其原因在于个体预期寿命升高，出生率持续下降（Friedrich and Schlömer，2013）。另外，年龄结构发生了质的变化，即老龄化进程比 20 年前更加多样化。

老龄化体现为老年人价值观和态度的变化。老年人选择住宅位置不再局限于他们所处的年龄阶段，搬迁理由也不再局限于家庭规模变化。此外，他们日常生活需求也不断随着其生活方式的变化而发生改变（Poddig，2006；Kramer，2007）。

社会和技术变革给老年人造成了一定影响，家庭形式的改变、人们生活及工作经历的愈发多样化给老年人带来了可见的影响。智能手机和互联网已成为老年人现代生活不可或缺的一部分。

社会条件的变化改变了整个老龄群体的结构，同时也改变了老年人个体间的共存和生活状态。因此，社会老龄化给政治家和规划者带来了重大挑战，需要应用研究予以辅助。已有一些跨学科实证研究分析了老龄群体结构改变和老龄化给个人带来的种种变化，并基于此提出行动建议（Rüßler，2015；Gerhards，2017）。此类研究结果可以运用于社会保障体系规划、社会空间规划以及社区发展规划。

本文讨论了石勒苏益格－荷尔斯泰因州的适老化社区发展，旨在基于三个农村社区所获取的实证经验，为适老化社区发展提供行动建议，以促进健康生活和健康老龄生活。

石勒苏益格－荷尔斯泰因州是德意志联邦共和国最北端的联邦州。该州的部分地区位于汉堡大都市区，经济发展极富活力，但大部分地区属于传统上的农村地区。本文的研究重点是农村地区日常生活。该研究基于土木工程专业的三个教学研究项目。这三个项目是由吕贝克科技大学城市规划与发展系与该校建筑与城市规划发展专业方向硕士生自 2016 年以来共同承担的。

## 二　石勒苏益格－荷尔斯泰因州的人口老龄化情况

德国的人口和社会变化已使得人口和年龄结构发生了改变。目前，20 岁及以下的年轻人比例大致为 19%，而 65 岁及以上年龄组的人口比例为 21%（Statistisches Bundesamt，2016）。然而，人口变化将导致这一比例发生改变。例如，德国第十三次人口预测显示，到 2030 年，65 岁及以上老年人口比例将上升至 28% 左右，到 2060 年将上升至 33%（Statistisches Bundesamt，2017）。总体而言，老年人群体将因此对政策决策和规划产生越来越大的影响，包括未来社会保障体系的建设，住房、商品和服务的提供，社会和医疗基础设施的建设。

联邦政府、各州和市政府[①]进行的数据统计调查按照年龄组和不同区域层级提供了人口发展趋势和结构的量化数据。据此为社会规划、社会空间规划以及社区发展提供重要的指导，说明当下和未来德国需要何种社会空间结构。

年龄结构质的变化也会反映在社会规范和价值观的变化中，同时伴随家庭角色的改变和就业情况的变化（Krack-Roberg et al.，2016；Schäfers，2012）。

当前老龄群体的父辈一代的生活更加传统，以家庭为重心，包括养育子女及孙辈。当年龄方面的限制出现时，老年人将失去代际契约框架下的传统家庭角色。老龄群体的这种传统生活由于单一化和异质化现象而会发生改变，即一方面由于子女数量减少，另一方面由于与成年子女的空间距离加大，家

---

① 市政府是一个有自己领土的政治行政单位。它是一个领土机构，是德意志联邦共和国行政结构的最低层次。各市根据其独立程度和规模不同，分为各区市、各市区、区独立市和纳入行政社区的市（ARL，2010）。

庭生活和祖父母的角色正在发生变化。当家庭的支持作用无法保障时，对现有的家庭护理和供养概念的要求也会有所改变。

高龄阶段包括 55~69 岁的退休过渡阶段，即工作生活阶段的结束和新的生活阶段的开始。由于预期寿命不断增加，可以设想这一时间段将进一步延长 15~20 年（Statistisches Bundesamt，2018）。该年龄段人群的生活较为活跃，能积极参与社会活动，空间和时间上更为灵活，并对生活环境有一些特定的要求。

对德国各地区的研究表明，人口老龄化状况也因地区而异，一些地区受到的影响较其他地区更强（Wiest et al.，2015）。此种差异一方面是因为年轻人口不断迁出和老年人口留居本地，另一方面是因为部分地区对老年人群前去养老极具吸引力。德国东部的很多地区有大量年轻人口迁出，而吸引老年人口的地区主要包括景色优美的旅游胜地，如沿海地区和阿尔卑斯山地区。

石勒苏益格－荷尔斯泰因州的东部沿海地区有大量老年人口迁入。与此同时，全州 60 岁及以上人口比例已经超过 20 岁及以下的人口。根据目前的人口数据预测，到 2030 年，60 岁及以上人口的比例将达到该州总人口的 36 %（Landesportal Schleswig-Holstein，2018）。这种区域差异使地区战略和发展概念也有所不同。

## 三　适老化社区发展应用研究项目

吕贝克科技大学土木工程学院在学期期间开展适老化社区发展应用研究项目，通过在建筑和城市规划硕士课程中的应用研究实现实践知识转移。在过去 3 年中开展了三个项目，分别关注石勒苏益格－荷尔斯泰因州农村地区的一个典型市镇，每个项目的研究周期为 6 个月。

开展此类研究并将成果转化为教学内容和对市政当局的建议非常有必要，因为应对当地人口老龄化的挑战是市政当局未来的一项重要任务。上述教学研究项目框架下所调查的农村地区位于石勒苏益格－荷尔斯泰因州，该州受人口老龄化的影响较重。除整体城市规划之外还需要制定相应理论，特别是在社区层面的发展理念，使人们也能安度老年生活。市政当局应发挥传递作用，将研究成果和发展理论运用到规划及政策决策中去。一方面，市镇是具体的规划教学案例对象，为未来的规划者提供实践操作的机会。另一方面，上述三个案例研究非常具有代表性，代表了石勒苏益格－荷尔斯泰因州的多数农村地区，这些地区都面临人口老龄化所带来的重大挑战。

通过上述三个项目，研究人员了解到老年人对居住地点的要求。本文依据住房结构、空间和社会空间框架条件，确定了市政当局可以采取行动的领域。以"健康生活及老年生活"为目标，根据老年人的需求对现有的住房结构进行调查审视。其研究成果催生出新的概念理念和具体的项目提案，以供日后实施。

上述项目有三个研究关注焦点，即现有住房结构、社会空间关系以及社区居民的观点。三个研究项目都揭示并探讨了城市发展的优势和挑战，并在空间结构变化、人口发展和社区健康老年生活需求的背景下进行了理论探讨。

上述项目都探究了人口老龄化对社区的影响，以及如何在设计社区生活模式和生活空间时充分考虑老年人的需求。

首先，要使用不同的调查和评估方法分析当地的结构、空间和社会空间结构。第一，采用文献分析法研究总体和市政规划，旨在记录市政规划者和政治决策者的发展意图。第二，采用二次数据分析法对现有统计数据进行评估，以总结归纳人口和社会结构、建筑、开放空间和供给结构以及交通基础设施状况，并制作相应文本和图表。第三，在现场随机选择市民进行交谈。此外，三个项目均在开始和收尾阶段举办恳谈会，市长、地方议会、规划责任人、地区管理者以及当地居民代表参与了活动并就项目进行了公开讨论。

其次，要进行理论构建。根据研究对象地区的规模将概念理念整合为社区发展理论，包括制定实施该发展理论的具体项目建议。

以下是三个项目的介绍，展示了石勒苏益格－荷尔斯泰因州农村地区老年人日常生活的变化。

- 以伦桑市为例，观察养老院等机构内的老年人生活状态，重点关注养老院所在地社区发展状况。
- 以劳恩堡市为例，调查现有社区中的适老化社区发展情况，重点关注员工福利会（AWO）①设施所在地社区发展状况。
- 以努瑟市为例，调查替代性住宅开发，重点关注家庭生活，以建立健康老年生活城镇。

### （一）走出养老院，走进伦桑市社区生活

伦桑市位于石勒苏益格－荷尔斯泰因州的东荷尔斯泰因地区。该市位于波罗的海沿岸，风景优美，与 A1 高速公路连通。由于其地理位置便利，截至 2017 年 12 月 31 日，伦桑市承担了 5011 名居民和周边社区居民的中央保障功能（Statistikamt Nord，2017）。伦桑市是居住休闲的理想地点。除了为儿童和青少年提供的社会设施，AWO 还为伦桑市的老年人提供养老院和疗养院机构养老服务以及老年人公寓。

在石勒苏益格－荷尔斯泰因州，AWO 运营着大约 200 个此类设施，共有 3500 名员工和 2600 名志愿者。在伦桑市，AWO 通过"姆勒特赫之家"养老院提供全套住院护理服务。此外，养老院的家政和护理服务也常常对外。例如，中午不能或不愿做午饭的人可以从"姆勒特赫之家"订购午餐并要求送到家中。

伦桑社区入选教学研究项目是因为它可以代表该州有 AWO 提供老年住院护理服务的所有社区。伦桑市的住院护理机构中居住的通常是年满 80 岁且

---

① 员工福利会是非营利组织，是德国六大志愿福利工作协会之一。德国各联邦州共运营着 13000 余个服务设施和机构，包括养老院、共享公寓社区、儿童青少年和老年人日托中心、信息和咨询中心、门诊服务、社会福利服务、咨询中心、日托中心和各类研讨会。

因家庭或健康原因不能或不希望留在私人住宅的老年人。搬入时，通常会清点私人住宅中的物品，携带部分个人物品共同搬入护理机构。这些老年人通常对周围环境较为熟悉，他们过去在伦桑市或周边地区生活，年老后选择在此类机构中居住。

事实证明，老年人对于在"姆勒特赫之家"养老院生活的需求正在发生变化。老年人最关心的不再是日常三餐供应和护理服务，他们还希望在伦桑社区有其他居住形式，与养老院和周边社区之间建立联系，有一个交流和社会互动的场所。

上述变化是2016~2017年冬季学期教学研究项目的出发点。研究重点是制定适老化社区发展空间规划，建立社会空间概念。该项目的参与人员包括建筑专业硕士生、石勒苏益格－荷尔斯泰因州员工福利会负责人、"姆勒特赫之家"养老院管理层及员工、市镇市长、伦桑市组织规划局负责人、养老院和伦桑社区居民。

第一步调研了老年人在伦桑市生活的愿望和想法。为此，建筑专业硕士生用部分标准化的调查问卷对45名年龄在57~85岁的老人进行了调查，了解他们的生活状况，在家和周边地区的日常生活以及社区日常生活。

对调查结果评估后进入第二步，为AWO原址养老院的转型和新建养老院进行了空间布局规划，并制定了"姆勒特赫之家"周围适老化区域发展的项目清单。通过这种方式，将传统的建筑设计与适老化社区的发展需求相结合。学生们结合老年人养老机构生活特点和新的生活方式，规划了养老院的新址，这一新址绿色、通风良好、无障碍且非常多样化。

同样，在这一新址建造养老院的新建筑也符合老年人留在伦桑社区的意愿。日间护理机构比较灵活，老年人可随时搬进搬出。对于患有痴呆症的老年人来说，合租公寓社区的环境非常适合。其他选择还包括建造服务式公寓，其租住方式与私人住宅相同，但同时额外提供家政和护理服务。在社交互动方面，将新建社区咖啡馆，维护并扩建观光花园。"姆勒特赫之家"养老院所在地与周边地区之间的连通一方面是空间连通问题，可以通过修建建筑物之间的连接道路以及保障建筑的视野线来解决；另一方面是社会连通问题，可以通过在咖啡馆组织下午茶会来解决。

### （二）"劳恩堡－米特"社区项目

截至 2017 年 12 月 31 日，易北河畔劳恩堡市的居民数量为 11485 人（Statistikamt Nord，2017）。该城为山坡地形，它决定了城市空间结构和社会空间结构。古镇有城堡、历史悠久的住宅和商业建筑，是一个旅游胜地。古镇地区毗邻易北河，也被称为下城区。从下城区步行或乘坐公共交通工具，通过两条主要道路可到达上城区。上城区是居住区，是食品和商品供应中心，能满足日常需求和服务社会需求。劳恩堡－米特社区包括从城中心延伸到城东部的行政边界。2016 年，为适应时代发展，该社区建立了社区管理体系。这个地区的老年人数量高于劳恩堡市整体平均水平。石勒苏益格－荷尔斯泰因州的许多小城市由于老龄化和财政短缺正面临巨大挑战，劳恩堡市是代表之一。这也是 2013 年后出现的"团结"市，即由于收入不足市财政无法独立支持行政职能、须由国家进行补贴的市镇。

共有三个因素使该市入选 2017 年暑期教学研究项目。第一，其特殊的城市规划，即其地形上分为上、下城区，建筑文化和社会空间上也造成了一种分割。第二，社区管理层努力实现适老化发展，应用了一种似乎能够满足城市人口老龄化需求的工具。第三，本市的财政资源不足限制了城市规划和发展，也是应对持续的人口老龄化的一项巨大挑战。

本教学研究项目的重点是在城市总体规划中考虑上述三个因素，实现适老化社区发展。这就要求在社区层面提出具体的项目建议，使老年人能够安度晚年。首先要完成对区域现状的分析工作，以描述和分析当地人的日常生活，与之前伦桑市的做法类似。其次是制定该区域在住房、社会事务以及家政和护理方面的发展理念。至于具体实施，则需要依赖当地现有的合作，以便能够向社区管理中的各相关方提出具体建议。

项目开始后，市长、城市规划办公室和 AWO 社区管理层便成为当地的合作联系人。在教学项目实施过程中，市长能够提供政治决策相关见解，城市规划办公室提供重要的规划信息，而社区管理层是获取社区人民需求的重要渠道。因此，参与该项目的建筑和城市规划硕士课程的学生能够与劳恩堡市的各相关方负责人探讨分析结果。和伦桑市一样，劳恩堡市政策和规划层也参与了社区发展理论的制定。

劳恩堡市的项目也分为两步进行。第一步是分析现状，即将社区现有的适老化发展与规划框架和城市发展状况进行比较，包括分析城市景观、发展状况、开放空间结构的优缺点，当地公共交通和个人机动交通的出行状况，日常需求商品和服务供应以及社会和文化基础设施。分析过程包括现场讨论、材料评估和绘制劳恩堡－米特社区地形图。第二步是制定具体措施和任务，此外还制定了一份任务书和适宜该地区适老化发展的目标。上述选择劳恩堡市作为案例的三个选择因素中有两个被再次作为案例进行研究。

从建筑文化和社会空间的角度来说，按地形将城市划分为上、下城区是一个需要解决的挑战，对老年人来说尤为如此。这包括为老年人清除步行到达城市途中的种种障碍。可及性在这里指社会和心理的可及性。为了改变结构状况，建议根据 DIN18040-1 设计公共空间，根据 DIN18040-3 设计公共交通和开放空间。[1] 这些标准规定了适老建筑的所有要求，为建筑师和城市规划师提供信息和方向。该项目包括：设计人行道，提供额外的休息区，如沿劳恩堡市主干道两侧安装座椅以及通过建设人人都能使用的休闲设施来消除社会壁垒。在心理障碍方面，该项目研究发现在上城区内、从上城区到下城区的过渡地区以及在下城区内都有部分区域被老年人称为恐惧地带。对此，项目也提出了具体的解决方案，包括加强这些地带的照明并提供精准的路线引导。

AWO 的社区管理部门正致力于在劳恩堡－米特社区实现适老化发展。

---

[1] 德国标准化研究所（DIN）制定了无障碍建筑的相关标准。DIN 18040-1 提供了无障碍建筑及其户外设施的相关规划、执行和配备规定。DIN 18040-3 旨在"确保建筑可达性，以便残疾人能以正常的方式不需外界援助即可进出及使用各类设施"（德国《残疾人平等法》第四条）。

这是将该区域现有服务扩大和多样化战略的一部分，为老年人提供额外的服务。旨在改善老年人生活质量，增加老年人的社会参与机会，改善老年人的护理状况。

本教学研究项目以此为基础，致力于用社区管理来研究老龄人口的需求，并将其总结为一个发展理论。这一发展理论包括三个目标。

目标1：为社区居民建立义务社区救助制度。这一目标考虑到人口和社会结构的变化，许多老年人的家人因工作原因不在身边，因而要提高社区对老年人提供日常帮助的比重。包括使用智能手机和互联网组织各种日常活动，如购物或与爱好类似的人聚会等。老年居民也已经确定了社区咖啡馆的联系人和聚会讨论时间。他们还决定在接下来的几年里定期组织散步，路上可以谈论和解决日常生活问题。除强身健体的活动外，持续的交流能促进社区居民相互帮助，因此也建议开发社区互联网平台，例如用于提供社区活动的信息。

目标2：在整个项目期间，保证了社区居民的参与。目的是确保居民参与社区发展。而社区报纸能提供有关社区日常生活和重要日期的信息。为了进一步提升参与度，项目中应包括志愿护工，他们也是社区居民，关注社区发展，并为其他社区居民提供日常帮助。

目标3：为老年人提供在社区内聚会的机会。提供适合老年人锻炼和休闲活动的机会。为了实现这一目标，住宅和服务中心新开了一家区域咖啡店，成为该地区老年人的中心聚集点。此外，在进行本教学研究项目时，还确定了其他一些项目，如休闲运动公园、老年人剧院和多代花园，这有助于预防疾病和促进健康。

## （三）努瑟市区和疗养院的替代住房形式

努瑟市位于桑德斯内本－努瑟区。截至2017年12月31日，努瑟市拥有1091名居民（Statistikamt Nord，2017）。该市是努森湖和利特泽罗湖之间的传统聚居地。过去的聚居地如今已经发展成为区域中心，向周边提供物资。努瑟市有良好的基础设施，包括药房以及全科医生、儿科医生和牙科医生诊所，还提供助产、职业疗法、物理疗法、言语疗法和兽医诊治等服务。

努瑟市入选教学研究案例的理由是，努瑟市希望应对老龄化及与之相关的规划方面的挑战，以促进社区发展和保护历史建筑，即遗留农舍。本项目分析了努瑟市应保留何种结构、应新建何种结构以保障老年人的健康生活，确立了适老化社区发展框架下的三大行动领域，即改善住房结构、日常供应和疗养院提供替代住房。

努瑟市案例的特殊点在于，地方议会主动联系该研究案例的研究者，希望在教学研究项目的框架下调查整个努瑟市替代住房的发展并进行理论总结。因此，市长和市议会成员从研究开始便成为联络人，负责规划决策，如本市住宅用地和工业区的开发。

通过分析现状，并与社区代表讨论，得出以下结论：现有的城市中心应予以保留，此后进一步释放的居住用地应限于密集开发，以便与现有的基础设施保持在步行距离范围内，这对任何年龄群都不会造成障碍。在此背景下，对该市行政区域内的道路进行评估并加以改善。该区域主要道路障碍水平较低，但必须修建连接主要道路的路线。随着高密度区域的开发和道路状况的改善，居民不仅可以轻松到达各供应点，还可以到达努森湖等休闲区。

改善住房结构的目的是使所有公共和私人设施的设计都方便老年人进出。首先，建设无障碍公共道路、建筑和广场；其次，采取健康促进措施来促进人口流动。而市中心的具体项目包括引入积极的社区援助体系和修建老幼皆宜的运动场。

关于遗留农舍的措施有两大目标，一是保护已形成的住房结构，二是创建适合老年人的住房形式。遗留农舍是之前农业企业遗留下来的建筑。石勒苏益格－荷尔斯泰因州的遗留农舍主要为室内大厅式建筑，起居室很大，均有 5 个或以上房间，主要由老年人居住。努瑟市的遗留农舍位于主干道沿线，更靠近城镇中心。

即便有年龄带来的问题，老年人仍希望留在私人住宅和熟悉的生活环境。本文对此制定了三个方面的行动，使该愿望能够在养老院也得以实现：首先，创建适老化无障碍公寓；其次，为社区和老年人提供服务和物资；最后，将疗养院与供应设施、娱乐设施、社区文化设施、社交设施、体育设施以及与当地公共交通系统相连接，让老年人能够走出所在社区参与更广区域的生活。

作为努瑟市老年人住房的一种替代形式，本文研究表明人们对公共住房项目存有兴趣，不论是自我管理的住房还是由员工福利会等组织负责提供的住房项目。社区的日常生活对于老年人来说大同小异，但对于后代来说是千差万别的。这些遗留农舍的居住空间和房间数量使得 3~5 人可以住在一个公寓或房子里。

这种居住区以门诊服务的方式开展护理和医疗服务。目前已经有在公共卫生领域活跃的护理服务提供者，需加以维系。此外，应考虑如何提供日常需要的商品和服务，例如送货服务或上门服务。与劳恩堡市类似，建议努瑟市开发一个互联网平台，一方面在该平台上提供有关各个地区的信息，另一方面方便该市居民之间进行交流。要将智能手机和互联网的使用融入日常生活，满足各年龄段人群对信息和交流的需求。

## 四　适老化社区发展指导原则

三个教学研究项目表明，在包括上述案例在内的农村地区，若要实现健康生活尤其是老年健康生活的目标，需要开放封闭的地区结构并实现地区多功能整合发展。此外，必须考虑所选服务区域是否步行可达，这会因各地现有条件的不同而有所差异，无论是现有的社会空间还是空间结构条件。另外，由于预期寿命增加，老年人在老龄阶段的活跃寿命延长，因此亟须保持空间的流动性。

值得一提的是，目前农村地区通常以传统家庭结构为主，其他替代方式还较罕见。三个项目结果的显示，新兴技术、计算机、互联网和智能手机在日常生活中的使用不断增加，不仅改变了人们的行为方式，在当地数字化发展得以保障的前提下也带来了人们对居住地点需求的改变。

基于上文综合框架下分析的各项要点，下面为三个研究对象区域分别制定行动方案：首先介绍该区域、社区或特定地点的任务；其次制定相关的目标和措施；最后给出具体的项目建议。

社区发展模式是对未来的预测，包括在分析和评价现状的基础上制定相关区域的发展目标。本文提出了农村地区适老化社区发展的指导原则，结合了当地的优势和面临的机遇，同时也考虑了当地的缺陷和面临的威胁。此外，在指导原则中还结合了现有的城市发展模式，以确保新提出的概念能够与现有发展概念相关联。举例如下。

- 紧凑型区域——移动、健康、联网。
- 我们把你们聚在一起——人人都能享有服务。

在制定相关的目标和措施时考虑了时间因素，以便制定优先次序及评估和监测相应成果。

### （一）紧凑型区域——移动、健康、联网

这一发展模式中的紧凑型[①]和流动性概念需要从两方面理解：一是实体空间上的，即物理和地理上的行动无限制；二是虚拟空间上的。这也涉及教学研究项目的两大研究发现：一是年龄结构和功能性年龄概念的变化，它意味着人口高龄阶段平均持续 15~20 年，且这个时间段的生活是独立而积极的；二是石勒苏益格－荷尔斯泰因州政府希望通过在现实空间和虚拟空间中运用适当的流动性概念，使农村地区对所有年龄群体都具有吸引力。

因此，正如"劳恩堡－米特"案例所示，短期目标之一可以是加强非机动个人交通出行。中期来看，可以根据当地居民的需求调整当地公共交通频次。从长远来看，可将像劳恩堡市这样的小城市发展成为智慧城市，对于农

---

① 这是对紧凑型城市发展概念的运用（环境署，2011）。

村地区来说则称其为"智慧村"更为合适。其最终目标是增加当地对不同目标群体的吸引力。可以通过实施面向未来的社区发展模式，推动当地建设、空间、社会结构和技术等领域的发展，以应对老年人因年龄而受到的限制。

### （二）我们把你们聚集在一起——人人都能享有服务

紧凑型和流动性概念与人人享有且全生命阶段享有护理和服务的模式密切相关，本文着重讨论了其中一个方面。本文的根本论点是，如果能确保人人都能获得服务，就可以避免人口外流，稳定农村人口。这适用于所有年龄段，尤其是老年人，而像步行范围内的地区供应和无障碍通行则能更好地服务老年人。这不仅使积极老龄化发展成为可能，而且能够避免独居老人被迫离开私宅搬入养老机构生活。

以劳恩堡市和努瑟市为例，健康生活首先依赖步行范围内的服务可及性和无障碍通行，其次依赖接入数字供应商来扩大供应。与此紧密相关的是要扩大驾车服务范围。长期来看，也是要通过在城镇或社区建立匹配的设施来应对年龄给老人带来的限制。

### （三）石勒苏益格－荷尔斯泰因州农村地区当局行动建议

本文为石勒苏益格－荷尔斯泰因州的农村地区制定了五项行动建议：独立的生活阶段、功能混合、替代住房形式、地区差异、数字化发展。

第一，任何空间规划都应考虑这样一个事实：高龄阶段的持续时间包括15~20 年的独立生活阶段，由于人口和年龄结构的不断变化，这一阶段变得越来越多样化，主要是积极的变化。从 80 岁开始，与年龄有关的限制就很突出了，老年人的日常活动会越来越集中在居住地附近。

第二，从居民角度出发，为他们的日常生活提供多功能空间十分重要。这里重要的是要确定目前居住在当地的人口结构以及未来几年的变化趋势。例如，若人口年龄分布集中，对居住地区将提出一些特定的需求。行动空间研究能够对居民观点进行实证分析（Pelizäus-Hoffmeister，2014；Wilde，

2014；Nash，2015；Oswald and Konopik，2015）, 主要关注家庭外的活动, 调查日常生活的路径和常去的地方。

第三, 在城镇和社区建设替代住房, 满足老年人对居住地愈发多样化的要求。提供多种生活方式有利于让老年人留在熟悉的环境中。

第四, 在制定发展理论时必须考虑区域差异。通过彻底的现状分析、适当的调查方法和总结性的评估, 制定适合当地的发展概念。

第五, 农村的数字化有助于人们健康长寿、安享晚年。老年人也进入了数字时代, 电脑、互联网和智能手机已成为日常生活的一部分。在缺乏公共设施和私有设施的情况下, 通过互联网订购和使用送货服务对老年人的日常生活非常重要。

## 五　知识转化

三个示范性教学研究项目的评价结果表明, 适老化地区和社区与可持续发展在内容、过程和要求上相一致。除了对老年痴呆症患者等特殊人群采取非常具体的措施, 城市社区设计的任务和目标不应在质和量上只满足一个年龄组的需求, 而必须以普惠设计的理念以及开放包容性的规划, 实现空间、结构以及基础设施功能和服务的多样性和开放性。

项目的实施过程更侧重于规划, 较少关注结果。如上文所示, 规划的目标是打造适合所有群体和年龄群的可持续且以人为本的城市。德国的经验和所描述的研究项目表明, 针对特定群体需求的政策和规划正在向开放和包容的规划政策转变。

不同年龄群体及其需求和愿望的日益多样化以及经济可行性的限制, 在德国引发了对一些发展理论越来越多的质疑。这些理论推崇独立的养老和护理体系的概念, 与其他社会体系相割裂。然而到目前为止, 包容性城市建设规划中的不同参与主体和机构之间的信息和经验分享极其不足, 亟须改善。本文三个项目的研究结果清楚地展示了解决方法的跨学科性非常强, 涵盖从建筑文化到人口流动性等方面。

因此，将此前相互分割的领域整合在一起，使不同的财政支持系统、法律要求和专业责任得以整合，成为一个新的重大挑战，尤其是对市政当局而言。在这种背景下，大学的实践导向型教学研究项目不仅有助于提高建筑和城市规划专业的教育质量，更好地满足老龄化城市的需求，同时也为市政当局提供试验田，让市政当局有机会明确未来的任务并厘清相关任务。

中国城市应对人口和社会快速变化以及人口老龄化带来的挑战，可以从上述案例中吸取经验教训。一方面，中国成功避免了一些在过去 50 年里对德国造成极大影响的空间发展模式，与之相似，中国也可以越过专属老年服务基础设施建设的发展概念，而将重点放在包容性城市建设的发展方向上。另一方面，这意味着必须将老龄化人口的需求更加积极全面地纳入城市和社区的规划和设计。实现这一目标的方法之一是扩大建筑、城市规划和社会工作等相关核心职业的教育内容。中德两国可就具体的相关挑战进行联合研究。

## 参考文献

1. ARL (2010). Gemeinde / Kommune, https://arl-net.de/en/lexica/de/gemeinde-kommune. [01/05/2019].

2. Friedrich, K., and Schlömer, C. (2013). Demographischer Wandel. Zur erstaunlich späten Konjunktur eines lang bekannten Phänomens, *Geographische Rundschau,*(1): 50–56.

3. Gerhards, P. (2017). Nachbarschaftsbeziehungen älterer Menschen - Subjektive Konzepte und Hilfepotenziale. Eine Untersuchung organisierter und nichtorganisierter Nachbarschaft, Technische Universität Kaiserslautern.

4. Krack-Roberg, E., Rübenach, S., Sommer, B. & Weinmann, J. (Bundeszentrale für Politische Bildung (BpB, Hrsg.) (2016). Formen des Zusammenlebens, http://www.bpb.de/nachschlagen/datenreport-2016/225884/formen-des-zusammenlebens. [31/03/2018].

5.　Kramer, C.(2007). Alt werden und jung bleiben. Die Region München als Lebensmittelpunkt zukünftiger Senioren? *Raumforschung und Raumordnung*, 65 (5): 393–406.

6.　Landesportal Schleswig-Holstein (Hrsg.)(2018). Demographischer Wandel - Bevölke rungsentwicklung bis 2030, https://www.schleswig-holstein.de/.[10/11/2018].

7.　Nash, C. (2015). Veränderungen des Raum-Zeit-Verhaltens im Zuge von Lebensumbrüchen und ihre Anforderungen an die Stadt- und Verkehrsplanung am Beispiel des Eintritts in den Ruhestand, Universität Kassel.

8.　Oswald, F., and Konopik, N. (2015). Bedeutung von außerhäuslichen Aktivitäten, Nachbarschaft und Stadtteilidentifikation für das Wohlbefinden im Alter, *Zeitschrift für Gerontologie und Geriatrie*, 48 (5): 401-407.

9.　Pelizäus-Hoffmeister, H. (2014). Gesellschaftliche Teilhabe Älterer durch Alltagsmobilität, *Forum qualitative Sozialforschung FQS*, 15 (1): 23.

10.　Poddig, B. (2006). Die „Neuen Alten " im Wohnungsmarkt. Aktuelle Forschungsergebnisse über eine stark wachsende Zielgruppe, *vhw Forum Wohneigentum,* 3: 211–217.

11.　Rüßler, H. (2015). Lebensqualität im Wohnquartier. Ein Beitrag zur Gestaltung alternder Stadtgesellschaften. 1. Aufl., Stuttgart.

12.　Schäfers, B. (2012). *Sozialstruktur und sozialer Wandel in Deutschland* (Bd. 2186, völlig überarb. Aufl.), Stuttgart.

13.　Statistikamt Nord (Hrsg.) (2017). Bevölkerung der Gemeinden in Schleswig-Holstein, https://www.statistik-nord.de/fileadmin/Dokumente/Statistische_Berichte/bevoelkerung/ A_I_2_S/A_I_2_vj_174_Zensus_SH.xlsx. [30/09/2019].

14.　Statistisches Bundesamt (Hrsg.) (2016). Ältere Menschen in Deutschland und der EU, Wiesbaden.

15.　Statistisches Bundesamt (Hrsg.) (2017). Bevölkerungsentwicklung bis 2060. Ergebnisse der 13. koordinierten Bevölkerungsvorausberechnung. Aktualisierte Rechnung auf Basis 2015, https://www.destatis.de/DE/Publikationen/Thematisch/ Bevoelkerung/VorausberechnungBevoelkerung/BevoelkerungBundeslaender2060_ Aktualisiert_5124207179004.pdf?__blob=publicationFile. [10/11/2018].

16.　Statistisches Bundesamt (Hrsg.) (2018). Sterbetafel 2015/2017. Methoden- und Ergebnisbericht zur laufenden Berechnung von Periodensterbetafeln für Deutschland und die Bundesländer, https://www.destatis.de/DE/Publikationen/Thematisch/Bevoelkerung/ Bevoelkerungsbewegung/PeriodensterbetafelErlaeuterung5126203177004.pdf?__

blob=publicationFile. [10/11/2018].

17.    Umweltbundesamt (Hrsg.) (2011). Leitkonzept - Stadt und Region der kurzen Wege. Gutachten im Kontext der Biodiversitätsstrategie, http://www.uba.de/uba-info-medien/4151.html. [09/08/2019].

18.    Wiest, M., Nowossadeck, S. & Tesch-Römer, C. (2015). Regionale Unterschiede in den Lebenssituationen älterer Menschen in Deutschland (Deutsches Zentrum für Alternsforschung (DZA), Hrsg.) (DZA-Diskussionspapier Nr. 57), Berlin, https://www.dza.de/fileadmin/dza/pdf/Diskussionspapier_Nr_57.pdf. [15/09/2018].

19.    Wilde, M. (2014). Mobilität und Alltag. Einblicke in die Mobilitätspraxis Älterer Menschen auf dem Land. Zugl.: Friedrich-Schiller-Universität Jena,  2012, Wiesbaden.

# 多元化社会背景下的养老社区设计策略

管轶群　刘一鸣

**摘　要：** 广阔的地域特点、多样的民族构成、丰富的风俗习惯、巨大的社会变革，造成当今中国社会愈趋多元，传统单一化的养老社区模式已经难以应对日趋多元的社会需求。文章从对社会多元化的现状与趋势分析入手，提出面向未来的养老社区设计策略。

**关键词：** 多元化　养老社区　面向未来

## 一　多元化社会对养老社区的影响

### （一）家庭结构与尽孝观念的多元

在过去，人和空间的关系是非流动的，人们通常选择终老是乡。直到今天，传统家族观念仍然存在，但改革开放的新机遇及城市化带来的空巢家庭，使文化呈现断裂态势。青年人远走他乡，老人留守，邻里相熟的群落生活被打破，家庭结构持续走向小型化。与此同时，许多新世代开始选择丁克、不婚的新模式，单身经济或将盛行，家庭结构呈现多元化。

与之相伴的是观念变革，人们从叶落归根，到家族子女轮次照料老人，再到老人离开家庭进入养老机构，形成了规模化的养老社区。当重心由绵序性的家族向小家庭转变时，秩序的解构使得对孝的观念、实践也不再单一化。反哺式的亲身照料不再是唯一符合道德标准的选择，养老社区等将青年人与老年人的赡养关系赋予了多种新意义、新方式。

## （二）生活方式与消费的多元

### 1. 消费观念转变

在过去几十年中，经济发展推动着观念的变革和消费社会的成型。信用消费、商业保险、保障制度、新媒体等，无一不在冲击着人们口袋里的金钱选择，代际间的消费观念差异拉大。

同时，随着平均受教育水平提升，老人自主选择能力增强。从企业角度看，员工的健康和养老也是公司战略的组成部分；收入的增长使目前养老服务的使用者和未来五十年迈入老年的人拥有截然不同的平均支付能力。离婚率、单身率走高的当下，青年人已经在准备养老投资，而保健和医疗成为资金的重要流向之一。在未来，老人或不再继续被动等待，而是主动消费。

### 2. 生活方式多样

目前已有旅游、禅修等多样化老年生活场景，可能性远多于从前，选择不再局限于一方天地。未来几十年，老年生活将更加多样。对经历千禧年新机遇的老人来说，他们或从退休后照顾家庭的单一生活重心，转变为自我实现与贡献社会双主轴的生活模式。

此外，在物联网及人工智能的浪潮中，家居智能化，可佩戴设备普及，养老方式或许会实现私人订制。尤其立足未来养老时，大数据与智能化将是特征之一，这一趋势也将为养老提供多种新思路。

### 3. 同代个体差异

当下，后工业时代的焦虑感充斥日常生活，贫富差距增大，信任危机加剧，电子屏后是差异显著的个体，自媒体让更多人获得表达机会，价值观走向多元，人们开始拥抱不同。同代中的不同个体，对养老方式的选择也差异显著。同代人群，或规划享有精准养老服务，或归园田居（城市空心化），或坚持素食锻炼到高龄。这种多层次切面来源于时代选择，与过去老人的单一选择截然不同。养老服务的提供也当遵循并不断适应多样化需求，当改革开放后出生的这代人开始步入养老时，也必将更加多元。

### （三）地域差异

#### 1. 城乡二元结构

自城市化高速发展以来，城乡二元所带来的变化使城乡老人或面临较多层次的养老方式。乡村中，仍有许多老人由土地维系着对礼俗的尊重，由于相对落后的生产力水平，尝过生活的苦涩，老年生活需求偏向简单集约。劳动力流失、养老设施缺乏，也是乡村养老亟待解决的问题。

而经历过教育普及，在改革浪潮中涌向城市的人群，则会在相对较高的经济水平下对生活、养老有更多的探索，从乡村携来的生活方式、理念与都市生活相碰撞，产生不同的需求，但人口开始溢出的大型城市如何合理接纳老人和面对老龄化问题也是一个挑战。

#### 2. 其他地域差异

地域性差异不仅存在于城乡结构，不同省份的人口结构、人口流向、经济发展水平、城市化进程差异，对标着劳动力结构和观念的差异，以及养老服务提供能力、老龄人群消化能力的差异。这种参差不齐的发展水平，造就了养老社区在地域上的多种多样。例如在经济发达地区，设施完备的养老社区已可以接纳较多客户进行养老；而在观念相对不够开放的地区，极重的传统观念，以及多孩童的家庭模式，居家养老仍是不二选择，也是机构养老所面临的挑战之一。

## 二　养老社区设计策略

在高度多元的社会背景之下，养老社区的设计与建设必须跳出传统思维，激发更具开放性的讨论和合作模式。以下对于设计策略层面的思考，不仅仅是对现状的被动应对，更应看作面向未来的积极尝试。

### （一）使用者导向与使用者参与

当下的养老社区设计流程中的利益相关方主要是投资方、建设方、设计方和运营方，投资回报优先、成本优先、效率优先等观念是控制整体项目发展的主导因素，对于使用者（老人）的关注主要停留在被动型的需求满足层面。使用者在项目进程中的缺位状态可能导致项目缺乏视角完整性和市场应变能力。因此，基于使用者视角的设计方法显得尤为重要，要保持以老人为核心的设计价值观。设计师在设计过程中要时刻保持与老人的"共情"能力，从"观察者"转变为"参与者"。对于各个利益相关方，可以寻找合适的时机进行基于老人视角的项目路演，也可以邀请老人代表参与讨论，甚至共同寻找富有创意与成效的解决方案。

### （二）更加"包容"的设计

设计的包容度是为了适应更广泛的用户生活习惯。一个"宽容"设计理念下的养老社区，良好的无障碍设计是重要的基础。但一个出色的无障碍设计，不仅仅是简单的扶手加坡道，它首先是一个连续而完整的系统，其次需要针对不同的使用习惯和空间特点做出多种应对策略。

此外，一个"宽容"的养老社区，需要赋予生活空间更多的多样性、灵活性与成长性。多样性空间环境的营造是提供更具个性化服务能力的基础，它让用户有了更加多元的选择可能。但任何针对功能空间的提前设定都会在运营阶段接受现实的挑战，空间被闲置或者不足的现象几乎比比皆是，所以让空间具有一定的灵活性或者弹性是非常重要的。我们往往会在不同的功能空间之间设置"缓冲区"，留出成长的空间；或者采取"通用空间"的设计手法，实现不同应用场景的切换（见图1）。

**图1　开放及灵活使用的公共空间**
**创造更多交流及活动的可能——佛山"乐榕"养老社区**

### （三）鼓励独立生活的空间环境

传统的养老服务与空间设计主要围绕如何"帮助"，我们提倡这种理念可以逐步向"支持"转变。支持型的设计理念在于鼓励老人尽可能独立完成动作，由被动接受帮助变成更加积极自主的生活方式。这就激发我们重新思考诸如服务空间与被服务空间之间的关系、无障碍设计的介入程度等问题。

与此相关的理念也包括"就地养老"（Aging in place），它是居家养老方式在养老社区的一种延伸。尽可能让老人在熟悉的生活环境里老去，减少不必要的环境改变（见图2），为此需要做出更加"包容"的环境设计，这对运营管理提出了新的挑战。

### （四）"村落"视角下的空间组织结构

当下的养老社区更像一个封闭管理的生活小区，公共配套设施集中布置，空间形态相对单一，造成老人每天"会所"与"家"之间两点一线的生活方式。

我们提出用"村落"的视角来组织社区的空间和功能。村落特别是中国

**图2 "去机构化"的老人公寓室内环境**
**营造舒适的居家感受——佛山"乐榕"养老社区**

的传统村落具有以下几个典型特点：明确的领域感、相对模糊的社区边界、多层级的公共空间形态、自发形成的非正式的交往空间、与自然的高度融合、稳定的邻里关系、强烈的集体意识等。

由此带来我们对养老社区的全新思考：能否创造更加丰富的空间组织结构，提供更加丰富的生活体验；能否将服务设施从会所里面解放出来，呈现"集中＋分散"的分布状态；能否重新定义社区的物理边界、社会边界与经营边界。这种类似城市设计视角的方式不仅仅针对大型的社区，对小型养老机构内部空间组织也有深刻的启发作用（见图3）。

### （五）地域特点与文化属性

关于地域特点的设计表达不仅仅体现在对区域的气候条件、周边环境、本土建造工艺及材料的尊重，也是对本土生活方式的尊重。同时对于老人来说，这更是一种对他们熟悉的生活经验的延续。我们经常尝试寻找每个项目

**图3　"村落化"布局的社区公共服务设施呈现更加有趣的空间层次**
**——上海东上海怡福荟养老社区**

所在地的典型社交场所与形式，如广东的早茶文化与茶餐厅、成都的棋牌文化与茶馆、东北的洗浴文化与公众浴室、上海的西式社交与咖啡厅等。当然，对于老人宗教信仰的尊重与设计也是一个重要的课题，可以在社区内设计不同的宗教集会场所，甚至可以想象一种专门针对共同宗教信仰人群的老人社区形式。如果从共同文化或者宗教背景的人群的视角出发开展设计，必然会有更具特征与创新性的养老社区形式（见图4）。

### （六）高度整合的智能化平台

高度多元化的养老社区，更能满足老年人个性化的需求，而传统的管理模式将面临前所未有的挑战。如何在有效控制整体运营成本的同时提供更加优秀的服务响应？现在的互联网技术、物联网技术及人工智能技术的发展为

**图4 运用了老上海文化元素的接待大堂**
**——上海璞境服务式养老公寓**

我们提供了全新的服务视角，同时也引发我们对设计本体的重新思考：高度离散状态的空间组织是否可能？空间的使用效能是否能与时间分配相协同？空间的灵活改变是否变得"可预期"？

## 三 结语

我们处在一个时代变革的大背景之下，国家提倡的开放包容的核心价值也必将渗透到未来我国养老社区的设计中，我们也必将用更加包容的心态来迎接多元社会的机遇与挑战。

# 参考文献

1.　成伯清：《格奥尔格·齐美尔：现代性的诊断》，杭州大学出版社，1999。

2.　〔日〕村田裕之：《超高龄社会的消费行为学》，黄雅慧译，经济新潮社，2015。

3.　费孝通：《乡土中国》，北京出版社，2004。

4.　管轶群：《为人人共享而设计》，《建筑技艺》2014 年第 3 期。

# 美国、德国、日本机构养老设施平面布局形式演进对中国的启示*

和 莎 卜德清 张 勃

**摘 要:** 我国机构养老设施发展起步晚,相对落后,经济发展水平不均衡,养老设施建设水平不一,养老设施平面布局有待优化和完善。本文梳理了美国、德国、日本机构养老设施平面布局形式,分析了其演进过程及其对应的空间模式。经过对比分析,总结出三者发展的共性与差异性。本文从环境行为心理学角度分析这些国家机构养老平面布局形式形成的原因,还从人性化角度剖析机构养老建筑设计如何兼顾老年人的日常生活需求与心理健康需求,以及其对建筑平面布局产生的影响。并在此基础上提出适合中国不同经济发展水平地区的机构养老设施平面布局模式,为机构养老建筑设计提供借鉴。

**关键词:** 机构养老设施 平面布局演进 环境行为心理学 空间模式

* 北京市社会科学基金项目"大数据视野下的原居安老持续照护设施体系构建及规划布局研究"(项目编号:18SRB003)。

## 一 引言

《国务院关于印发"十三五"国家老龄事业发展和养老体系建设规划的通知》（国发〔2017〕13号）指出，预计到2020年，全国60岁及以上老年人口将增加到2.55亿人，占总人口比重提升到17.8%；高龄老年人将增加到2900万人，独居和空巢老年人将增加到1.18亿人，老年抚养比将提高到28%；用于老年人的社会保障支出将持续增长。随着人口老龄化的快速发展，高龄老人、失能老人持续增加，养老问题日益突出。与世界发达国家相比，中国机构养老设施建设处于起步阶段，需向发达国家先进养老经验学习。

我国地域辽阔，人口众多，养老事业起步晚，发展程度参差不齐。从养老设施建设发展规律来看，养老设施建筑平面形式主要受经济发展水平和设计观念等因素的制约。我国各地区经济发展水平、人口素质、经营理念的差异，形成了我国养老设施平面布局的多种形式。发达国家养老事业起步较早，笔者通过比较分析发现，发达国家的养老设施平面布局经历了一个相似的发展历程，最终形成了较为完备的平面布局形式。每一个事物的发展都会遵循一定的规律，本文对发达国家机构养老设施平面布局形式演变过程进行梳理总结，得出普遍性规律，并在此基础上提出适合中国不同经济发展水平地区的机构养老设施平面布局形式，以供设计者参考。

## 二 美、德、日机构养老设施平面布局形式比较分析

美国的机构养老设施平面布局形式演进主要经历了五个阶段（见表1）。起初的养老设施基于医院的规范标准，设置四人间，服务设施有限，公共空间设置在尽端［见表1（1）］；1978年，平面形式将长直走廊与私人房间之间设置半私人空间，多人间改为单人间或双人间［见表1（2）］；1987年，出现了集体住宅，小组团形式的雏形初现，餐厅、浴室为共用［见表1（4）］；1988~2005年，养老

设施完全成型为家庭组团形式，11个人为一个组团，整个单元由若干个组团组成，通过中央服务区联系在一起［见表1（5）］；2006年至今，突出强调"人性化"设计，将组团内半私人领域和私人卧室之间增加过渡区，注重组团内的私密性［见表1（6）］。

| 表 1　　美国养老设施平面布局形式演进过程的五个阶段 | | |
| :---: | :---: | :---: |
| 第一阶段 | 第二阶段 | 第二点五阶段 |
| | | |
| （1） | （2） | （3） |
| 第三阶段 | 第四阶段 | 第五阶段 |
| | | |
| （4） | （5） | （6） |

资料来源：（1），全心（2013）；（2），周燕珉（2014）；（3）（4）（5）（6），Nelson（2016）。

德国的平面布局形式演进主要经历了四个阶段（见表2）。德国从1940年开始建设第一代养老院，以收留为主，通常是一个长走廊，设置很小的公共活动空间［见表2（7）］；1960~1980年引入了"医养结合"的概念，养老院类似医院形制，较之前增加了公共空间［见表2（8）］；1980年开始提倡"以居住为主"的养老形式，逐渐向小组团发展［见表2（9）］；1995年进入第四代养老院平面模式，人们开始关注"家庭氛围"，重视老年人的安全及心理感受，呈现小组团形式［见表2（10）］。

| 表2 | 德国养老设施平面布局形式演进过程的四个阶段 | | |
| --- | --- | --- | --- |
| 第一阶段 | 第二阶段 | 第三阶段 | 第四阶段 |
| | | | |
| （7） | （8） | （9） | （10） |

资料来源：Heinzpeter Schmieg（2016）。

　　日本的平面布局形式演进主要经历了四个阶段（见表3）。第一阶段以多人间为主，是长直走廊两边开房间的形式，实行集体就餐与公共大浴室［见表3（11）］；第二阶段相较第一阶段增加中庭空间，寝室增加双人间［见表3（12）］；第三阶段逐渐形成初期的组团，中间开设天井，旁边设小起居厅，房间布置在周围，以单人间为主［见表3（13）］；第四阶段，实现组团化发展，每个组团不超过10个人，护理人员固定，组团间不得穿行，提供了居家氛围的生活环境［见表3（14）］。

| 表3 | 日本养老设施平面布局形式演进过程主要经历了四个阶段 | | |
| --- | --- | --- | --- |
| 第一阶段 | 第二阶段 | 第三阶段 | 第四阶段 |
| | | | |
| （11） | （12） | （13） | （14） |

资料来源：周燕珉工作室（2017）。

　　由于美国、德国、日本这三个国家进入老龄化社会的年代不同，发展速度不同，所以三个国家的养老设施平面布局演进的时间各不相同，但从平面形式发展过程来看，三个国家的养老设施平面布局演进过程具有一定的共性（见表4）。三个国家的养老设施建筑设计都是先解决"有没有"的问题，然后再解决"好不好"的问题。由注重使用者的基本行为需求向注重心理感受方向发展。考虑到老年人的需求，减少服务距离，营造"居家"的熟悉氛围，减少老年人的孤独感，增强护理人员照顾老人的针对性，平面布局均由长直走廊两边排布房间的方式向小组团空间方向发展。根据各国不同时期的平面布局，可以设计出一套具有共性的空间模式，以供我国参考。

**表4　美国、德国、日本机构养老设施平面布局共性发展阶段及其空间模式**

| 项目 | 第一阶段"长廊模式" | 第二阶段"长廊＋公共空间模式" | 第三阶段"组团模式" | 第四阶段"多团组合＋公共空间模式" |
|---|---|---|---|---|
| 发展过程 | <br>（15） | <br>（16） | <br>（17） | <br>（18） |
| 空间组合关系特性 | 平面与医院形式相似，无公共活动空间 | 在尽头或中间加入公共空间，平面形式为长直楼廊两边排布房间 | 形成不封闭的组团形式，将公共活动空间放置于中央，房间围绕其设立 | 小组团空间发展完善，组团间设有门，平时不相互交流，定期组织组团间交流活动 |
| 较上一个阶段的突破 | 无公共活动空间，走廊动线长 | 在建筑内加入公共活动空间，增加老人交往空间 | 摒弃长直走廊形式，组团内有公共活动空间，组团之间共用浴室或餐厅。方便管理 | 空间分为多层级，组团之间有公共活动空间。组团之间不连通，不共用浴室或餐厅。方便管理，提供与社会交流的空间 |

　　资料来源：（15）（17）（18），笔者绘制；（16），Nelson（2016）。

美国、德国、日本的社会背景、地理位置、社会习俗不同，造成了这三个国家的养老设施平面布局形式演进发展存在差异性。

通过纵向对比分析发现，公共空间的发展经历了一个从无到有、从简单到复杂的过程，最终发展成为三个不同级别的公共空间系统。从公共空间过渡到半公共半私密空间再过渡到私密空间的三个级别。美国的第四、第五阶段中出现在半私人生活领域与私人卧室之间增加了一个过渡区域，将小组团内部的动静区域细分［见表1（6）、表1（7）］。德国、日本的"以家庭为主"的组团平面形式更为注重老年人的心理感受。德国则直接将养老院融入社区，养老院中的活动空间直接向社区开放，老年人的居室则用家具分隔出不同的半私人空间，供老年人休息，减少了老年人的孤寂感，但会增加相互干扰的问题（见表2）。而日本现阶段注重多层级的活动空间则是美国、德国所不具备的（见表3）。规定各组团间不得穿行，同时鼓励老年人参加组团间与设施外的交流活动，建立老人与社区的连接，按照公共活动的范围大小将活动空间分为三个级别，第一级为整个设施级的公共活动空间，第二级为居住组团级的小范围半公共活动空间，第三级为居室单元级的半私密活动空间。

从对以上三个国家的平面布局分析可以得到其平面布局演进经历的四个阶段及其相应的四种空间布局模式：第一阶段"长廊模式"，第二阶段"长廊＋公共空间模式"，第三阶段"组团模式"，第四阶段"多团组合＋公共空间模式"。公共空间从无到有发展成为从公共空间过渡到半公共半私密空间再过渡到私密空间的三个级别。

# 三　从环境行为心理学角度分析三个国家机构养老设施平面布局形式演进特征

人在生命周期的不同阶段有着不同的心理特征，老年人的心理特殊性应该在设计中给予关注。养老设施的平面布局不仅要满足老年人的生活需求，还应注重老年人的心理健康。从各国机构养老设施平面布局的形式演进能够看出对老年人的心理特征及需求的重视。下面我们从环境行为心理学的角度分析各国机构养老设施从"长廊模式"向"组团模式"方向发展的原因。

### （一）注重私密感的营造及个人空间的领域性

由于私密性心理，老年人注重个人空间的领域性，在个人空间中老年人可以保持放松，没有压力，自主地进行活动，一旦个人空间受到侵犯，易产生不良的消极情绪，不利于老年人的身心健康。早期的养老院多从四人间或多人间逐渐发展到单人间或双人间，更加尊重老人的私密性，避免相互干扰，使老年人得到舒服的休息空间（见图1、图2）。

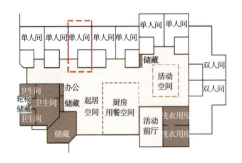

**图1　养老院平面布局（1）**

资料来源：笔者以周燕珉工作室平面图为基础绘制。

**图2　养老院平面布局（2）**

资料来源：笔者以周燕珉工作室平面图为基础绘制。

### （二）减少排斥感，增加交流

由于老年人在晚年生活中接触的人和事物越来越少，加上身体器官的退变，不自信感增加，他们逐渐远离人群产生孤寂感。长直走廊排布房间的形式，使得公共空间缺失，造成老人无处交流，在走廊尽端设置公共空间离老人休息卧室距离远（见图3）。最终平面布局发展成在卧室周边就近设置起居厅，为老人提供交流场所，减少老人的孤独感，同时增加与社区之间的互动（见图4）。

**图3　养老院平面布局（3）**

资料来源：笔者以周燕珉工作室平面图为基础绘制。

**图4　养老院平面布局（4）**

资料来源：笔者以周燕珉工作室平面图为基础绘制。

## （三）良好的空间认知性

老年人的身体机能退化，只有在安全舒适的环境下才能放心居住，减少长直楼廊的布置，将老年人的行动流线减少，便于老人记忆。狭长走道易迷失，使老人产生焦虑、压抑之感，将整体空间划分为不同的组团，老年人只在组团内活动，组团间不得穿行，使老年人的活动空间范围尺度缩小，易被老年人识别（见图5）。

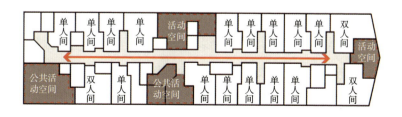

**图5　养老院平面布局（5）**

资料来源：笔者以周燕珉工作室平面图为基础绘制。

### （四）注重邻里感的营造，增加归属感

老年人经常产生孤独和焦虑的心理，尤其是离开自己熟悉的环境，进入一个陌生的环境，由长直走廊发展到组团式的居住环境能让老年人摆脱对医院的联想，约 10 个人的相处模式易使老年人彼此熟悉，增加归属感。固定的护理人员熟悉组团内老年人的需求习惯，在提高护理效率的同时，能使老人感到亲切（见图 6、图 7）。

图 6　养老院平面布局（6）

资料来源：笔者以周燕珉工作室平面图为基础绘制。

图 7　养老院内部环境（1）

资料来源：周燕珉工作室（2017）。

### （五）注重个性化发展

老年人喜欢在熟悉的环境下生活，鼓励老年人入住时自带家具被褥等生活用品，在私人卧室的领域中，鼓励老人自行安排家具的摆放位置，营造出家的感觉，使老年人的情绪处于平和放松的状态。三个国家目前均鼓励老年人自带家具，注重个性化的发展，日本某养老院在每个房间门口设置橱窗，供老年人自行装饰，既可以强调空间的认知类型，强化老人记忆，又能给予老年人创造发挥的空间，利于维持老年人的身心健康（见图 8、图 9）。

**图 8　养老院内部环境（2）**

资料来源：和莎（2019）。

**图 9　养老院内部环境（3）**

资料来源：和莎（2019）。

## 四　发达国家机构养老设施平面布局形式对我国的启示

发达国家机构养老的平面设计分析可以为我国养老设施平面布局设计提供以下启示。

### （一）发达国家机构养老设施平面布局形式对我国的启示

（1）在养老机构的平面排布上，应更注重老年人的心理需求。在条件允许的情况下增加单人间或双人间，尽可能减少多人间，为老人提供更多的个人空间。

（2）老年人心理中较为明显的两个特征是眷恋感和共生性。老年人对社会依然有眷恋，渴望和家庭成员生活在一起，渴望和社会其他人一样生存，养老设施可以考虑分时间段对外开放，增添更多的社会氛围，避免老年人与社会脱节，增加公共活动空间。

（3）随着老年人护理等级的提高，更需要养老机构由平面向组团化推进，为老年人营造一个安全、温馨的氛围，同时方便护理人员照顾。

（4）减少长直走廊旁边排布房间的形式，减少老人的行动流线长度，便于老人记忆、熟悉环境。在我国的养老机构设计中应强调"人性化"设计，更多地关注老年人的心理需求。

（5）设置 10 人以内的小组团生活空间，便于老人记忆彼此，增加邻里感，同时让老年人与护理人员彼此熟悉，提高护理效率。

（6）遵循"让老年人尽可能长时间地在自己家中，在自己熟悉的环境中生活"的发展方向，鼓励老年人自带生活用品，自行装饰室内空间，营造家的感觉。

（7）公共活动按照范围大小分为三个等级，第一级为整个设施级的公共活动空间，第二级为居住组团级的小范围半公共活动空间，第三级为居室单元级的半私密活动空间。可以在组团空间的半私人空间与私人空间之间加入过渡空间区域，增加空间层级，在组团间保持老年人的私密性，尊重每个老年人的生活习惯。

（8）设置适当数量的多人间，以家具作为分隔空间的手法，可减少老年人的孤独感。

### （二）我国不同地区应借鉴的平面布局模式

我国各地区的经济发展水平是不均衡不充分的，与美国、日本、德国相比，老龄化程度与居住习惯也存在差异，但这三个国家机构养老设施平面布局的演进对于我国有一定的借鉴意义。我们应该因地制宜、基于我国的国情实事求是地探讨我国不同经济发展水平的地区分别适用某一种或几种平面组合模式。

（1）经济落后地区养老机构平面布局形式适合采用第一阶段"长廊模式"，长直走廊两边设置老人寝室，其空间结构类似医院，虽缺乏对老年人行为心理的考虑，但空间利用率最高，在这类地区首先需要解决"有没有"

的问题。

（2）欠发达地区城市养老机构平面布局形式适合采用第二阶段"长廊＋公共空间模式"，长直走廊两边分布房间，尽端或中间设置公共活动空间。在有限的经济条件和有限的空间前提下，为老人提供适当的公共活动和交流场所。

（3）二线城市、中等发达地区城市的养老机构平面布局形式适合采用第三阶段"组团模式"，初步向小组团模式发展。组团之间相互连通，没有明显分割，无大型公共空间作为组团间的交流场所，可以使用食堂或公共浴室将各个组团连接起来。

（4）北、上、广、深一线城市属于经济发达城市，其养老机构平面布局形式适合采用第四阶段"多团组合＋公共空间模式"。方便护理人员照顾，并给予老年人"居家"的感觉，组团内设有半私密性起居空间，便于老年人相互交流，多个组团通过公共活动用房连接，形成多层级空间。可适当引入与社会的交流活动，避免老年人的自卑感。

以上四种情况只是相对而言的。四种地区与四种空间布局模式并不是一一对应的关系。同一地区的不同单位、不同地段的情况各不相同，所以同一个地区会有两种或三种模式并存。一切应从经济状况、经营情况、老人的健康状况等具体情况出发，选择合适的空间布局模式。

## 五　结语

美国、德国和日本的老龄化发展程度不同，居住习惯、民族文化等也不尽相同，但这三个国家的机构养老设施平面布局形式值得我们参考借鉴。三个国家的机构养老设施发展形式略有不同，但都将"以老年人为本"作为设计指导思想，注重老年人的身心健康，避免因与社会脱节造成的心理问题。我们需要把发达国家先进养老的普遍原理和中国的养老具体实践相结合，走出一条中国特色养老之路。

# 参考文献

1. 卜德清、冯梦娇：《国外养老建筑空间环境设计的启示——基于老年人生理心理特征》，《华中建筑》2016 年第 10 期。

2. 高莹：《基于环境心理学的老年人疗养中心设计方法的研究》，长安大学硕士学位论文，2014。

3. 《国务院关于印发"十三五"国家老龄事业发展和养老体系建设规划的通知》，2017 年 2 月 28 日。

4. Heinzpeter Schmieg：《德国养老建筑的发展历程及趋势》，《中国医院建筑与装备》2016 年第 1 期。

5. 胡惠琴：《日本利用旧建筑开设养老设施对我国的启示》，《城市住宅》2017 年第 11 期。

6. 胡四晓：《美国老年居住建筑的设计及发展趋势介绍》，《建筑学报》2009 年第 8 期。

7. 全心：《美国养老社区及老年公寓设计新趋势》，《建筑学报》2013 年第 3 期。

8. 司马蕾：《多摩平之森互助之家，日野，东京，日本》，《世界建筑》2015 年第 11 期。

9. 王敏：《基于老年心理学的养老院空间设计研究》，西南交通大学硕士学位论文，2015。

10. 周燕珉：《高层养老设施改造案例学习——美国芝加哥蒙哥马利之家》，新浪微博，2014 年 6 月 3 日。

11. 周燕珉、林婧怡：《国外老年建筑的发展历程与设计趋势》，《世界建筑》2015 年第 11 期。

12. Nelson, G. G. (2016). Household Models for Nursing Home Environments, https://www.pioneernetwork.net/wp-content/uploads/2016/10/Household-Models-for-Nursing-Home-Environments-Symposium-Paper.pdf [12.12.2020].

# 宜昌市综合养老公私合营项目[*]

易杨忱子

---

**基本情况**

项目周期：2016 年 2 月至 8 月

目标群体：中国湖北省宜昌市养老机构、宜昌市老年居民

委 托 方：亚洲城市发展中心（CDIA）基金，

由德国联邦经济合作与发展部（BMZ）、

奥地利政府、瑞典政府、瑞士政府支持

执 行 方：德国国际合作机构（GIZ）

合作伙伴：亚洲开发银行，宜昌市人民政府，湖北省财政厅

执行地点：中国

---

[*]　中文译者：王苏阳，北京外国语大学。

## ●●● 项目的社会挑战

宜昌市迫切需要得到老年护理的支持，但其基础设施和服务无法满足这一需求。2015 年，宜昌市老年人比例为 13.7%，高于全国平均水平。在宜昌的中心城区，老年人比例预计到 2030 年将上升到 26%。超过一半的老年人独居或与配偶生活在一起，日常生活得不到充分的照顾。这意味着他们不仅在实际活动中缺乏帮助（如做家务、去医院看病），还缺少情感支持。鉴于缺少公共老年护理服务设施，加之民营老年护理服务成本较高，宜昌市亟须建立一个经济适用型老年护理服务体系，覆盖家庭、社区和机构护理，避免过度依赖昂贵的私人护理机构。

## ●●● 项目方法

CDIA 是一个多边项目开发机构，由德国国际合作机构（GIZ）和亚洲开发银行（ADB）共同管理。CDIA 为项目里的中等城市提供技术援助，使项目在预可行性研究阶段，就可以引入基础设施项目概念，与多个开发银行或私人融资机构等下游融资渠道对接。

CDIA 为宜昌市综合养老中心公私合作试点项目（PPP）提供预可行性研究，支持宜昌市完善养老服务体系建设。CDIA 提供的 30 万美元技术援助基金用来开展预可行性研究。预可行性研究产生了一种可复制的 PPP 模式，这种模式不仅适用于宜昌，也适用于全中国的老年护理项目。此外，CDIA 还把项目推介给下游出资方，使项目进入贷款准备和实施阶段。2018 年，亚洲开发银行（ADB）批准 1.5 亿美元贷款，用于实施湖北宜昌市综合养老示范项目。

## ●●● 项目价值

CDIA 项目的主要价值在于，它会根据宜昌市的需求，定制老年护理的PPP 模式，并让项目与下游融资机构对接。

通过预可行性研究提供的 CDIA 技术援助如下。

- 确定私营部门是否可以参与开发选定的试点设施，确定私营部门与整个老年护理系统是否有机统一。
- 确定合适的 PPP 项目结构，以便充分发挥私营部门的技术专长，满足当前和未来对老年护理的需求。
- 评估不同 PPP 项目结构的经济可行性，并通过创新方法，完善 PPP 结构设计，使用亚洲开发银行（ADB）资金，增加私营部门的创收机会，提高 PPP 备选项目的经济可行性。

## ●●● 经验总结

项目的主要挑战在于，如何既提高宜昌老年护理服务和基础设施的标准，又能让此类服务的价格控制在可接受的范围内。虽然目前老年护理服务的价格低，但服务标准也低。例如，现有养老服务设施的情况表明，人力资源无论在数量还是质量方面都明显不足。通过比较服务标准与服务费率发现，得到市政府对项目的支持是必要的。政府可以通过建设补助和经营补助的方式提供支持。

## ●●● 未来设想

对于类似项目，以下两种方式的政府支持是必要的。

- 间接方式：规范服务标准。避免其他的养老服务设施以不合理的低价格提供不符合规范的服务。
- 直接方式：通过最低保障需求机制激励当地政府提供老年护理服务设施。

# 第六篇

## 结　语

# 经验启示及未来展望[*]

Marie Peters    Sabine Porsche

中德两国都面临着严峻的人口结构挑战，在全球范围内两国均属于生育率较低的国家（DW，2020；Statista，2020）。为了解决人口结构变化所带来的方方面面的挑战，中德两国政府在过去几十年中采取了各种措施，出台了一系列相关法规规范，从不同层面解决各领域存在的问题，也寻找到了一些解决方案并加以落实。然而在全球新冠肺炎疫情的大背景下，我们更加清晰地认识到过去几十年国际合作应对社会老龄化这一共同挑战的力度远远不够，支持老年人尽可能长期独立生活的制度框架并没有得到充分建立，而且一些核心问题（例如对未来数量不断增加的老年人提供护理的资金来源）至今尚未解决。

新冠肺炎疫情无疑将唤起对全人类共同命运的高度关注，在这一背景下，我们希望通过本书向老龄化领域的从业者、政策制定者和相关学术团体介绍德国国际合作机构（GIZ）所实施的中德发展合作项目中有关老龄化社会可持续发展的主要内容，包括长期护理保险、老年护理教育和适老型城市社区建设，并借此推动各方加深讨论和合作。本阐明了在政策、最佳实践和解决方案等领域开展国际交流的必要性，只有不断推动，才能使我们的社会

---

\*　中文译者：邓小玲，北京外国语大学。

在该领域以及其他领域做好准备，更好地面向未来。下文我们将首先介绍该领域的相关讨论重点并提出行动建议，其次探讨已有的经验并对国际合作提出建议，最后探讨未来需要应对的问题。

## 一　行动领域：长期护理保险、老年护理教育以及适老型城市和社区建设

该书中的论文就长期护理保险、老年护理教育和适老型城市社区建设方面的各种政策和具体措施以及现存的学术争论进行了探讨并提出见解。

建立长期护理保险体系是各国在老龄化社会进程中保障老年人获得长期护理的一种解决方案。包括中德两国在内，多国政府采取了不同方式来建立长期护理保险体系，因此各国可以相互取长补短，不断完善这一体系。例如本书中方作者以德国长期护理保险法律框架为例，呼吁中国将长期护理保险纳入社保体系。他们认为这将为长期护理保险的发展提供公平的环境，推动该保险体系的建设进程。除法律框架之外，资金来源机制和评估体系标准化等因素也对该保险体系能否成功产生巨大影响，这些议题可以在未来的合作中聚焦探讨。资金来源机制方面，必须要考虑到资金来源渠道的可持续性，以满足数量不断增加的老年人的护理需求。在中国，老年人护理的资金来源于医疗保险体系，这会给医疗保险体系带来过高的负担。评估体系标准化方面，老年人身体状况的评估标准需要有足够的灵活度以适应情况的多样性，例如亲人提供护理或是老年人本身需要照顾因故致残的后代，以及未来可能出现的老年痴呆症患者人数增加的情况等。其他亟待考虑的方面还包括因家庭结构变化带来的空巢老人数量的增加以及城乡在基础设施建设、医疗服务和专业医务人员数量上的差距等。中德两国在该保险体系的建设和完善方面的交流合作还处于起步阶段，未来可以考虑将该议题作为德国国际合作项目的议题。

老年护理教育是另一个需要关注的问题。正如本书所介绍的，护理专业

人员的职业教育和培训一直是 GIZ 在中国和东南亚国际合作项目的关注点之一。对中德两国而言，加强专业护理人员的储备和培养至关重要——这不仅是因为护理专业人员的短缺在这次新冠肺炎疫情下显得更为突出。两国均需采取措施提高护理专业人员的声誉和薪资待遇，提升护理工作的吸引力，进而解决护理人员短缺的问题。德国起初通过举办短期认证项目来培训养老护理人员，还建立了双元制职业教育体系来弥补短缺，但是仍然供不应求，几年前德国政府开始从一些护理人员充足的国家直接招聘受过专业培训的护工，本书中的两个项目案例对此进行了介绍。中国政府开辟了新职业并提供短期培训来解决专业护工短缺的问题。此外，中国政府制定了护理人员指导原则，以保障那些需要护理的人群的福祉和安全。除短期培训外，中国政府也希望进一步开发更多长期职业培训项目。

本书尝试指出，中德两国在过去几十年所采用的传统城市规划和设计手段不足以为今天的老年人提供包容性的、健康舒适的居住生活环境，需要升级现有城市和社区，建设老年人友好型城市和社区来满足老龄化人口的需求。原因之一是老年人的生活依赖多种多样的建筑和结构，有其独特的需求和偏好。制定和优化技术标准作为更具包容性和一体化的城市生活的社会、经济和环境规划的基础，显得尤为重要。当然，城市不仅要提供满足必要技术标准的可进入的空间，还需要考虑如何能够提供一体化的休闲娱乐生活环境和空间，让老年人能够独立生活并参与社会。本书多位作者提到老年人的这一需求，这与联合国可持续发展目标的理念相一致，就是要为不同年龄层、性别、宗教的所有人提供包容性的生活环境。包容性的规划需要全面综合的概念先行，这其中包括不同层级的所有参与方（例如国家层面和省市级层面）、不同学科专业（城市规划、建筑设计、社会服务等）以及城市生活中的不同角色（政府、市民及其他利益相关方）。

本书所介绍的中德两国所采用的方法和概念为两国将来的合作提供了良好的基础。双方将在保险体系、培训课程设计、技术标准、城市空间规划方面的经验交流中获得收益。交流中所产生的创意能够帮助我们解决未来所面临的挑战，让我们变挑战为机遇，重新审视和改进那些无法满足不断加速的全球老龄化趋势的体系和制度。另外，众人关注的新冠肺炎疫情有可能阻碍我们已经取得的进展，但是这一危机也带来了一些行动机会，例如很多企业倒闭迫使人员重组，可能会转向护理行业寻求新机遇。

## 二　国际合作的经验启示

全面解决社会进程中的老龄化问题需要国家和地方政府部门之间，当然最好还包括不同国家之间的密切合作和对话，要加强经验分享并共同寻求解决方案。GIZ 等机构不仅可以将不同层级的参与者汇聚到一起，而且可以贡献其在人口结构、健康、社会保障、家庭、教育、青年以及老龄化等社会和人类发展问题上数十年来积累的知识和经验。根据本书中的论文和项目案例，可以吸取经验教训，并得出参考建议，以下将对此进行概述。

### 1.　建立多层级、以解决方案为导向的交流和对话机制

多层级、以解决方案为导向的交流和对话有助于我们获得彼此对各国所采取的方法和措施的洞见，从而更好地应对例如老龄化社会这类紧迫的议题，而且还能通过交流和对话挖掘更多议题，并就新议题进行更为深入的合作。中德两国在医疗领域建立了部长级合作机制，以老龄化社会为合作的中心议题，共同探讨如何互鉴和拓展各自在这一议题上所采取的方法和措施。2019 年 4 月在北京举办了该合作机制第一次会议，来自中国、日本和德国的中央和地方政府、协会、智库以及私营部门的专家学者共同参会。对于可持续且以人为本的解决方案而言，公民参与至关重要，因此在将来的规划和讨论中以及德国国际合作项目实施中需多加考虑。同时，各参与方在各层级的更深入参与，能够进一步加强参与者的主人翁意识，从而推动各项活动的可持续发展。

### 2.　培养跨学科合作模式

确保所有人都能过上包容性的、尽可能长的独立生活是一项复杂的工作，涉及生活的各个方面，例如社交和休闲娱乐、医疗服务和就业等。因此，

这项工程需要不同学科和行业的共同参与，形成跨学科的合作模式。该领域的国际合作项目也需要采用一体化的跨学科合作方式，以产生长期可持续的影响。GIZ 在跨学科项目实施方面的一个范例就是本书的出版，其汇聚了来自健康管理、教育和城市规划领域的政策制定者、从业者和专家学者以及来自私营部门的参与者的真知灼见。以建设适老型城市和社区为例，世界卫生组织（WHO）的一项建议指出了未来合作项目可以考虑的议题，其建议的九项议题覆盖了多门学科，包括城市和交通规划、建筑规划、社会科学、经济学、医疗卫生、教育、工程学和媒体科学（Yeh et al., 2016）。

### 3. 加强政策制定与项目成果挂钩

本书展示的一些实践成果来自 GIZ 实施的合作项目和中国政府实施的试点项目，这些成果对未来的政策制定有很高的借鉴价值。多年来，中国政府一直在推广试点成果，为政策制定提供支撑。同时，政策制定的过程也应该与国际合作项目的实施结果紧密挂钩，汲取国际先进知识和经验。从已实施项目和试点的实践经验中得出的政策建议可以促进自下而上的政策制定，因为这些项目与实际参与者建立了更紧密的联系。国际合作项目、政府智库以及私营部门间的有力合作和深入交流则会将这些实践成果不断纳入政策制定的基础。

### 4. 确保中国经验向他国推广复制

与许多其他发展中国家和新兴经济体相比，中国与老龄化产业相关的许多方面（例如技术和数字解决方案）都处于领先地位。从现在起的几年内，德国国际合作方面的一些伙伴国家也会面临中国正在经历的挑战，因此 GIZ 在中国实施的项目中获得的创新成果可以通过一些平台如中德可持续发展中心（CSD）向其他国家转移并加以应用。中德可持续发展中心是由德国联邦经济合作与发展部（BMZ）和中国商务部（MofCom）共同发起的，旨在为人类和地球创建一个具有包容性、可持续性和弹性的未来。

### 5. 私营部门参与

发展养老服务产业尤为紧迫，而私营部门的参与是必然选择。在过去，照顾老人主要依赖政府和家庭。随着老年人数量的不断增加和家庭结构的变化，养老责任也在发生变化。以护理行业为例，要求政府建立更全面的法律框架，以满足老年人日益增长的需求，并依靠私营部门提供相关技术和服务，弥补家庭成员照料老人的缺失。私营部门可以参与建设养老机构、提供老人护理培训、开发保险和医疗服务产品、开发旅游业等。但是在向私营部门开放市场的同时，政府有责任确保市场有序运行，例如要确保养老机构的运营必须符合一定的健康和安全质量标准。

## 三　数字化——未来议题

在新冠肺炎疫情期间，数字化的重要性比以往更加凸显，尤其是在很多国家实施封城措施期间，数字化使社会保持运转，也使得一些关键活动得以部分继续，例如教育、日常必需品的供给以及远程办公。数字化能帮助社会做好准备去面对未来可能的疫情，也能为应对老龄化挑战提供支持。在老年护理方面，技术设备可以用来记录健康状况，以获得更加精准的诊断和护理服务，也可以用来协助护理人员监测病人的健康状况。安装传感器可以用来报告健康状况的变化以及病人出现的危急情况，以确保快速及时做出反应。在护理教育方面，带有虚拟现实功能的应用程序可以用于护工的实操培训。因此，未来我们必须在政府政策、行业发展以及国际合作中更加重视数字化发展。中国的各行各业正在全方位积极开发数字化解决方案，这对于其他国家关注老年人及其生活很有价值。

### 参考文献

1. DW – Deutsche Welle (2020). Germany's Birth Rate Drops, Confirming Dramatic Predictions for the Whole World, https://www.dw.com/en/demography-german-birthrate-down-in-

coronavirus-pandemic/a-54395345 [4/2/2021].

2. Statista (2020). Aging Population in China - Statistics & Facts, https://www.statista.com/topics/6000/aging-population-in-china/ [4/2/2021].

3. Yeh, C. C., Walsh, J., Spensley, C., and Wallhagen, M. (2016). Building Inclusion: Toward an Aging- and Disability-Friendly City, *American Journal of Public Health*, 106(11): 1947–1949.

# 作者简介

Maja Bernhardt　毕业于卡塞尔大学，专业为社会科学和社会保障。德国国际合作机构（GIZ）国际服务部"三方共赢项目"负责人。曾在医疗保健和社会保障等不同领域开展工作，包括面向不同目标群体实施健康促进项目。

卜德清　哈尔滨建筑工程学院建筑系硕士。北方工业大学建筑系副教授、硕士生导师。中国医药卫生文化协会医养健康环境分会副秘书长，中国建筑学会寒地建筑学术委员会理事，中国舞台美术学会剧场建筑与舞台机械学术委员会专家会员，中国室内设计学会会员。长期从事高层酒店设计研究和老年人建筑设计研究。

陈　筝　弗吉尼亚理工学院暨州立大学建筑设计研究博士。同济大学建筑与城市规划学院风景园林系助理教授。从事环境空间体验及健康设计，通过可穿戴生物传感器测量生理反应，包括脑电图、皮肤电导、心电图、肌电图和其他生物传感器评估不同环境下的情绪反应和幸福度；探索通过人机交互（HCI）整合实时生物信号的潜力。有两个研究项目获得了中国国家自然科学基金委员会和上海市政府的资助。

崔　烁　塔斯马尼亚大学金融学硕士。2018 年加入德国国际合作机构（GIZ），参与过推进气候风险管理和风险转移、可持续性基础设施标准、养老与老年护理等多个项目。目前在一个健康医疗领域的公私合作项目"中德肿瘤精准诊疗"担任项目协调员。

Ingrid Darmann-Finck　汉堡大学博士。不来梅大学公共卫生与护理研究所教授。专门从事护理学教育。接受过护理和师资培训方面的培训。1988~1998 年担任护士，1994~2003 年担任汉堡大学研究员。

Karl-Stefan Delank　毕业于吉森大学、慕尼黑大学，专业为医学。马丁路德·哈勒维腾贝格大学医学院骨科和创伤外科主任。2007 年开始专注于开展"背部疼痛导致功能性变化"领域的研究。1995~2011 年在波鸿鲁尔大学、美因茨大学和科隆大学担任医生。

丁　纯　经济学教授，欧盟让·莫内讲席教授，复旦大学欧洲问题研究中心 / 中欧人文交流研究中心主任，荷兰中心主任。从事欧洲一体化、欧盟经济和社会、社会保障等研究。发表论文 150 余篇，出版《世界主要医疗保障制度模式绩效比较》等多部专著。中国欧洲学会副会长，中国欧盟研究会副会长，中国社会保障学会常务理事，世界保障分会副会长，中国世界经济学会常务理事。波恩大学欧洲研究所高级研究员，哥德堡大学欧洲中心学术顾问，《世界经济论坛》欧洲议程理事会成员等。

Christian Eichinger　毕业于慕尼黑工业大学、芝加哥伊利诺伊理工学院，专业为建筑学。KSP Jürgen Engel 建筑设计事务所慕尼黑办事处主任和授权签字人。2013~2017 年，担任北京办事处项目设计国际总监。

**冯广刚**　上海财经大学经济学博士，浙江大学博士后。近期的研究重点是长期护理实证研究、养老金精算和经济人口统计学。

**Steffen Flessa**　格赖夫斯瓦尔德大学医学副校长，健康管理系主任、教授。在接受了工商管理（医疗卫生管理方向）的培训后，在坦桑尼亚从事了五年的实践工作。曾陆续担任埃尔朗根－纽伦堡大学医学院研究助理、纽伦堡基督教应用科技大学护理管理学教授、海德堡大学医学院国际卫生经济学教授。曾任格赖夫斯瓦尔德大学研究院院长和法律与经济学院副院长。曾在坦桑尼亚、肯尼亚、布基纳法索、委内瑞拉、越南、柬埔寨和印度尼西亚从事研究和相关工作。主要研究方向是德国以及中低收入国家的定量建模、医疗管理和非营利管理。在学术期刊发表论文 400 多篇。

**Annika Fründt**　莱顿大学国际关系学硕士。德国国际合作机构（GIZ）项目经理。在涉足国际合作项目管理之前主要研究国际背景下的社会发展问题。曾就职于国际合作咨询公司 AHT 集团股份有限公司，于 2017 年加入 GIZ，负责监督 GIZ 在中国的职教项目运行。

**付　健**　职业技术教育学硕士。天津城市职业学院社会事业系主任兼老年服务与管理专业带头人，京津冀养老专业人才培养产教协作会秘书处办公室主任。主要研究方向为老年事业管理及高职德育。曾主持学院"十三五"老年服务与管理重点专业建设、天津市"优质专业群对接优势产业群"项目建设，参与教育部老年服务与管理专业教学资源库"养老机构（经营）管理"项目建设。专业建设成果获天津市教学成果二等奖。

**管轶群**　柏林工业大学建筑学硕士。中国工程建设标准化协会养老服务设施专业委员会专家，上海栖城建筑规划设计有限公司董事合伙人。长期致力于养老建筑设计领域的实践与研究，带领团队为万科、保利、绿地、金地等大型企业提供养老建筑设计服务，累计设计完成 40 余个新建及改建养老项目，涵盖养老机构、老年公寓、老年住宅、康复医院等多种建筑类型。多次受邀参加国内外养老产业论坛并发表演讲，同时为北京大学、清华大学、建筑学会等高校及社会组织提供养老建筑设计培训。

**和　莎**　北方工业大学建筑学硕士。中国船舶重工集团国际工程有限公司设计二所助理工程师。研究方向为老年人建筑设计。

**Florian Krins**　汉堡大学汉学、政治学和现代德国文学硕士。现就职于德国国际合作机构（GIZ）。曾为自由职业者，专注于翻译和公共关系。2013 年开始从事专业人才引进、合法移民和融合工作。2016 年以来一直担任高级项目经理，负责越南人员到德国接受护士培训的示范性项目。

**Kevin Laudner**　康复科学博士。运动学教练，有 20 余年临床经验。伊利诺伊州立大学应用科学与技术学院教授、副院长。研究的重点是预防和护理肩部病变、手术治疗技术，评估和治疗各种骨科损伤。与多个专业运动队合作，有效识别和治疗专业运动员的上下肢病变。有 50 多篇同行评审期刊论文。

**Andreas Lauenroth**　马丁路德·哈勒维腾贝格大学平衡障碍治疗博士。马丁路德·哈勒维腾贝格大学医学院老龄化、诊断和运动医学研究助理。2009~2015 年在海德堡大学从事体育科学、老龄化研究工作。图宾根大学赫尔梯临床脑研究所（2010~2012 年）和麻省理工学院（2011 年）访问学者。研究方向为平衡障碍的诊断和治疗、跌伤预防、姿势测量方法的发展以及关于步态和姿势的老化研究（例如年龄模拟服的使用）。

　　**李　琳**　北京第二外国语学院翻译硕士。德国国际合作机构（GIZ）项目官员及翻译，负责中德合作盘锦以及晋城双元职业教育项目的规划实施工作。曾从事德国中医院翻译及政府部门工作。

　　**刘　丹**　复旦大学经济学博士在读。研究方向为欧盟经济。擅长领域为经济、金融、新闻翻译。

　　**刘一鸣**　伦敦政治经济学院经济策略与管理硕士。上海栖城建筑规划设计有限公司（GN）咨询师。在康养行业积累了丰富的市场分析、客户调研及投资测算经验，曾参与10多个康养项目的咨询工作，涉及辅助照料公寓、养老住宅等多种不同类型产品，包括与中建东孚、泰禾集团合作进行康养产品线的研发，为康养项目提供竞品研究及定位策划，对康养行业企业战略进行动态分析等，并在多个城市进行实地考察、深度访谈与数据研究处理。

　　**娄乃琳**　住房和城乡建设部科技与产业化发展中心副总工程师。中国工程建设标准化协会养老服务设施专业主任，教授级高级工程师。国务院政府特殊津贴专家。先后主持《住宅性能评定技术标准》《社区老年人活动中心建设标准》等多项国家标准的制定。负责住房和城乡建设部行业标准"涉老设施规划建设标准关键技术和标准体系研究"等课题研究。

　　**鲁　蓓**　新南威尔士大学商学院研究员、教授，浙江大学、清华大学研究员。多年来一直专注于养老经济学、长期护理系统和医疗保健研究。协助开展世界银行中国养老金项目（2004年、2016年）、联合国在东亚和太平洋地区的人口老龄化和财政可持续性项目（2017年）。研究成果分别发表在《社区卫生与社会保健》、《老龄化与社会政策》、《国际社会保障评论》、《老龄经济学》、《人口评论》及 *CESifo Economic Studies* 上，在中文书籍、报纸和期刊上发表文章多篇。

Sonja Alves Luciano　法兰克福大学人文地理学硕士。德国国际合作机构（GIZ）国际服务部"三方共赢项目"协调员。曾就职于德国联邦就业管理局国际安置机构。对德国的外国人专业技能认可流程以及移民个人发展和就业做过深入研究。

Marie Peters　科隆大学地理学博士。城市发展专家，在东亚、东南亚和欧洲有近十年的工作经验。研究方向为可持续城镇化、气候风险韧性和城市规划发展，中国珠三角地区特大城市间的人才竞争，移民在城市转型和气候适应中的角色。发表多篇关于国际移民、气候适应以及工业升级趋势的文章。2015年加入德国国际合作机构（GIZ），担任与城市发展规划相关项目的政策顾问，目前在北京担任"中德城市化伙伴关系"项目经理。在气候适应、可持续交通和年龄友好型的城市等问题上为政策制定者提供建议。

Sabine Porsche　毕业于马尔堡－菲利普大学，专业为文化人类学。2017年在北京加入德国国际合作机构（GIZ），领导社会发展与劳工团组工作，专注于老年护理和教育方面的研究与合作。2007~2016年在同济大学担任中德工程学院担任德方副院长等职位，并创建了DAAD职业教育学院。

Kathleen Schmidt　博士。吕贝克应用科技大学地区和城市发展学科研究助理。曾在私立城市和区域交通规划研究所从事区域管理工作。2008~2010年担任莱布尼兹生态与区域发展研究所预测和城市发展研究小组助理。主要研究方向为为适应老龄化所需的健康城市和区域发展。专注于探索将行动导向的研究转移到教学中，并在规划实践中使用经验论。

Sebastian Schulz　波鸿鲁尔大学地理与城市区域规划硕士。同济大学建筑与城市规划学院研究顾问，参与城市景观规划和可持续发展领域的研究项目，并致力于支持与研究教育相关的中德合作项目。曾在德国担任城市和交通规划师，并在德国和中东地区开展了多个规划和咨询项目。2016 年以来在上海担任能源设计项目经理，并参与了"中国可持续规划和生态城市建设"项目。一直积极传播可持续城镇化进程和智慧城市发展理念。

Stephan Schulze  马丁路德·哈勒维腾贝格大学正常低氧训练和性能测试博士。马丁路德·哈勒维腾贝格大学医学院生物力学和运动医学领域研究员。2001~2007 年，在马丁路德·哈勒维腾贝格大学体育学院学习，之后在该大学性能诊断和健康促进研究所担任性能测试和运动科学领域研究助理，并在体育学院担任运动科学和运动医学领域研究员和教师。研究方向为个人和团队运动中的表现生理学以及姿势、步态和跑步模式的生物力学。致力于竞技体育研究成果的转化。

Frank Schwartze  鲁昂大学城市规划硕士。曾任吕贝克应用科技大学城市和规划学科教授。1997 年进入勃兰登堡工业大学，担任城市设计系助理教授。2009~2013 年担任勃兰登堡大学城市规划学科带头人。作为城市规划和发展专家，在东欧、东南欧、中东、北非地区参与了由联合国人居署和德国国际合作机构实施的若干发展合作项目。主要工作领域涉及可持续城市发展的形态和过程，关注指导城市发展和城市更新过程中的战略规划和相关工具的使用。

René Schwesig  马丁路德·哈勒维腾贝格大学生物力学博士。马丁路德·哈勒维腾贝格大学医学院运动医学和骨科实验室主任。2006 年以来致力于"生命期的体位调节"研究。2016 年被提名为马丁路德·哈勒维腾贝格大学医学院杰出教授。

Astrid Seltrecht　法兰克福大学博士。马格德堡大学健康与护理教学专业教授。负责"卫生与健康"硕士课程中职业教育方向的职业学校教师培训，在"职业教育与个人发展"博士课程中重点负责"个人领域的专业化发展"课题。研究的重点是专业教学研究以及职业安全、健康和事故安全相关的教育分析。

Birgit Teichmann　海德堡德国癌症研究中心博士。分别于 1991 年、1996 年毕业于波恩大学、海德堡大学，专业为生物学。2007 年在老龄化研究联合会担任科学经理，同时担任海德堡大学"痴呆症患者临床护理"硕士课程的科学主任。研究方向为应对老龄化社会、痴呆症患者友好型医院以及双语对痴呆症发病的影响。

王成芳　河北工业大学设计艺术学专业硕士在读。研究方向为健康景观设计及其理论研究。创作的"天津市华苑碧华里适老景观设计"荣获河北工业大学 2017 年优秀毕业设计。作为负责人，主持完成了全国大学生挑战杯竞赛、大学生创新创业竞赛等参赛项目。

王明明　波茨坦大学日耳曼文学专业硕士。德国国际合作机构（GIZ）公民社会与私营合作组高级项目经理，负责与私营部门就养老护理、公共卫生和社会保障等专题开展合作。从事公共卫生和社会保障领域工作多年。负责实施公私合营项目"养老护理基础系统在中国的引入和推广项目"。专注于研究中国、德国与非洲在医疗卫生管理领域开展合作的可能性。

王　弋　毕业于上海外国语大学，专业为德国文学。德国国际合作机构（GIZ）政府事务高级顾问。在大客户管理、公共关系、业务发展和项目管理等领域均有深厚经验，谙熟中德关系及中德文化等方面的差异。

**伍小兰**　中国人民大学社会老年学博士。中国老龄科研中心老龄健康与宜居环境研究所副所长，全国无障碍环境建设专家委员会委员，北京市养老服务行业建设指导委员会专家。主持或参与国家部委及国家社科基金等多项课题，参与《全面建成小康社会　积极应对人口老龄化》《老年人长期照料现状调查》《中国老龄事业发展报告》《中国老龄产业发展报告》《北京市居家养老设施状况分析》等多部书籍的写作，参与翻译《老龄理论手册》。参与组织编写国内首部《中国老年宜居环境发展报告》和《老年宜居环境建设知识读本》。

**杨申茂**　天津大学建筑学博士。天津美术学院环境与建筑艺术学院副教授、硕士生导师。国家一级注册建筑师，中国建筑学会会员。在适老性居住环境、产品线平台建构、通用设计、校园建筑设计等方面有丰富的研究积累。主持及参与了众多规划建筑项目，其中设计主持的紫都上海晶圆 C 区项目获得 2009 年全国人居经典建筑规划设计方案竞赛建筑金奖、2009 年上海市建筑学会建筑创作佳作奖。

**Luc Yao**　曼彻斯特大学商学院工商管理硕士，巴黎高等商学院和牛津大学商学院联合培养的改革咨询与指导理科硕士。默克集团创新和转型项目高级顾问，负责默克集团的多个创新和转型项目。牛津大学人口老龄化研究所访问学者，德国医疗保健合作组织在数字健康方面的发言人。专注于电子工业、创业和开放创新网络领域工作。

**易杨忱子**　巴黎政治大学城市治理硕士。德国国际合作机构（GIZ）可持续基础设施项目顾问，负责 GIZ 与亚洲基础设施投资银行的项目合作，重点负责项目前期准备与筛选。曾任经济合作与发展组织总部与自然资源保护协会城市政策分析师。主要研究方向为城市土地利用、非机动交通、城市基础设施投资等。

殷思琪　河北工业大学城乡规划学专业硕士在读。研究方向为人居环境与可持续发展。创作的"成都体育学院新校区总体规划设计"荣获河北工业大学 2017 年优秀毕业设计。主持的大学生创新创业竞赛参赛项目获得了省部级奖项，在《建筑学报》等中文期刊发表了学术论文。

张　勃　清华大学工学博士。北方工业大学建筑工程学院副院长、教授、硕士生导师，城镇发展与遗产保护研究所所长。中国戏曲学院客座教授，中国建筑学会工业遗产专业委员会委员，《古建园林技术》编委，中国舞台美术学会会员，舞美工程与剧场建筑研究中心副主任。

张　萍　天津大学建筑设计及其理论博士。河北工业大学建筑与艺术设计学院副教授、硕士生导师，健康住区研究中心副主任。国家一级注册建筑师，中国建筑学会会员，"京津冀康养产业技术协同创新中心"发起人之一。主要从事建成环境与老年健康、医养建筑设计、适老性居住环境、公共住宅设计的教学与研究。主持及参与国家和省部级科研项目 20 余项，其中包括国家自然科学基金项目"城市低收入老年人公共住房养老策略与模式研究——以天津地区为例"，在《建筑学报》等中文期刊发表学术论文多篇。

赵尤阳　伯明翰大学城市与区域规划硕士。就职于住房和城乡建设部科技与产业化发展中心。中国工程建设标准化协会养老服务设施专业委员会秘书长。主要研究方向为养老服务设施建设、既有建筑适老化改造等。

## 图书在版编目（CIP）数据

老龄化社会可持续发展：中德经验与合作案例/德国国际合作机构主编.--北京：社会科学文献出版社，2021.12

ISBN 978-7-5201-9057-2

Ⅰ.①老… Ⅱ.①德… Ⅲ.①人口老龄化-关系-经济可持续发展-国际合作-研究-中国、德国 Ⅳ.①F124②F151.6

中国版本图书馆CIP数据核字（2021）第187511号

## 老龄化社会可持续发展
——中德经验与合作案例

主　　编 / 德国国际合作机构

出 版 人 / 王利民
责任编辑 / 史晓琳　彭　嫒
责任印制 / 王京美

出　　版 / 社会科学文献出版社·国际出版分社（010）59367142
　　　　　　地址：北京市北三环中路甲29号院华龙大厦　邮编：100029
　　　　　　网址：www.ssap.com.cn
发　　行 / 市场营销中心（010）59367081　59367083
印　　装 / 三河市东方印刷有限公司

规　　格 / 开　本：787mm×1092mm　1/16
　　　　　　印　张：20.5　字　数：295千字
版　　次 / 2021年12月第1版　2021年12月第1次印刷
书　　号 / ISBN 978-7-5201-9057-2
定　　价 / 168.00元